柏桦 著

柏桦 讲

朱元璋

御案

天津出版传媒集团

天津人民出版社

图书在版编目（CIP）数据

柏桦讲朱元璋御案/柏桦著. -- 天津:天津人民
出版社,2016.4
ISBN 978-7-201-10262-7

Ⅰ.①柏… Ⅱ.①柏… Ⅲ.①朱元璋(1328—1398)
-生平事迹 Ⅳ.①K827-48

中国版本图书馆 CIP 数据核字(2015)第 076107 号

柏桦讲朱元璋御案
BAIHUA JIANG ZHUYUANZHANG YU'AN

出 版	天津人民出版社
出版人	黄 沛
地 址	天津市和平区西康路 35 号康岳大厦
邮政编码	300051
邮购电话	(022)23332469
网 址	http://www.tjrmcbs.com
电子信箱	tjrmcbs@126.com
责任编辑	郑 玥
装帧设计	卢炀炀
插图绘画	卢炀炀
印 刷	高教社(天津)印务有限公司
经 销	新华书店
开 本	710×1000 毫米 1/16
印 张	17
插 页	2 插页
字 数	220 千字
版次印次	2016 年 4 月第 1 版 2016 年 4 月第 1 次印刷
定 价	38.00 元

楔　子

　　洪惟我太祖高皇帝，膺天眷命，奋有万方，君临天下，慨彼前元纪纲沦替，彝遵倾颓，斟酌损益，聿新一代之制作，大洗百年之陋习。始著《大明令》以教之于先，续定《大明律》以齐之于后，制《大诰》三编以告谕臣民，复编礼仪定式等书，以颁示天下，即孔子所谓道之以德，齐之以礼，道之以政，齐之以刑之意也，当时名分以正教化，以明尊卑，贵贱各有等差，无敢僭越，真可以远追三代之盛，而非汉唐宋之所能及矣。（明·马文升：《马端肃奏议》卷十《申明旧章以厚风化事》）

　　这是明人颂扬朱元璋在法律方面的建树，认为其立法超过汉唐宋。的确，朱元璋的立法气势是前无古人的，他曾声称："凡我子孙，钦承朕命，无作聪明，乱我已成之法，一字不可改易，非但不负朕垂法之意，而天地祖宗亦将孚佑於无穷矣！"（《明太祖实录》卷八十二，洪武六年五月壬寅条）在"祖制"不能够擅自更改的情况下，凡是子孙改者则废弃不置，官员改者则夷其九族，所以经过他勒定的《大明律》终明代而不改，而清代又大体延续，成为施行五百余年不变的根本大法。

　　实际上在明代法规体系中，"律"并非是孤立的法规。台湾学者黄彰健认为，明代法律实施分为三个时期：一是洪武、永乐两朝的以榜文为主，律为辅；二是仁、宣、英、景四朝的以律为主，现任皇帝所定的例为辅；三是宪宗（弘治）以后的以例辅律而行。《明史·刑法志》

认为："因律起例,因例生例,例愈繁而弊愈无穷矣。"在整体承认明代法律优长的情况下,也揭示了其仍存在许多弊端。

明代在"常经"之法与"权宜"措置并用的情况下,法律出现了多种形式,确实有"聿新一代之制作,大洗百年之陋习"的特点。不但较之前代法律多有创新和发展,而且使古来律式为之一变,既强化了君主专制中央集权制度,也适应了当时社会经济发展的需要。明代的法规体现在惩治经济、行政、军事等方面的罪行,以及诉讼制度方面,较之前代更为发达和完善,体现了"世轻世重""轻其轻罪""重其重罪"的原则,还出现了许多新的罪名,诸如"奸党""奸细"等,在逐步形成和实行律例合编的情况下,使律典能够长期稳定;在律为大纲的前提下,以例及其它法规进行补充,使法规更能够发挥其治国实践的效用。正由于此,明代的法规形式和内容大多为清代所沿袭,并对日本、朝鲜和越南等周边国家的法律制度产生了重大影响。

在君主掌握最高的立法和司法权的情况下,君主的所作所为不但影响法律的制定,同时也左右着法律的实施。在君主凌驾于国家机器之上的情况下,君主可以不通过主管司法的部门,而直接使用非司法机关的人员进行审讯。这些由君主直接委派的人员,只对君主负责,并不接受司法机关的管理,不受现行法律的约束。除此,皇帝亲自决断案件也体现出"人治"的特点,容易出现有法不依、以言代法的局面,甚至罔顾法律,这不但使法律遭到严重破坏,而且加大了司法处置的任意性。君主凭着自己的爱憎任意加刑施恩,是赏、是罚、是奖、是惩,本无定则,更不顾及法律的规定。因此,在谈到古代的法制时,离不开君主,有明一代16帝(一说17帝),全面审视他们的立法和司法实践,通过他们审断的案件,既可以了解他们在明代法律制度方面的建树,又可以看出他们采取的"常经"之法与权宜措置并行的法制方略,在评价其功过是非的时候,既应该肯定他们的历史贡献,也应该指出他们的失误和过错。只有坚持实事求是的态度和正确的分析方法,才能对明代法制及君主们的功过作出恰如其分的评价。

说起"楔子"的效用，就不得不提到山西应县木塔，该塔是中国现今绝无仅有的最高、最古老的重楼式纯木结构塔。据说在当时建成之后发生倾斜，有化身为鲁班的木匠，就是用楔子将之扶正，以致迄今已历九百四十余年，仍然屹立在应县城内西北，为中外游客向往的名胜古迹。本书的功效虽然不能够与此"楔子"相比，但还历史以正，则是本人的愿望。这正是：

> 昔人已乘黄鹤去，此地空余黄鹤楼。黄鹤一去不复返，白云千载空悠悠。晴川历历汉阳树，芳草萋萋鹦鹉洲。日暮乡关何处是？烟波江上使人愁。（唐·崔颢《黄鹤楼》）

古人已经无法向我们解释和辩论，也无法斥责我们的无知和偏见，但古人毕竟给我们留下了遗产。对这些遗产，我们不应该嫌弃它陈旧而加以抛弃，因为当你抛弃之后，就会发现你将一无所有。历史是过去的存在，我们不能用现在的心情去看待历史，也犹如我们不能预测未来一样。因此，我们只能怀着谦卑和敬畏的心情去理解历史，探寻历史的轨迹，了解历史的真正内涵。历史与我们现在没有什么区别，在人类的发展长河中，古人和现代人一样，都曾经有过伟大的使命感和崇高的道德感，也有过敏锐的洞察力和闪光的智慧。如果我们今天指斥历史，非但不能理解历史，不久就会发现现代的世界也会不理解我们，我们仍将一无所有。

目录

空印案小试锋芒

朱元璋(1328—1398),濠州钟离人(今安徽凤阳),作为明王朝的开国皇帝,他积极推行垦荒积谷,提出"田野辟、户口增"发展生产六字方针,为建立一个理想的小农社会而竭尽全力。在位三十一年,虽然没有达到历史最繁荣的高峰,但"山市晴,山鸟鸣,商旅行,农夫耕,老瓦盆中洌酒盈,呼嚣隳突不闻声"(朱彝尊:《明诗综》卷一百《南丰歌》),自给自足的太平气象,也颇令时人在生活上得到满足。他力图使社会达致理想的上古淳朴,符合儒家设计的夏、商、周三代礼仪规范;法本唐宋,重新勒定各种政治制度,构建足以传世子孙的法律体系,不但勒定有明一代的基本制度,更为清代所因袭,并影响到日本、朝鲜和越南等东南亚国家。但朱元璋屡兴大案,一方面欲杀尽贪官污吏,一方面屠戮功臣,令后人评论不一。比如说对"空印案"的处置,就存在许多疑点,考虑到案件发生的时间及所杀人数,人们不禁要问,朱元璋的处置是为惩治贪官污吏?还是滥杀无辜?

那么朱元璋为什么兴起空印案?什么是空印?在空印案中惩处了哪些人?到底是不是一案杀了数万人?空印案究竟是在哪年发生的?空印案在当时又产生了什么影响?这些不但是学界所关注的问题,也是值得每一个人深思的问题。

根据史料记载,元朝末年,吏治大坏。元末明初的叶子奇撰写《草木子·杂俎篇》讲:"元朝末年,官贪吏污,始因蒙古、色目人罔然不知廉耻之为何物。其问人讨钱,各有各目。所属始参曰拜见钱,无事白要曰撒花钱,逢节曰追节钱,生辰曰生日钱,管事而索曰常例钱,送迎曰人情钱,勾追曰赍发钱,论诉曰公事钱,觅得钱多曰得手,除得州美曰好地分,补得职近曰好窠窟,漫不知忠君爱民之为何事也。"尽管朱元璋缔建了明王朝,但已经根深蒂固的政弊,还弥漫在官场上。"掌钱谷者盗钱谷,掌刑名者出入刑名"(《御制大诰·谕官毋作为非》),致使洪武年间出现所谓的"盗贼"反抗官府事件就有一百八十多起,抓获的"盗贼"们,"咸言有司贪墨,守御官军扰害,以故逃窜山林,群聚为盗"(《明太祖实录》卷一百九十,洪武二十一年四月甲申条),实乃官逼民反。因为贪官污吏的横行,人民反抗才此起彼伏,因此朱元璋的惩治便有了足够的理由。

朱元璋对贪官污吏的痛恨由来已久,他在回忆往事时讲道:"昔在民间时,见州县官吏多不恤民,往往贪财好色,饮酒废事,凡民疾苦,视之漠然,心实怒之。"说明他在没有当皇帝以前,就想到过重典治吏,所以即位以后就申严法禁,"但遇官吏贪污蠹害吾民者,罪之不恕"。他多次警告群臣,"苟贪贿罹法,犹行荆棘中,寸步不可移,纵得出,体无完肤矣"(《明太祖实录》卷三十九,洪武二年二月甲午条)。朱元璋的警告并不仅停留在口头上,在具体案件处理过程中,他刑威并重,不但使贪官污吏闻风丧胆,而且不达目的决不罢休。以空印案来说,还不算是大张旗鼓地惩治贪官污吏,仅仅是锋芒小试。

什么是空印案?所谓空印,就是在空白文书簿册上加盖官印,犹

如现在的空白介绍信，到需要使用的时候再填写内容。朱元璋认为官吏可以利用空白文书簿册作弊，所以要严惩使用盖有官印空白文书簿册者。因为此案牵连人数众多，便成为著名大案，所以谈明代历史，讲朱元璋，没有不提及此案的。

对于空印案的案发时间，以及涉案被杀人数，至今还存有争议。在案发时间上，有洪武八年（1375）说、洪武九年（1376）说、洪武十五年（1382）说。在涉案被杀人数上，有被杀数百人之说，也有被杀数万人之说，有与郭桓案共计杀七八万人说。

洪武八年（1375）说，中央民族大学陈梧桐教授曾写有《明初空印案发生时间考》（《历史研究》，1982年第5期）一文，从中进行了细致的考证。洪武九年（1376）说，则是根据明人方孝孺《逊志斋集》卷二十一《叶伯巨郑士利传》与《明史·郑士利传》对比而得出的。洪武十五年（1382）说，是因为《明史·刑法志》持此说，也是为大多数明史论著所公认的。本人则倾向于洪武九年（1376）说，因为那是大规模惩治空印案之始。

空印案与郭桓案相联系，共计杀七八万人说，及杀数万人之说，是当前最通行的说法，大多数与朱元璋有关的论著都采取此说，但此案非彼案，空印案是空印案，郭桓案是郭桓案，不能够将两个案件相提并论。杀数百人之说，则依据明人方孝孺《逊志斋集》卷二十一《叶伯巨郑士利传》载："洪武九年，天下考校钱谷策书，空印事起，凡主印吏及署字有名者，皆逮系御史狱，狱凡数百人。"方孝孺（1357—1402），浙江宁海人，所讲叶伯巨（字居升，？—1376）、郑士利（生卒年不详），均为宁海人，如果是洪武九年（1376）发生空印案，方孝孺已经20岁，所记应该与事实最为贴切，更何况其父方克勤（1326—1376），也是因为该案被杀，方孝孺应该不会忘记。因此，空印案应该事发在洪武九年（1376），而方克勤是于当年十月二十四日被杀，因为当年有闰九月，那么从案发到方克勤被杀，案件已经持续近三个月，方孝孺讲"狱凡数百人"，也就是被关押起来的人数，至于被杀人数,应该不会多于数百人。不过,按方孝孺当时所述,空印案应该还没有结束,其为郑士利所做的《墓碣铭》讲:"洪武九年,大臣擅事者,以过用印章,系郡国守相以下数十百人,狱劾以死罪,中外宽之,而不敢言。"明尹守衡的《皇明史窃》、明末清初查继佐的《罪惟录》都采用此说,"数百人"与"数十百人"是有区别的。数百人是不会超过千人,数十百人则以百为计算单位,也就是几千人,因此空印案牵连的人数应该超过千人。按照当时的官制,官员总数约两万人,惩处千人,就已经占到官员总数的5%了,若是数千人则比例更高,这在当时足以产生轰动效应。

空印案发生以后,在官员群体中的反映还是很大的,但绝大多数官员都不敢向朱元璋提出劝谏,只有一名生员郑士利,斗胆上书向朱元璋建言。什么是建言呢?就是皇帝下诏求直言,全国不论何人都可以通过上书的方式提出自己的看法。洪武九年(1376),朱元璋因为"五星紊度,日月相刑",便下诏求直言,于是有不少人上书,其中有一些人因言事中听,授官进级,当然也有因此获罪的。由于当时并没有规定建言格式,一些人建言之文冗长且滥词,使人看后不知所云,其中刑部主事茹太素的"论时务五事,累五万余言",导致朱元璋颁布建言格式(《明太祖实录》卷一百一十,洪武九年十二月庚戌朔条)以定言规。自此以后,建言作为一种制度而成为明代的典章。建言含括的内容很多,"凡有利国利民之事","若官吏人等贪赃坏法,颠倒是非,酷虐良民,及婚姻、田土、军役等事,一体职掌榜文内事理",均可用建言的形式,"具状自下而上陈告",所陈告的内容必须要呈递皇帝。

郑士利响应号召,便以当时发生的空印案为由上书建言。郑士利,生卒年不详,生员出身,因其哥哥郑士原而牵入本案。郑士原(1334—1380),洪武四年(1371)进士,历任河南怀庆府同知、湖广按察司金事,因空印案被投入狱中,因为并非主印长官,所以罪不致死,被充役江浦,后死于劳役。郑士利认为空印案处理过重,就写了数千字的劝谏书，准备找机会呈递给朱元璋。正好当时因为"星变"，朱元璋下诏求直言，但诏书上有"假公言私者罪之"之语，而其兄郑士原正好在狱中，于是他等到郑士原被判决以后，便持书来到丞相府。郑士利身材短小，貌不惊人，但怀着必死之心而来，见到丞相胡惟庸，也颇为倨傲。胡惟庸问他所递书是什么内容，郑士利讲："给天子上的书，是为天子言事，丞相何必问什么内容。"在天子求直言的诏令下，胡惟庸也不敢多问，便让御史大夫将书上奏。

郑士利数千言书中的内容节要在《明史·郑士利传》中有载，主要是说朱元璋不明白空印的用途。第一，按现行的制度规定，所考核校对的空印文册都是用骑缝印，并不是一纸一印，即便是得到空印的文书，也没有什么用处，何况并不容易得到。第二，钱粮的数字都是由府送到省核对，再由省送到部核对，最后由部定数上报，很少能够出现误差。如今各省府在外，远则六七千里，近也有三四千里，等到部定数字以后再去加盖印章，往返总要一年，所以先盖上印章而后写数字，乃是权宜之计，也是为了政务方便，何况空印实行已经久远，又何必要深究他们的罪责呢？第三，国家是有立法的，必须由法律明确规定罪名，然后再依法定罪，说明其犯法的原因。然而自大明建国到今天，并没有关于空印方面的法律，既然律无明文，各级官府衙门又是因循惯例，也不知道空印有罪，现在将使用空印者都杀掉，怎么能够使获罪者心服口服呢？第四，朝廷招揽贤才，设定官制，能够得到官缺是很难的，要想升到知府这样的位置，总要数十年的循资立功，因此他们大多数都是通达廉明之士，并不是如草茅一样轻贱，可以割去以后再生长出来，陛下又何必以"不足罪之"，而失去了许多"足可用之材"呢？因此我为陛下可惜呀！

郑士利所讲，可以说是有理、有力、有节。没有制定法律就将人定罪，与滥杀无罪之人，又有什么区别呢？但直接指斥皇帝不依法办事，毕竟伤害了朱元璋的面子。所以朱元璋在看完建言书之后，顿时大怒，认为一个小小的生员，哪里有这样的胆量？一定是有后台指使,便将郑士利拘捕入狱,特派丞相、御史大夫等组成审判法庭,进行"杂问",一定要追出主谋。在公堂上,郑士利笑着回答:"顾吾书可用与否如何耳? 且吾业既为国家言事,自分受祸,人谁为我谋乎?"也就是说,我所写的建言书,只是在于能否为皇帝采用,谈论事情原委,我已经为国家建言说事了,也自料到会身受其祸,还能有谁为我这个即将受祸得罪的人出谋划策呢? 无论如何逼问,郑士利终不屈服,最终也与他兄长郑士原一样,充军江浦,而不知所终。按照一般写史原则,如郑士利这样的生员,是没有资格被写入史传的,但其精神感动了《明史》的编纂者们,不但为其立传,还将其上言书的内容节选,使我们能够看到空印案的大概。

郑士利的上书,并没有让朱元璋认识到自己的错误。你说没有法律,那么好了,现在就立法,"凡主印者论死,佐贰以下榜一百,免死为军,戍远方"。你说通达廉明之士不能如草茅一样割去再生,我就让中外大小臣工推举贤才,每年多者可达三千七百余人,少者也有一千九百余人,再加上每府有生员四十名,一百八十多个府,就有府学生七八千名;各州有生员三十名,一百九十多个州,也有州学生五六千名;各县有生员二十名,一千一百多个县,也有县学生两万多名;中央设有国子监,多时监生也有八千多名;再加上科举选拔,朱元璋可以选用的人才经常有数万名之多,而按照当时的官制,官员的名额也就不到两万人。他们可以出为君用,进而坐享天禄,还怕没有人来当官吗? 你为我可惜,这也是你这样一个小人物所讲的! 错了我可以下"罪己诏",岂能容臣下论短长? 为了我子孙后代,恶事我自为之,至于后人再论短长,则不是死去的皇帝所能够左右的了。

◎ **案情评点**

什么是罪己诏呢? 罪己诏就是统治者遭遇灾厄下诏罪己,始于中国上古时期,盛行于明清,这种做法在世界各国历史上是鲜见的。罪己诏是在传统礼制的基础上,于朝政治理上既显示出统治者对礼制的感念，又显示出统治者至高无上的权力。这样一种可以让君主专制制度下至高无上的君主颁布诏书，低头认罪，向自己的臣民公开道歉的制度，实是中华传统文化之优良之处。罪己诏很多，举凡君心、官箴、地震、兵灾、水灾、旱灾、蝗灾、火灾、日食、星变等天灾人祸，皇帝都可以下诏罪己。台湾中国文化大学赖福顺教授曾经将罪己诏划分为四类：公开忏悔、求治心切、寻求直言、重审贤否。其实，在许多遗诏中也有罪己的内容，虽然遗诏多是臣下所为，但遗诏中既有对先君的评价，又有万象更新的寓意，因此在研究过程中还要考虑前因后果，才能做出正确评价。无论如何，号称"君权神授"的帝王，能够公开认错，反省自己，其勇气可嘉，既可以获得臣民的感动和支持，又可以一定程度上消除人民的不满与仇恨，还可以垂范于后世，可谓一举多得。

朱元璋对空印案涉案人员的惩处，虽然有些人是被冤枉的，但对当时盛行的贪污腐败行为无疑具有震慑作用，贪污者已经为之黄脸咋舌，提心吊胆地等待朱元璋再出整顿吏治的高招。用严刑竣法来大规模地惩治贪官污吏的高潮，终于在洪武十八年（1385）发生的郭桓案以后来临了。这正是：

凉风自西来，飕飕吹我襟。荣华能几时，摇落方自今。（明·刘基：《晚同方舟飕飕上人登狮子岩作》）

刘基（1311—1375），字伯温，浙江青田人，元统元年（1333）进士，是朱元璋的重要谋臣，后世把他看作是汉代张良（张子房）、三国孔明（诸葛亮）、唐代魏征式的人物，认为他能够运筹于帷幄之中，决胜于千里之外，精天文，明地理，知兵法，聪明过人，有许多传说都与他有关。刘基以能谋善断著称，其能够在功成名就以后急流勇退，又能够被朱元璋封为诚意伯，没有卷入屠戮功臣的漩涡，已使他被民间传说为近似神明，犹如妖道的人物，说他能够未卜先知。且不说刘伯温如神似妖的传说,仅从上述诗中,就可以看出他的神奇,"凉风自西来",朱元璋对功臣们的不放心,已经使他感到凉风习习;荣华富贵难持久,摇落跌坠已经从现在开始了,而凉风也意味着秋天的过去,严冬即将来临,更大的暴风雪也不会太遥远了。

在空印案中小试锋芒之后,朱元璋正在酝酿着更大的行动,正如刘基预测的"摇落"。那么"摇落"从什么时候变成"砍落"了呢?朱元璋更大的行动又是什么呢?贪官污吏又是因为什么胆战心惊而惶惶不可终日呢?一场人民革命式的反贪官运动又是如何兴起的呢?其最终的效果又如何呢?

请看郭桓案大张旗鼓 >>>>

郭桓案大张旗鼓

>>>> 案情回放

清代史学家赵翼认为，朱元璋"藉诸功臣以取天下，及天下既定，即尽取天下之人而杀之，其残忍实千古所未有。盖雄猜好杀，本其天性"。这种评价仅从性格角度进行了分析，而未切实质。因为权势本身就蕴含着罪恶，这些功臣拥有权势，便难免上欺朝廷，下压百姓，更时刻威胁到大明王朝的统治，因此消灭他们，既可以固权位，又可以利子孙，至于用什么借口，朱元璋也不会过多考虑。以惩治贪污为名的郭桓案，便是朱元璋的借口，虽然是事出有因，但借端杀戮，兴起大狱，则是朱元璋为子孙奠定牢固江山基础的既定方针。而发动人民在全国范围内大举擒拿贪官污吏，更是前无古人。郭桓是何许人？郭桓案又是怎样发生的？发生以后又是如何清查的？涉案人数究竟有多少人？为什么中产以上的百姓都破产了呢？此案在当时有什么影响？后人又是如何评价的？凡此，都需要有所说明。

说也奇怪,这起非常有名案件的主要当事人,而且还以其名来命名的大案要犯——郭桓,居然不知其生于何年?卒于何时?何等出身?曾经当过什么官?是如何起家的?现在仅仅知道他犯案时为户部侍郎,也就是副部级,不过他曾经试为户部尚书七个月,也当过正部级,被降职为侍郎以后,才三个月就犯案了。那么将他诛杀,是在案发的洪武十八年(1385)呢?还是在铁证如山以后才被诛杀的呢?史料并没有记载,所以卒年存疑。

郭桓案的案发经过是比较清楚的,那就是洪武十八年(1385),御史余敏、丁廷举,告发北平布政使司、按察使司的官吏李彧、赵全德等,与户部侍郎郭桓、胡益、王道亨等暗通舞弊,侵盗官粮。朱元璋下令将涉案人严加审讯,结果牵连出礼部尚书赵瑁、刑部尚书王惠迪、兵部侍郎王志、工部侍郎麦至德(署理尚书)等,发现他们除侵吞宝钞金银外,仅贪污税粮及鱼盐等物,即折米 2400 余万石。以明代一石折合现在 155 斤计算,2400 余万石,就是 37 亿 2000 多万斤,以现在斤米 2 元折算,就相当于七八十亿元人民币,数额应该说是巨大的,当然引起了朱元璋的盛怒。于是朱元璋下令,将礼部尚书赵瑁等人弃市,六部左右侍郎以下全部处死。案件牵涉各布政使司大小官吏(相当于今省、市、县各级官吏),因此系狱拟罪者数万人,株连之人遍天下,中产以上民家被抄杀者不计其数。

为什么会株连那么多人呢?朱元璋在《大诰·问赃缘由第二十七》中有所交代:六部犯赃,要追其赃来自何处。如果是各布政司行贿,就要将布政使查拿前来,再追其赃从何来;如果是各府送到布政司,则将各知府抓来追赃;如果知府交代从各州送来,便将各知州拘捕追赃;如果知州指称各县送到,便将知县拘捕追赃;如果知县交代是属民所给,便将属民抓来追赃。一路追赃,从中央到地方,再到行贿民人。朱元璋认为:"诸法司必如朕命,奸臣何逃之有哉。"于是无论行贿者,还是受贿者,统统都要拘捕审讯,牵连数万人,当然也就不在话下,但也难免因此扩大打击面。

在追赃过程中，法司右审刑吴庸等人严刑拷打逼供，造成许多冤案、假案、错案，更有人趁机报复，使人人自危。当时许多人都怪罪御史余敏、丁廷举等揭发而生出事端，更怨恨吴庸残酷无情，因此纷纷指斥、攻击告发处理此案的御史和法官。为防止事态扩大，朱元璋乃手诏公布郭桓等人罪状，而将原审法官右审刑吴庸等处磔刑，以平众怨。朱元璋感慨道："朕诏有司除奸，顾反生奸扰吾民，今后有如此者，遇赦不宥。"一场严厉惩贪的高潮，也因此渐渐地又回到了低谷。

那么郭桓案是如何处置的？又是如何追赃的？朱元璋又是怎样计算赃额的呢？在朱元璋颁布的《大诰》中有所记载。

朱元璋计赃的算法与众不同。如《大诰·卖放浙西秋粮第二十三》中讲郭桓等收受浙西秋粮，按照进仓的定额应该是450万石，他们仅有200多万石进仓，减去准备进仓者，还有缺额约190万石；又查出郭桓等受贿钞50万贯，而府县官黄文等则与之暗通作弊。这里需要指出的是钞贯。洪武八年（1375）发行的大明宝钞，面额有1贯、500文、400文、300文、200文、100文6种，与铜钱并用，1贯钞折合钱1000文、银1两、金0.25两。那么钞50万贯，就是50万两银，明代一两约37克，按照现在银的牌价，每克约5元，大约相当于9250万元人民币，如果按照黄金牌价，每克250元左右，12.5万两金，大约相当于11亿5000多万元人民币，如果以当时的地价来计算，购买力至少相当于数百亿人民币，可以说是数额巨大。

还有就是进仓数额与进仓缺额的问题。明代农业税分夏税和秋粮，有实物的部分，也有交纳钱钞的部分，因为是两季征收，前后入仓拖延时日也是难免，因此账面上的税额与实际进仓的税额往往有差额。朱元璋将账面上与实际进仓者进行比对之后，便认定不足者就是该管官入己贪赃，便未免有些武断。如户部尚书滕德懋，以盗用军粮10万石的罪名被处死，朱元璋派人到其家查看，见滕德懋的妻子以纺麻为生，生活凄苦，便将滕德懋尸体解剖，发现其肚内全都是粗粮草菜。虽然后又将滕德懋以礼葬之，但也没有给他家什么赔偿。

在《大诰》中,朱元璋只是计算应该进仓的差额,而将缺额都按照入己贪赃处理,由此便带来如何追赃的问题。

事实证明,朱元璋查抄贪官污吏的家,并没有查抄出按他的方法所计算出来的数额,所以要追赃。既然要追赃,那么如何计算数额呢?朱元璋算了一笔账。在《大诰·郭桓造罪第四十九》中讲他之前计算时,恐民众不相信有如此多的赃款,所以仅大概计算为700万石,但现在从浙西秋粮卖放情况来看,其宝钞金银估且不算,仅粮米的缺额就有200万石,这样当时12个布政司,总计就是2400万石,相当于现在的七八十亿人民币,这个数额实在巨大。一个布政司出现问题,所有的布政司都会有问题,这便是朱元璋的逻辑。按照这个逻辑,如果要追赃,各个布政司都不能排除在外,那么自上而下地去追,所牵连的人多达数万余众,看来也是平常的事了。

至于郭桓案都牵连了什么人?又是如何使中产之家破产的呢?朱元璋的诰文透露出一些信息。在《大诰·五府州免粮第十二》中讲,应天、宣城、太平、广德、镇江等五府州县,"数十万没官田地夏秋税粮,官吏张钦等通同作弊,并无一粒上仓,与同户部官郭桓等尽行分受"。一府税粮大约是120余万石,官田约占一半,无一粒上仓,就是60万石,五府合计则约300万石,数额巨大,五府官吏都不能免罪。似此严追,全国官吏都不免要被审察。

在《大诰·开州追赃第二十五》中,大名府开州州判刘汝霖,在追郭桓等人的赃款时,下帖乡村,遍处科民,以赔补赃项,因为手段残忍,民众怨恨极大,朱元璋将其斩首,并将头颅在本州属地传示,以平民愤。可见在追赃过程中,不但贪赃者被严惩了,追赃的人也因为各种因素被严惩了。从追赃过程来看,本籍贯官吏如果完不成追赃任务,必然会受到处罚,而严厉追赃又会造成科敛,最终也难免一死,全国地方官都卷入了这起追赃的风波之中。

在《大诰·重科马草第四十二》中,因户部侍郎郭桓等,得到应天等五府纳草人徐添庆等户的赃,便不征收他们的马草,却在安庆府人户内征收,将负担转给了其它地区。富民行贿免征赋税,致使其它地区增加负担,朱元璋认为这样的做法非常可恶,便针对富民进行了惩治。按照朱元璋的逻辑,凡是向官吏行贿者,都属于"奸顽",而"奸顽"则要纳入重惩不贷的行列。在《大诰·纳豆入水第五十三》中,因为"奸顽人户"在马料豆中拌水,朱元璋便认为:"每仓一间不下万余石,因一户奸顽搀水交纳,湿热一蒸,盈廒皆坏,如此者多矣。"朱元璋并不以缴纳搀水马料豆数的额度计算,而是以搀水马料豆入仓以后造成的损失来计算。这样,一户缴纳搀水马料豆,就要按损失万石来计,于是数额便巨大了,那么将"奸顽人户"治以极刑,便是"罪有应得"了。"奸顽人户"缴纳拌水马料豆和粮米,收进仓库的官攒人等也有责任,所以不但"奸顽"难免一死,监收人员更不能苟活于世。在《大诰·扬州鱼课第五十》中,因扬州所欠鱼课,由郭桓暗通扬州府知府战慎,在向富户追赃以后,又到河泊所官原籍追赃,以致一赃两追,当事人不免加罪重处,所牵连之人也难逃处罚。这样的追赃方式,官吏当然难逃惩处,而富户"奸顽"也牵连其中。官吏们为了自身的利益,以追赃多作为政绩,必然是竭泽而渔,只要有钱就逼迫他们出资,于是便出现"中人之家以上,大抵皆破产"的情况。

郭桓案的追赃打击面越来越大,问题也越查越多。《大诰·刑余攒典盗粮第六十九》中讲到,龙江卫仓官攒人等,暗通户部官郭桓等盗卖仓粮,已经被墨面文身,挑筋去膝盖,仍留在仓,但又偷出官筹,盗支仓粮,这属于再犯,当然不能够免死。在《大诰续编·钞库作弊第三十二》中,查出宝钞提举司官吏冯良、孙安等20名,暗通户部官栗恕、郭桓,户科给事中屈伸等,并钞匠580名,隐匿宝钞1437540锭,并将之与商税钞折抵,虚出实收,内外人等均分。这个数额大约相当于现在的2亿7千万元人民币,受牵连者上千人。朱元璋感叹道:"呜呼!当计此之谋,为利所迷,自将以为终身不犯,岂知不终年而遭刑。"他警告道,法网恢恢,疏而不漏,为人不要自作聪明,要知道法网难逃。

《大诰续编·追赃科敛第三十六》中讲道,在郭桓案追赃过程中,官吏科敛人民,"奸顽"交结官吏,藏匿官赃者,都被罚修街盖房。朱元璋认为:"盖房砌街之役险哉",是属于"几死而免"的劳役,是折磨差事。正因为饱受折磨,许多人犯才千方百计地脱逃。所以《大诰三编·逃囚第十六》讲,郭桓案办理半年间,"杀身亡家者,人不计其数",而充军发遣者更多,往往有中途在逃者,因此对逃者实行枭令,田产入官,人口发往化外。朱元璋针对犯人逃跑制定法律,凡是官吏、里甲、邻右、亲戚等能够检举揭发者免罪,明知故纵者与逃囚同罪,逃囚捕获加重治罪,公然拒捕者格杀勿论。

◎ 案情评点

如何才能稳准狠地打击所有的贪官污吏,这是中国历史很难解决的问题,因为君主专制制度始终包含着两个截然不同的要点和三个不可化解的矛盾。两个要点:一是官必须拥有权力,主要表现在设官分职上;二是官不能拥有不受限制的权力,主要表现在自上而下的层层监督和由中央直控的监察制度上。三个不可解决的矛盾:一是行政权力支配一切与人治的矛盾,二是官僚分职任事与皇权专制的矛盾,三是统治阶层的权力和财产分配的矛盾,这些矛盾直接影响官场的风气。如果都能够达到朱元璋所期待的,"君子见而其政尤勤,小人见而非心必省",在赏罚分明的情况下,无论是行贿者,还是受贿者,抑或侵吞公共财产者,凡是非法所得,都会被从严处理。从而所有的人都要考虑,如果有非法所得,则会有丢掉性命,或者有数代人赔补的风险,贪官污吏自然会少一些,于社会风气也会有所改变。然而残暴并不能改变社会风气,不分臧否全都治以重罪,恐怖统治使人人自危,避祸犹恐不及,也会破坏执政基础。

朱元璋这样刨根究底地追赃,并且在刑讯逼供之下,受到牵连的人也就越来越多,以致人们认为朱元璋不是为了惩治,而是为了敛财。千秋功罪任人评说,但朱元璋在郭桓案中确实存在扩大打击的行为,其中冤案、假案、错案也是不少。平心而论,朱元璋这样做不能说完全没有效果。他主持编印的《大诰》,发放给全国人民人手一册,公布贪官污吏的罪状,通过案例对人民进行教育,以血淋淋的事实告诫人民,虽然有些矫枉过正,但还是收到了惩治贪腐、改变社会风貌的功效。正如明人姚舜牧所言:"高皇帝当元之季,纲常教化,扫地尽矣,而吏习为虐,民习为奸者,又比屋而皆然。于斯时而不用重典,其何以止辟而安良善。""《大诰》立而泽被天下者,历万世而常新",是旷古的巨制鸿篇,但自明代中叶以降,"乃今家不知藏,士民不知读,若前官吏民人之顽诈者,新相习也"(《来恩堂草》卷二《庄诵大诰解序》)。贪污腐败在当时已经引起了一些有识之士的重视,在痛心疾首的情况下,他们希望再出现一个朱元璋,来惩治无限蔓延的贪污现状,但这已经是不可能的了。历史容易被人淡忘,想当初朱元璋发给全国人民人手一册的《大诰》,如今已经找不到当时刊印的版本了。这正是:

故国飘零事已非,旧时王谢应见稀。月明汉水初无影,雪满梁园尚未归。(明·袁凯:《白燕》)

袁凯,生卒年不详,字景文,号海叟,松江华亭(今上海市松江区)人,元末曾为府吏,洪武三年(1370)任监察御史,后因朱元璋恶其"老猾持两端",便伪装疯癫,以病免职,被发往淮西营建中都、参与屯垦,他在淮西作有《淮西独坐》诗云:"萧萧风雨满关河,酒尽西楼听雁过。莫怪行人头尽白,异乡秋色不胜多。"其思念家乡之情溢于言表。如何才能回到家乡呢?袁凯"使家人以炒面搅砂糖,从竹筒出之,状类猪犬下,潜布于篱根水涯"。也就是说将炒面做成猪狗粪的形状,偷偷地放在墙角水边,然后"匍匐往取食之",使人以为他疯癫,连猪狗粪都吃,终于逃过朱元璋耳目的监视,允许他回归故里,因此逃过一劫。

那么其他的官员是否能够逃过朱元璋耳目的监视？朱元璋又是如何对官员进行监视的？贪官污吏为什么不能够逃出朱元璋所设的法网？官员们又为什么要向老百姓挥泪哀求呢？

请看破天荒民众绑官 >>>>

破天荒民众绑官

　　洪武十九年（1386），江苏常熟县农民陈寿六，与其弟弟和外甥，将本县"害民甚众"的县吏顾英，绑缚押往南京。上年刚刚颁布《大诰》，朱元璋要求全国人民人手一册，声称对贪官污吏要"穷其源而搜罪之"。如今陈寿六等人就拿着《大诰》来告御状，《大诰》有人响应了，而且成为人民的护身符。郭桓案牵连数万人，居然还能够得到民众的支持，朱元璋不由喜上眉梢。其《大诰续编·如诰擒恶受赏第十》便将陈寿六的事迹公布了，把赏给他的 20 锭银钞（相当于现在的 3400 元人民币），以及每人 2 件衣服，免除陈寿六"杂泛差役"3 年的优厚待遇公示于众。朱元璋怕有人对陈寿六实施报复，也怕陈寿六恃宠而横行不法，同时规定：如果有罗织生事扰害陈寿六者，予以族诛；陈寿六若为害乡里，也罪在不赦；捏词诬陷陈寿六者，亦族诛。不过陈寿六若是犯法，地方官员无权作出决断，必须由皇帝亲自审讯。

最后讲:"其陈寿六其不伟欤!"

一个农民,几乎是在一夜之间,便成为大明帝国耀眼的政治明星,成为全国农民的榜样,也无怪乎擒拿贪官污吏的浪潮兴起了。那时候,前往南京城的各条驿道上,百姓们成群结队地带着干粮,押着几名捆绑结实的"贪官污吏",或者是"不法豪强",吆三喝四地赶路。遇到关口盘查,他们便掏出金黄色封皮的《大诰》,官吏便恭恭敬敬地将他们送过关口,并且提供饮食住宿上的方便。为什么官吏们不敢阻拦?还为这些百姓提供方便呢?

原来朱元璋颁布《大诰·乡民除患第五十九》规定:允许贤良方正、豪杰之士,将各地方的在职胥吏、赋闲胥吏曾经为恶者,以及乡村城市的"老奸巨猾顽民",绑送京城,如果有人胆敢中途阻挡,便枭首示众!各处关津、渡口都不得阻挡。而《大诰·文引第四十六》规定:"民人等赴京面奏,虽无文引,同行人众,或三五十名,或百十名,至于三五百名",只要是多人同行,他们称进京面圣,各关津隘口,必须放行,如果不放行,要论如律。这些浩浩荡荡的人众齐赴京城,可不是全都为了押送贪官污吏,因为《大诰·民陈有司贤否第三十六》允许对有司不才者进行绑缚,也允许对有司清廉直干者歌功颂德,两者都可以赴京状奏,由朱元璋来实施奖惩。《大诰·耆民奏有司善恶第四十五》又允许耆民率众,岁终赴京师面奏。朱元璋认为如此行之,"即岁天下太平矣!"孰不知他所期待的太平不仅没有来临,反而带来一片混乱。因为在这次近似于民众革命的运动中,有捆绑贪官污吏者,也有高举歌功颂德牌匾者,更有趁机诬陷,借歌功、报复以遂个人恩怨者,可谓是鱼龙混杂,各色人物纷纷登场。

首先,严惩贪官污吏。在这场破天荒的民众运动中,的确有许多贪官污吏被朱元璋采取残酷的刑罚予以处置。在这期间,大批被民众拿获的所谓"贪官污吏",遭到笞杖、枷项游街、罚做苦工、徒流、充军等刑罚,甚至于族诛、凌迟等极刑,仅发往淮西劳作的就有十余万人。那是官吏们闻风丧胆的日子,不论是京官还是地方官,几乎人人

心惊胆战,以至于"稍有触犯,刀锯随之。时京官每旦入朝,必与妻子诀,及暮无事则相庆,以为又活一日。法令如此,故人皆重足而立,不敢纵肆,盖亦整顿一代之作用也"（赵翼:《廿二史札记》卷三十二《明祖晚年去严刑》）。虽然整顿了吏治,但在"刀光剑影"之下,孰不知砍落了许多冤魂。

其次,逼令耆民高举歌功颂德牌匾者。《大诰三编·有司逼民奏保第三十三》中记载了一些信息。被朱元璋查出重处的胶州州官夏达可、长子县官赵才、新安县官宋玘、建昌县官徐颐等,公然会集耆民,逼令其赴京奏保自己的善政和循良,却没想到朱元璋明察秋毫,看出了耆民的破绽。这些官员考虑不周,仅让耆民背诵写好的言辞,却没有选择能言善辩的耆民,当朱元璋用其它话语探询他们的意图时,这些耆民便不知所云了,结果是两败俱伤。可以想见,那些没有被朱元璋查出来的造假者不知道还有多少。

再次,假借民众擒拿浪潮以遂个人恩怨者。《大诰三编·臣民倚法为奸第一》中列举了18个案例,其中有9个是涉及官员的案件,即建昌县知县徐熙、松江府知府李子安、江浦县知县杨立、甘泉县知县郑礼南及主簿娄本、开州知州郭惟一、德安县丞陈友聪、定陶县知县刘正、莱阳县丞徐坦、溧水县主簿范允,共10名地方官。这10人不是被凌迟示众,就是被枭首示众,使民众好好看看这些贪官的下场。在这些官员的案子中,有被属民控告的,有让属民奏保的,也有被钦差揭发、上司检举的,虽然都是明令公布其罪,但细核其情节,中间不少是出自个人恩怨。如甘泉县知县郑礼南及主簿娄本,只不过是不服本府催征,与知府吵了几句;开州知州郭惟一则因为拦阻耆宿董思文等赴京上告,将董思文等监禁关起来,以至于他们瘐死狱中。固然这些官员各有应得之罪,但多是因为查抄所谓"奸党"涉案人员的财产引起的,他们执行不力是主要获罪原因,从中亦可见朱元璋严惩"奸党"而株连甚广之一斑。

嘉定县民蒲辛四、嘉定县民沈显二、归安县民杨旺二、安吉县民金方、崇德县民李村一等、乌程县民余仁三等29人，归安县民慎右三等、归安县民戴兴四等、苏州府粮长于友9个案件，共计四十余人，有的是凌迟示众，有的是枭首示众而籍没其家，也有全家抄查而发往化外者。在这9个"害民豪强"案件中，真正意义上的"害民"却不是"豪强"。从案情来看，许多都是出自个人恩怨。如安吉县民金方，因为租种本县地主潘俊二的田地，两年没有交租，潘俊二前去索讨，金方却将其当作害民豪强捆绑起来，结果勒索黄牛一头、肥猪一口，还要潘俊二写下已经收取田租、不曾被勒索等三张文书，然后大摇大摆将潘俊二绑送京城，若不是朱元璋查出真情，潘俊二就要冤沉海底了。再如，乌程县民余仁三等29人，都是富户游茂玉家的佃户，因水灾乏食，游茂玉借给了他们米粮。没有想到余仁三勾结"顽民"百余人，到游茂玉家打碎门窗，抢走财物，毁去借据，然后将游茂玉当作"害民豪强"捆绑送到京城。还有嘉定县民沈显二，与邻居周官二，把所谓"害民"的里长顾匡捆绑送京，走到苏州阊门，请耆宿曹贵五说和，将顾匡随身携带的银钞15贯、绸缎1匹及银钗、银镯等送给沈显二，便将顾匡释放了。顾匡一是心疼财物，二是怕行贿事情败露，便亲自赴京城自首。耆宿曹贵五因为是说和人，也怕受连累，便与顾匡一同去自首，而周官二得知消息，因为是帮同，也愿意同行自首。沈显二得知后，便星夜追赶，在淳化镇（今南京市江宁区）与三人会合，也表示愿意一同自首。没想到，顾、周、曹三人设计，将沈显二当作"害民豪强"绑赴京城。到通政使司报告以后，在通政使司要询问情况之时，沈显二却扭脱绳索逃跑了。于是周、曹二人又把里长顾匡绑了送通政使司，致使事情败露，最终4人全都枭首示众，还被籍没其家。在这9个案件中，有许多是稍不如意，便将人绑起来，并声言送京而敲诈勒索者，也可见在民气高涨的时候，无法无天的现象也是很普遍的。以至于朱元璋陷入困惑而感叹："呜呼！奸顽之徒难治，扶此彼坏，扶彼此坏。"由统治者采取扶植的办法授权于民众，其最终结果是失去可以稳定社会的政治制度，破坏可以约束社会的法律，使社会变成无序而难于治理。正如朱元璋在《大诰三编·民违信牌第三十六》中所讲："禁官吏之贪婪，以便民生，其顽民乘禁侮慢官长；及至禁民以贵官吏，其官吏贪心勃然而起，其仁义莫知所在。呜呼！是其难治也。"

对于朱元璋发动民众反贪的效果，许多通俗历史作品都予以肯定，他们引用《大诰》及众多野史笔记，不厌其烦地描述官员跪地向民众苦苦求饶的样子。最著名的当属《大诰三编·县官求免于民第十七》所讲的乐亭县主簿汪铎，他在民众将害民工房吏张进等8人绑缚送京的时候，赶上前来向民众哀求："我十四岁读书，灯窗之劳至此，你可免我此番，休坏我前程。"但仔细分析这些记载，就会发现，民众是不能够绑缚官员送京的，只能够绑缚胥吏及豪民。这是为什么呢？官和吏有什么区别呢？

已故东北师范大学教授李洵先生（1922—1995）讲："明代的官和吏是组成官僚体制不可分割的两个政治载体，官和吏在实施统治上的作用，基本上也是相同的。"但二者的地位截然不同，官为长官，胥吏为厮奴；官为主导，胥吏为附从；官的地位高贵尊严，胥吏则卑贱低下，甚至在法律上"不齿于齐民"，非经三代之后，子孙不得应科举考试。胥和吏也是有区别的，胥是指杂役，名目繁多，如库子、厅子、斗子、禁卒、马夫等，其中包括衙役，也就是指那些专门在衙门奔走听差的皂、壮、快三班，其地位低于吏。吏是指吏典，为操办具体事务的人员，他们要经吏部注册，有工食银和任期，经考满可以进入官的行列。官办事离不开吏，吏办事也少不得官，官与吏办事又离不开胥。从理论说，理应由官员统率指挥胥吏，驾驭之、使令之，必要时鞭挞斥革法办之。胥吏只有服从的义务，而无操纵或胁制官长的任何权力。但是官是外来之人，胥吏是本地土著，不明白风土人情、连语言也很难听懂的官，遇上在本地关系错综、上下都有耳目的胥吏，官的优势也就相形见绌了。官是读圣贤书而得，胥吏是学法律文牍而取；官和吏虽都有任期，但在繁巨的法规事例面前，不熟悉与熟悉之间，孰优孰劣自然可见。朱元璋除动用重典严刑之外,还要求胥吏的父母妻子对其进行劝诫,民众进行监督;在揭示胥吏为奸的同时,要求各级官员严格驾驭胥吏,将胥吏的行为纳入官的监管范围,官有权裁革罢斥责打奸恶胥吏以树官威,即便是将他们立毙杖下也不为罪。

传统的政治理论有"明主治吏不治民"之说,认为圣明的君主应该驾驭职官,而不是亲自处理民众的事。朱元璋赋予民众"造反"的权力,也知道会冲击到其赖以维持统治的官僚体系,所以只允许民众捆送胥吏豪民,而不允许捆送官员,民众进衙门去抓胥吏,也只能够从旁门进,不允许从正门入。

朱元璋为什么对胥吏如此痛恨呢? 因为在君主管官不管民的情况下,胥吏连接官与民,发挥着统治的效用,但他们毕竟不是官,不在君主直接控制的范围内。朱元璋采取贱视胥吏的政策,不允许胥吏把握实际权力,但在实际政治运作中,往往是簿书山积、文繁政苛,使胥吏涉入权力运作,也就给胥吏提供了为奸作弊的方便。顾炎武认为:"夺百官之权,而一切归之胥吏,是所谓百官者虚名,而柄国者吏胥而已"(《日知录》卷八《吏胥》)。这种政治运作,固然有官本身的素质问题,但也有制度上的问题,还有对官缺乏信任的问题,更有胥吏确实在地方拥有很大势力的问题。那么胥吏在地方究竟拥有多大势力呢? 朱元璋在《大诰三编·递送潘富第十八》中透露了一些信息。

溧阳县皂隶潘富,为了巴结知县李皋,将搜刮来的钱财买回一名苏州女子献给知县,却将女子留在自己家中,居然是官与役共一妾。在潘富等胥吏们的教唆下,知县李皋下令科敛荆杖(荆杖也就是用于制造刑具的材料)。百姓将荆杖送到,潘富等则借口不好,拒绝收纳,甚至拳打脚踢,直至百姓出钱为止。在民气高涨的当时,百姓们当然不甘心,于是县民黄鲁等人到京城告御状。朱元璋受理,便派人前去捉拿潘富,却没有想到潘富逃亡了。他从溧阳出逃,途经广德、建平、宜兴、安吉、长兴、归安、德清、崇德 8 个府县,三百余户人家掩护过他。在崇德县(今并入浙江桐乡县),甚至有豪民赵真、僧澄寂等纠集人众,将前来缉捕的两百余名兵丁围困一夜。这简直是公然造反,朱元璋当然不会手软,派出大兵,将涉案两百余家的家产全部抄没,凡持棍棒参与围攻官兵者,全部诛戮;其余曾经掩护过潘富的8个府县107户,全部枭首示众,抄没家产。一个小小的皂隶,能够在9个府县里拥有死党,有自己的势力范围,还能够将两百余名官军围困一夜,足可见胥吏的势力之一斑。由此,也能够理解朱元璋发动民众捆送为奸胥吏,重惩豪强的用意。

◎**案情评点**

需要指出的是,不能够将朱元璋发动民众反贪称之为具有民主特色的制度,甚至与现在的反腐倡廉联系起来,提出依靠群众、发动群众、保护群众等建议。毋庸置疑,在民主制度越来越深入人心,人民群众有参政、议政积极性的时候,也会完善对政府的监督机制,阻遏腐败的蔓延,使廉洁政府形象注入民心。但是不能够夸大朱元璋发动民众反贪的效用,更不能将之与民主制度等同。因为这仅仅是朱元璋利用民众的一种手段,并没有真正信任民众。他一方面以《教民榜文》精心设计了一套乡村治理制度,一方面让民众互相监督,同时还以遍布各地的特务组织监视臣民的一举一动,千方百计地维护自己的权威。以圣王自居的朱元璋,又何曾想到过为民众谋利益,而真正给予他们应有的权利呢!

一个正常的社会,应该是政治制度健全而法治优良的社会。政治制度健全就能够制约权力,而不会出现不受制约的权力,自然也不会出现绝对权力导致绝对腐败的现象;法治优良就能够实现社会公正,社会成员的基本权利也会得到保证,自然不会出现有法不依而玩法弄法的现象。从政治制度层面上看,朱元璋并没有着手健全,因为他本人的权力就没有受到任何制约。从法治层面上讲,朱元璋并没有稳定的法律,以至于"国初至今,将二十载,无几时不变之法,无一日无过之人"(《明史·解缙传》)。朱元璋大肆发动群众惩治污吏和

"奸顽",貌似是给予民众制约的权力,实际上却是给予民众以暴戾的"合法伤害权",不但破坏了政治制度,而且败坏了传统法治。这正是:

> 尝闻陛下震怒,锄根剪蔓,诛其奸逆矣。未闻褒一大善,贵延于世,复及其乡,终始如一者也。(《明史·解缙传》)

解缙(1369—1415),字大绅,号春雨,江西吉水县人,从小就有神童之称。洪武二十年(1387),这位18岁的翩翩少年,首次参加江西省乡试,就夺得第一名。次年考取进士,名列二甲第七名。据说解缙文笔雄健,才华出众,朱元璋本欲钦点他为状元,但遭权臣的谗毁,认为他的姓名不吉利,才使朱元璋钦点"任亨泰"为状元,以图吉祥。少年得意的解缙,果然是不同凡响,献上《太平十策》,即参井田均田之法,兼封建郡县之制,正官名,兴礼乐,审辅导之官,新学校之政,省繁冗,薄税敛,务农,讲武10条意见。还上万言书,说朱元璋没有固定的法律,"令数改则民疑,刑太繁则民玩",除了陛下以震怒铲除奸逆之外,没有看到陛下褒奖善行。只有奖惩分明,才能体现法律的效用。"而今内外百司捶楚属官,甚于奴隶。"在民间"为善者妻子未必蒙荣,有过者里胥必陷其罪",许多行为都与儒家所提倡的忠良、孝行、节义、风化等相违背,既违反圣人之教,也不利于社会稳定。解缙敢于道出时人不敢道的现实,正是凭借年轻人的胆量,朱元璋也是惜才,所以并没有怪罪他,仅以大器晚成为由,认为"后十年来,大用未晚也",让他回家继续读书,而没有授予他官职。

那么解缙为什么说朱元璋只知在震怒下锄根剪蔓呢?朱元璋是否朝令夕改呢?其刑罚是否太繁呢?在无几时不变之法中他又在追求什么呢?在无一日无过之人的时候他又采取了哪些手段?

请看避席畏闻文字狱 >>>>

027

避席畏闻文字狱

>>>> 案情回放

有人认为,朱元璋时期发生的文字狱,个个是冤案,而清代的文字狱要是站在清王朝的立场上不完全是冤案,这种贬明而褒清的说法,实在不敢苟同。为什么清代的文字狱要站在清王朝的立场上,而朱元璋的文字狱就要站在受害者的立场上呢?实在是说不通嘛!

应该承认,文字狱是专制政治的必然产物。统治者要维护其专制统治,就必然要排斥和打击一切不符合自己统治意图的"异端"思想,更不允许以文字形式来传播,也不愿意这样的文字流传后世。而所谓的异端邪说,并没有固定的界限,往往是随着不同的时代、不同的君主政治倾向和爱憎而转移,也因不同时期当权者的地位与处境而变迁。有时候,前朝所谓的"正论"有被后朝指斥为"悖逆邪说"者,也有前朝的"说说言论"被后朝举报为"异端诽谤"者,更有捕风捉影而罗织罪名者。因此,分析文字狱就应该将有关案件置于当时社会的政治背景当中，与该时期的形势和人物相结合，进行具体分析。

那么不同时期的文字狱各有什么不同的特点？朱元璋实行的文字狱与前后各代又有什么不同呢？他所大开杀戒的文字狱起因又是什么呢？朱元璋大兴文字狱是何心态？"悖逆邪说""异端诽谤"又是如何确定的呢？朱元璋又是怎样挑剔文字将子虚乌有的内容转化成诽谤的呢？文字狱的罪名如何来罗织呢？在文字狱下文人们的心态又有哪些变化？诸如此类的疑问，都应该有所说明。

首先，文字狱是君主专制主义中央集权制度的必然产物。君主专制主义中央集权制度的特点就是皇权专制，专制皇权无所不及。皇权是以皇帝独裁专制行使最高统治权的政治概括，是由一套能够保证皇帝顺利行使权力的制度所构成的。这套制度保证皇权至高无上，使之具有绝对的权威性和独断性。基于皇帝"至尊"的地位，当时的社会物质文明和精神文明都用来集中体现皇帝的尊严。规模宏大的都城、雄伟壮观的皇宫、重檐高基的宫殿、富丽开阔的苑囿、肃穆庄严的陵寝、华美精致的手工艺品、威武雄壮的仪仗、十二旒倒垂的冠冕、昂首盘绕的龙袍等，从特殊建筑物到一切吃穿用具，都成为彰显皇帝权威的象征。

精神文明是人类精神生产和精神生活的结晶，历代统治者无不对它加以改造利用，大力宣传顺昌逆亡，尊君奉上的理论。凡是与专制统治密切关联的政治思想、伦理道德等，更是在统治阶级严格控制之下。从秦始皇"焚书坑儒"，到明清"文字狱"；从汉代的"儒术独尊"，到明清严禁"异端邪说"，都说明极端专制政体与文化专制是不可分割的整体。文化专制的目的是欺骗和愚弄人民群众，压制任何异己思想，以保证皇帝在政治上的绝对权威和永恒性；而极端专制政体又必然使用一切权力和手段以推行文化专制，企图倚仗之并将其作为阻遏异端思想泛滥的堤防，以维持万马齐喑式的"稳定"。

其次，朱元璋大兴文字狱居然始于张士诚的名字。张士诚

（1321—1367），元末明初的义军领袖，是当时北逾江淮，西至濠泗，东达至海，南连江浙的割据势力，最终被朱元璋所攻灭，被俘至应天（今江苏南京），自缢而亡。张士诚，小名九四，原本没有什么大名，等到他率盐丁起兵反元，攻占泰州、兴化、高邮等地以后，在高邮建立"大周"，称王改元时，才由儒生给他取了"士诚"这个名字。这个名字与朱元璋实行文字狱有什么关系呢？细心的清代史学家赵翼发现了其中的奥秘。

《廿二史札记》卷三十二《明初文字狱》讲，朱元璋之所以大兴文字狱，乃是因为一事一言的偶然机会而引发的。本来朱元璋非常尊重文人，早在他率兵打下第一座县城的时候，便开始网罗文人，并且有许多文人进入他的谋士集团，朱元璋也因文人的帮助，学习了许多知识，且明习历史典故，为构建大明帝国各项制度奠定了基础。

文人相轻，自古有之；而文人相倾轧，又是屡见不鲜。由于朱元璋重用一些文人，有些文人则因为未受到重用，便想在朱元璋那里取宠。可能是出于妒忌，也可能是卖弄学问，就有人对朱元璋说："文人善于讥讽嘲弄人，比如说张士诚对儒生可谓是厚待，但儒生们却想方设法嘲讽他。张士诚本名张九四，他让儒生给他起个好名字，想不到儒生却给他取名张士诚。"朱元璋听后不明白，便说："张士诚，这是个很不错的名字呀！"此人回答说："您不知道其中的原委，在《孟子》一书中有这样一句话，'士诚，小人也'。张士诚挨了骂，他还不知道呢？"说完颇自鸣得意。此人史略其名，而罪不容诛者正是此人。赵翼讲是勋臣提出来的，但从其引经据典的话语来看，不应该是勋臣所为，就算是勋臣提出来的，其幕后必有文人为之出谋划策。

"士，诚小人也"，见于《孟子·公孙丑下》。讲的是孟子离开齐国的时候，有齐国人，名叫尹士者，说孟子"如果不知道齐王能不能成为像汤武一样的贤君，就是没有知人之明。如果知道齐王做不成汤武，还要来齐国，那就是为了高官厚禄。千里迢迢地来到齐国见齐王，齐王不喜欢他，他就走吧，但是他还在'昼'这个地方住了三天才离开齐国，为什么停留了这么久呢？不就是期待荣华富贵吗？我很不喜欢他这种行为"。

孟子的学生，齐国人高子，将尹士的话转告给了孟子。孟子将自己来到齐国是为了推行自己的政治理念，而不是为了高官厚禄，以及在"昼"这个地方住了三天，也是为了等待齐王的醒悟，但齐王并没有接见自己的意思，所以才离开齐国的原因讲明，认为齐王如果能够采取自己的政治理念来治理国家，不光是为齐国百姓的安康，也是为全天下的百姓安居乐业。这些话传到尹士那里，尹士很惭愧，便说："士，诚小人也"，就是"我真的是个小人啊"。

也就是说，所谓"士，诚小人也"，是尹士自责的话，按照断句，应该读为："士，诚小人也"。无论如何，以《孟子》中的语言来附会，对于不懂经史典籍的张九四而言，他说什么也不会明白，如果将之断句为："士诚，小人也"，就是在骂他。为张士诚取名字的人，历史上也没有留下姓名，是否真是以此来骂张士诚，也就无从考证了，但这种牵强附会的说法，却是很容易被人们接受。那么朱元璋听到这样牵强附会的语言，究竟会有什么反应呢？其不满与仇视心理又是如何表现出来的呢？

此人的这一席话引起了朱元璋极大的警觉。原来文人是如此诡计多端，心存恶毒，骂人损人都不吐脏字，被骂了还以为是在被夸奖。因此，朱元璋总怕被儒生暗行讥讽嘲弄，便开始处处提防，唯恐自己被文人所骂还自以为美。于是，朱元璋带着严重的猜疑防范心理，对儒生们的一言一行、一文一字，总是从言论和文字背后去找把柄，试图找到那些可以证明这些文人儒生存心搞鬼的地方。朱元璋是带着不可告人的阴暗心理去审批公文，去听文人的论说，一发现自认为可疑和可忌讳的地方，便狠狠予以惩治以泄心中怨恨，这便是赵翼所云"而文字之祸起云"的缘由。

再次，朱元璋大兴文字狱的心态。虽然说此人的挑拨离间是朱元璋大兴文字狱的直接原因，但关键还是在朱元璋本人的畸形心理，还有他掌握大权以后喜好使用的狠恶手段。两者相结合,便可以从官文书中的官样文字里,查找到被他解释为大逆不道、心存恶毒的语句,对一些本来没有什么关联的字或句,便任意凭主观猜想而无限地引申之,以至于望文生义,捕风捉影,甚至于产生杯弓蛇影、草木皆兵的恐慌。朱元璋平白无故制造出的文字狱案件不计其数,致使许多受牵连的无辜受害者身首异处,血染刑场,为文者战战兢兢,言事者谨小慎微,满口圣明万岁,生怕触到朱元璋的忌讳。

◎ 案情评点

朱元璋对自己的出身经历,可以说一直采取双重态度。他家境贫寒,因为灾荒战乱而成为孤儿,当过乞丐,做过和尚,乞食的屈辱,病痛的折磨,流浪汉所能遭遇的事情,他都一一经历过了,一方面"突朝烟而急进,暮投古寺以趋跄",过着今日不知何处宿,饥一顿饱一顿的生活,"身如蓬逐风而不止,心滚滚乎沸汤"。之后他参加红巾军,由步卒、亲军、小校,一步步走来,成为独当一方的统兵大将,然后又独立门户称吴国公、吴王,再进一步为大明帝国的开国皇帝。这样曲折而又带有传奇色彩的经历,既反映着一个卓越人物不平常的成长过程、创业开基的经过;也有在世俗的眼光看来,并不光鲜的出身。朱元璋家境贫寒,出身下层社会,曾以乞讨为生,在"一官、二吏、三僧、四道、五医、六工、七匠、八娼、九儒、十丐"之语流行的时代,乞丐属于最低贱的阶层;他又参加过红巾军,在元朝统治者眼里红巾军属于"盗贼",而"从贼"是当时社会所鄙夷的。朱元璋生活在14世纪,难免受到当时社会世俗意识的影响,对自己的出身经历,常常交织着自豪与自卑的矛盾心理。

朱元璋的自豪,表现在他从来不忌讳自己的出身,在不少文告中,朱元璋都主动表白过"朕本农家""予本淮西布衣"。在他本人亲自撰写的自传体裁《御制皇陵碑》和《记梦》两文中,可以见到他并不讳言自己当年的低微、贫穷和落魄,也不隐瞒自己的底层经历,对曾经受过的屈辱,也坦然对待,对于自己投身红巾军,也认为"时乃长淮盗起,民生攘攘",是否"从盗",也是靠投珓来决定他是否束手待死,还是"奋臂以相戕",抑或"出境以全生",表明他自己本不想投靠红巾军,但无奈三次投珓都是阴文,才以为是神示,便"如其所往"。"曾经沧海难为水,除却巫山不是云"(唐·元稹《离思五首之四》),他的困难经历,使他体味了人生,丰富了阅历,也使他引为自豪。

当然,朱元璋本人不厌其烦地一再公开谈及自己早年的艰难困苦,其实是寓有自我炫耀的成分,试想如此大业,一般人焉能如此!天命所归,岂是偶然?但是,这些经历,出于他本人口中或笔下,便是圣迹昭彰。可在他自我炫耀功业的同时,又对自己身为天子,曾经为丐、为僧、为"贼",有所隐讳。在他潜意识中,他将此视为自己最敏感的痛处、丑处,极不愿意为人所触及,更惧怕有人借此在背后嘲笑渲染、贬辱讽刺,更不能容忍文人借用文字以旁敲侧击,这又反映出他自卑的一面。

朱元璋的心态是极其复杂的,不但有神经质的疑虑,还有多疑式的猜忌,再加上狠辣之心,就使其行为超乎常人的诡异。他一方面与文人谈今论古,赋诗论文,与文人贴近;另一方面,又生怕文人的窃笑和奚落。在不断有御制文涌现的同时,敕纂数十部图书。在学术文化上有强烈的自我表现欲,在这种情况下,他对文人赏识提拔,与他们一起唱和吟诗,同时,他又一次次地对文人进行羞辱与摧残。他不厌其烦地审阅章奏,夜以继日地读书,时而横加挑剔,时而评论短长,进行无稽的指摘,甚至人为地制造文字冤狱,血腥地进行屠杀。朱元璋佩服汉高祖刘邦,认为刘邦是最有远见而又有成就的皇帝,在施政上多方面仿效之,但其在狠毒残忍方面则有过之而无不及,真可谓"青出于蓝而胜于蓝"。这正是:

金粉东南十五州,万重恩怨属名流。牢盆狎客操全算,团扇才人踞上游。避席畏闻文字狱,著书都为稻粱谋。田横五百

人安在，难道归来尽列侯。（清·龚自珍：《咏史》）

龚自珍（1792—1841），字尔玉，号定盦，浙江仁和（今杭州）人。清代思想家、文学家及改良主义的先驱者。最重要的贡献在于他非常透彻地分析了当时清王朝的国势和官风民情、社会动态，并指出症结所在，阐明绝不能再浑浑噩噩地维持现状了，更不要怀有国家不会崩溃的幻想。他觉人所不觉，言人所不敢言，恍如轰雷，惊人梦醒，促人深思，令人猛省。他疾呼再也不能抱残守缺，传统的法则已经难以维持下去，应该着手变法。"自古至今，法无不改，势无不积，事例无不变迁，风气无不移易"（《龚自珍全集》，上海古籍出版社，1975 年，第 319 页）。当然，在当时的历史局限下，他所倡导的只是在当时国家体制下的自我完善，还不可能预见鸦片战争以后的形势。龚自珍从 15 岁起写诗，所赋的诗与其政论是一致的，多着眼于现实政治、社会形势，抒发感慨，纵横议论。这首《咏史》，虽然很难看出他咏的是哪个时代，但其中的"避席畏闻文字狱"一句，从历史的角度来看，反映出文人一提起文字狱，便心有余悸的现实。

那么，朱元璋是如何兴起文字狱的呢？又是如何挑刺找茬？怎么样来罗织罪名的呢？受文字狱牵连的人究竟有多少？朱元璋在大兴文字狱的过程中又反映出怎样的变态心理呢？

请看挑剔文字忌讳多 >>>>

挑剔文字忌讳多

说起朱元璋挑剔文字,那可是出人意料之外,比前文所说的"士,诚小人也"更加荒诞。据野史传闻,朱元璋对一些文字的解释与理解,与那位给张士诚取名字的人的牵强附会之说相比,有过之而无不及。

野史以朱元璋的出身经历为切入点,说他忌讳"则""生""光""式"等字,认为这些字寓意"盗贼""和尚""杀君主",还说朱元璋挑剔这些字,是从表笺中的四六骈体文中寻找来的。那么,朱元璋真的像这样挑剔文字吗?什么是表笺?表笺是用来做什么的?什么又是四六骈体文?凡此,都应该略作说明。

首先,谈谈表笺的内容及用途。明代臣僚奏事有:题、奏、表、讲章、书状、文册、揭帖、制对、露布、译10类。"题"是内外衙门的例行公事;"奏"是内外官员的申奏文书;"表"是内外官员陈情、建言文书;"讲章"是上奏御览的经义解诂;"书状"是官员的行状履历;"文册"是有关部门呈送祭祀册文等文稿;"揭帖"是由内阁直达皇帝的机密文书;"制对"是应对皇帝的诗文和所提出问题的对答文书;"露布"是军情捷报;"译"是各种非汉文的翻译文书。臣僚上奏除了反映本地区、本部门的各种情况之外,在有皇恩万寿、各种节令、受赐谢恩、典礼庆贺时,都要分别进上表笺。如每岁正旦(即新年),万寿圣节(皇帝生日),上太皇太后、皇太后、皇后尊号,册立东宫太子等,属于国之典礼的时候,各级文武官员都应该呈送表笺致贺。

所谓的表,始于汉代,是呈递给皇帝的文书,用于向皇帝、皇太后致贺。所谓的笺,也始于汉代,称为"笺奏"或"笺记",后来则成为向皇后、皇太子致贺时使用的文书。明初对于致贺表笺的程式、文书体裁、一些字的避讳,以及抬头格式(即逢与皇帝有关的"上""御""皇"等字,必须另起一行,抬三至一格书写)等,都有明确规定。

其次,地方官为什么要奉上表笺?洪武九年(1376),在尚未废中央中书省的情况下,朱元璋便率先废去地方行中书省,改制为承宣布政使司,意即承皇帝的旨意,推行宣布皇帝颁发的政令,其明显的目的是为了有力地集中权力,加强对地方的控制。废除行省制度以后,省一级由承宣布政使司、提刑按察使司、都指挥使司三司(别称藩司、臬司、都司),分管行政、司法监察、军事,把一省的事权一分为三,以消除省级官员独揽大局的局面。三司各有分工,但在本身分管的政务中如遇问题,必须会同其它两司共议,不允许独断,而所议定的政务必须上报朝廷核准,使三司的权力受到限制和牵制。

明初制定的疆土管理体制分为两大系统:一是属于行政系统的六部—布政使司(直隶府州)—府(直隶布政司的州)—县(府属州);二是属于军事系统的五军都督府—都指挥使司(行都指挥使司,直隶都督府的卫)—卫(直隶都司的守御千户所)—千户所。两京都督府分统16个都指挥使司,5个行都指挥使司,2个留守司,所属493个卫,2593个千户所,315个守御千户所。明王朝直辖的地区同时采用行政和军政管理制度，即布政使司和行都指挥使司，它们为第一级行政区，直接受王朝的控制。当时朱元璋规定，各布政司、府、州、县，各行都指挥使司、卫、所，都可以直接上奏，而不必通过自己的上司。从表笺所奏的事情来看，无非是例行的歌功颂德，各地方军政大员往往认为这不过是官样文章，也不用心去构思，大多命令本地的教职人员，诸如教授、教谕、学正、训导等学官代为制作。但谁也没有想到，朱元璋居然对这些应景文章会如此关注。

再次，什么是四六骈体文？该文体与表笺有什么关系？骈体文也称"骈俪文""骈偶文"，主要使用四字、六字句，四字为"骈"，六字为"俪"，讲究对仗的工整和声律，并且多引典故。正因为典故繁多，要合辙押韵，非一般人能够理解其内涵，所以野史认为，朱元璋怀疑这些文人在卖弄其学问的时候，用典故及文字，假颂扬以行讽刺挖苦之实，所以特别留心，总是以挑剔找茬的眼光来阅读表笺。不成想，朱元璋发现了许多"应合回避凶恶字样"，指出了许多所谓的"逆谋"和"不恭"，还查出一大批使用这类文字的"恶逆"之犯，并将他们一一处决。赵翼列举了数例：

> 浙江府学教授林元亮，为海门卫代撰《谢增禄表》，内有"作则垂宪"，被杀。
>
> 北平府学训导赵伯宁，为都指挥使司作《长寿表》，内有"垂子孙而作则"，被杀。
>
> 福州府学训导林伯璟，为按察使作《贺冬表》，内有"仪则天下"，被杀。
>
> 桂林府学训导蒋质，为布政使和按察使作《正旦贺表》，内有"建中作则"，被杀。
>
> 常州府学训导蒋镇，为本府作《正旦贺表》，内有"睿性生知"，被杀。
>
> 澧州学正孟清，为本府作《贺冬表》，内有"圣德作则"，

被杀。

陈州府学训导周冕，为本州作《万寿表》，内有"寿域千秋"，被杀。

怀庆府学训导吕睿，为本府作《谢赐马表》，内有"遥瞻帝扉"，被杀。

祥符县学教谕贾翥，为本县作《正旦贺表》，内有"取法象魏"，被杀。

亳州府学训导林云，为本府作《谢东宫赐宴笺》，内有"以式君父，以班爵禄"，被杀。

尉氏县学教谕许元，为本府作《万寿贺表》，内有"体乾法坤，藻饰太平"，被杀。

德安府学训导吴宪，为本府作《贺立太孙表》，内有"永绍亿年，天下有道，望拜青门"，被杀。

似此被坐以"表笺误"而"下狱死"者，应该不在少数。赵翼引《闲中今古录》讲杭州府学教授徐一夔的表文中有"光天之下，天生圣人，为世作则"的语句，朱元璋览表大怒："生者，僧也，以我尝为僧也；光则剃发也；则字因近贼也。"便将徐一夔斩首。又说僧来复《谢恩诗》中有"有殊域及自惭，无德颂陶唐"之句，朱元璋便认为："殊"乃是"歹朱"，说无德颂陶唐，是说自己不如尧那样有德，所以将僧来复也杀死了。

赵翼所引事例，都来自于野史，《明实录》等正史中对此没有任何记载。中国社会科学院历史研究所研究员王春瑜、香港中文大学教授陈学霖等，都曾经进行过考证，如徐一夔、僧来复等在朱元璋死后还有活动记载，因此不应该是死于"表笺罪"。经考察，盛传朱元璋忌讳"生""光""则""殊"等字的野史传闻，最早的也在正统年间（1436—1449），离朱元璋去世至少50年了。当然，这些传闻也不可能没有一点根据。

从上述被挑剔出的字来看,其实都是历代文人恭维皇帝的常用文字,也可以说是陈词滥调,但要是与朱元璋的出身经历联系在一起,便会出现意有所指之嫌了。传闻多是以淮西口音为蓝本,更是有让人不信都难以忘怀之感。如"则"字,在淮西口音中,与"贼"音相同,因此"以身作则"便与"以身作贼"可以联系起来;"生知",在淮西口音中,与"僧智"相同,因此便与和尚的伎俩联系起来。至于"体乾法坤"之"法坤"与"发髡"的古代剃发之刑结合起来,再与当过和尚相联系,似乎也很有凭据;"藻饰太平"与"早失太平"为谐音;"式君父"与"弑君父",即杀君父,也是谐音;"寿域千秋"与天子不能够长寿万年相联系;"天下有道"与"天下有盗","帝扉"与"帝非"等,均在谐音上能够牵强附会。

那么为什么野史记述了如此众多的事例来证明朱元璋大兴文字狱呢?他们的所本又是什么呢?

原来,在洪武十四年(1381)重定进贺表笺礼仪时,有"御名庙讳依古礼,二名不偏讳,嫌名不讳,凡凶恶字样俱用回避,仍以朱笔圈点句读"的规定。也就是说,如果皇帝名字为两个字,可以单独使用其中的一个字,如果是与皇帝名字同音,也不用避讳,但不能够使用凶恶字样,也就是说避讳"杀""死""毙"等字。问题就在于"仍以朱笔圈点句读"了。按照当时的制度,朱笔只有皇帝才能使用,那么朱笔圈点,当非皇帝莫属了。因此,朱元璋在句读时,挑剔文字也就有凭有据了。

其实,要是知道"进贺表笺礼仪"的仪式,便可以知道"朱笔圈点"不是朱元璋所为了。按照该礼节,在进表笺的前一天,要在公廨及街衢张灯结彩,文武官员要设置龙亭,将表笺隆重地放在龙亭前的表笺案上,然后鼓乐齐鸣,文武官员依次三跪九叩,山呼万岁,还要将表笺恭送出郊外,待进表笺官离去,才能够回城。礼节相当隆重,在当时也必然为各地民众所观看,因此民众对表笺也非常熟悉。所以用表笺为例来讲朱元璋挑剔文字,按现在的说法,是有群众基础的。

其实进表笺礼仪讲得很明白，"朱笔圈点句读"是礼部办理的事务，所有的避讳、凶恶字样，都是在礼部圈点句读以后进呈的，那么要出现前所讲朱元璋挑剔的字眼，怪罪于当事人虽然是理所当然，但按照当时的制度，礼部的责任应更大，可野史中却没有讲到礼部官员因此受牵连的记载，显然是不实。那么野史记载是否完全是编造的呢？也不能下此定论。

再有，朱元璋早在洪武六年（1373），就禁止四六文辞，不允许中外臣民，于表笺奏疏中使用四六对偶。因此，野史所提出的四六句，显然也站不住脚。但在洪武二十九年（1396），朱元璋颁布表笺文式，其原因是"天下诸司所进表笺，多务奇巧，词体骈俪"，引起朱元璋厌恶而起的，野史似乎有找到凭据，表明骈俪还在用，朱元璋又"甚厌之"，因此又给他们编造故事予以支撑了。

从正史中可以看到，朱元璋对藩属国朝鲜国王李成桂的斥责。在洪武二十九年（1396），朝鲜所上的《贺正旦表笺》中，被朱元璋查出"犯上字样"，于是朱元璋便责问朝鲜使者，将所贡物品发回，并追查起草表笺者的姓名。朝鲜国王李成桂不敢怠慢，便将起草表笺的郑集、金若恒等押送南京，承认不明白表笺的体例，"措词鄙陋"。结果，朱元璋将起草表笺的朝鲜人都发往云南金齿（今保山市）安置，还停止了与朝鲜的贸易。由此可见，对藩属国有"犯上字样"表笺的处置尚且如此严厉，杀戮自己的臣属也就不是没有凭据了。因此，对朱元璋挑剔字眼一事，是可以采取宁可信其有，不可信其无的态度，去冷静地分析野史为什么会编造出这些互相抵牾、漏洞百出的故事的，从而解析朱元璋本人变态的心理及其矛盾的性格。

◎ **案情评点**

朱元璋残暴滥杀，在他所兴的大案中已经表露无遗，其猜忌诛夷也为史家所承认，因此也就为野史编造故事提供了理由。从心理学的角度看，自卑与自尊是一种现象的两个方面，越是自卑感强的人，越要极力维护自尊,常把自己遇到的微不足道的事情,看成是莫大耻辱。而自尊与自卑相结合,往往会产生一种变态心理,有时甚至会做出一些不近常情的事。朱元璋身经百战,叱咤风云,在治国施政方面大体能够切合机宜,卓有成效,可以说他是历史上当之无愧的功名卓著的皇帝之一。但是当朱元璋登上皇帝宝座,手中掌握了生杀予夺的大权,便开始屠戮功臣,正如赵翼所评价:"即尽举取天下之人而尽杀之,其残忍实千古所未有"(《廿二史札记》卷三十二《胡蓝之狱》)。在当时君主专制的政治体制下,天皇圣明,臣罪当诛,杀掉一些喜欢咬文嚼字的儒生,只不过是为朱元璋的残忍增加一些注脚而已。这正是:

妇孺知名且放歌,一瓢安事此经过。勋名建竖曾谁在,儿女英雄奈若何。文字狱兴公论泯,党人碑勒相材多。东涂西抹年时事,请向田间认阿婆。(清·李明嶅:《乐志堂诗集》卷九《春梦婆》)

李明嶅,浙江嘉兴人,顺治元年(1644)举人,曾经为福建古田县教谕,有《乐志堂诗集》行于世。从该诗集于清康熙三十七年(1698)刊刻来看,其《春梦婆》所讲应是明朝事,其中"文字狱兴公论泯",可见在明末清初时对文字狱的看法,也可见文字狱的事情广为传播,因为"妇孺知名且放歌",即通过妇孺之口,在民间广为流传。"党人碑勒相材多"的"党人碑",应该指宋代的元祐党人,史载崇宁元年(1102),蔡京拜相后,为打击政敌,将司马光等309人的所谓罪行刻碑为记,立于端礼门。明末清初,因为有《党人碑》剧目的传播,此事在民间影响甚广。其实,"文字狱兴公论泯,党人碑勒相材多"这两句应该是影射明代魏忠贤大兴文字狱,颁布《东林点将录》,公布东林党罪名一事,而这些东林党在崇祯时候多进入内阁。崇祯皇帝在位17年,为相者多达50人,也就无怪乎"相材"多了。从诗中可见,当时民间阿婆议论当朝的事情，虽然是"东涂西抹"，但也不是凭空编造，至少是有名有姓，至于到底有无此事，则不是妇孺所考虑的事了。

那么在明代民间，对朱元璋都有哪些传说呢？这些传说又是如何"东涂西抹"的呢？民间阿婆又是如何引经据典去证实确有其事呢？朱元璋到底是不是如传说中所讲凡有触其忌讳便大肆屠杀呢？

请看论诗文捕风捉影 >>>>

论诗文捕风捉影

>>>> 案情回放

野史有"淮西女人好大脚"的传闻，说的是有一年元宵夜，朱元璋出宫去看花灯。因为自南宋以来就流行"观灯猜谜"的习俗，所以人们一边看花灯，一边猜灯谜，猜中有奖，猜不中也无罚，只为增加看花灯的乐趣。据说朱元璋在五颜六色的花灯中发现一则灯谜：上画有一名妇女，怀抱西瓜骑在马上，而马蹄画得偏大。朱元璋看了以后，勃然大怒，立即回宫传唤刑部官员，让他们缉捕做此灯谜之人，并将之立毙杖下。刑部官员不明白为什么，便请示以何罪名定罪，结果遭到朱元璋的申斥："此人以灯谜亵渎皇后，岂可宽宥？"为什么野史有此传说呢？原来朱元璋的正妻马皇后，是淮西人，妇女怀抱着西瓜，就是淮西女人，而马有大蹄，也就暗讽马皇后大脚，是所谓"淮西女人好大脚"，这是有辱圣母，因此立毙杖下实属罪有应得。

野史中类似这样的传闻很多。比如说朱元璋在读《孟子》一书时,看到孟子(约前372—前289年)讲"君为轻,民为贵"的说法,便传令将孟子抓来正法,等到臣下说孟子是古人的时候,朱元璋才恨恨地说:"使此老在今日,宁得免乎?"也就是说,如果不是孟子在1500多年前就已去世,我岂能饶了他!被人们称为亚圣的孟子,几乎是家喻户晓,说朱元璋连孟子是古人都不知道,其讽刺朱元璋不学无术的意义明显。从朱元璋的御制文集及敕纂图书来看,其在历史与文学方面还是应该有一定的功底的,怎么能够说出这样的话呢?这显然是编造。

那么野史传闻不实,是不是就意味着朱元璋没有实行过文字狱呢?野史传闻真的一点根据都没有吗?也不能够这样说,因为朱元璋确实因为文字杀过人,只不过不像野史传闻的那样,忌讳什么"则""生""光""式"等字。

在《明史·文苑传》中,因为"表笺误"被杀的有处州府学教授苏伯衡,而他两个儿子因为救父也被杀掉。因此,野史传闻朱元璋以"表笺有忌讳字"而杀儒生是有根据的,但所忌讳的内容应该属于传闻。此外,在《文苑传》中,因为文字而被处死的还有王彝(?—1374,字常宗,元末明初诗文家)、孙蒉(1334—1389,字仲衍,元末明初诗人)、高启等人,其中高启是以诗文获罪的。

高启(1336—1373),字季迪,长洲县(今江苏苏州市)人,元末明初著名诗人,被誉为吴中四杰之首,曾被任命为户部右侍郎,因给苏州知府魏观作《郡治上梁文》而被腰斩。

魏观(1305—1373),字杞山,湖北蒲圻人,元时隐居蒲山,朱元璋为吴王时出仕,洪武五年(1372)任苏州知府。他很重视文教,把一些不愿意在朝廷为官的文人都延请到苏州,与他们谈文论诗,考订经史。本来高启不肯接受户部右侍郎之职,已经为朱元璋所不满,对高启所做的诗也曾经"嗛之",即怀恨在心。那么朱元璋对高启的什么诗怀恨在心呢?说起来这也是捕风捉影。

高启有《院宫女图》七言诗云:"女奴扶醉踏苍苔,明月西园侍宴

回。小犬隔花空吠影,夜深宫禁有谁来。"明末清初的江苏太仓文人吴乔(1611—1695),认为该诗讽刺朱元璋在消灭陈友谅集团之后,将陈友谅的姬妾贮于别室,肆意予以蹂躏,以发泄对陈友谅的愤恨,诗中所讲宫中"女奴",便是讽刺朱元璋这种不道德的行为。高启好为拟古,所作宫词甚多,因为这是古代文人最喜欢的题材,虽然谈不上什么格调,新意也不多,但竟引起朱元璋的不满,应该也是误触忌讳而已。比如说高启的《题尽犬》中有"莫问瑶台吠人影,羊车夜半出深宫"一句,本来是讲晋武帝司马炎灭掉蜀吴二国,将蜀吴及本朝美女汇集在一起,由于司马炎不知道宠爱谁,便以羊拉车绕诸宫行走,羊车停在谁的门口,便搴帘入宫宠幸之,以致妃嫔们门前插竹叶、洒盐水,招徕羊车。高启用这个典故,又可以与朱元璋收用陈友谅的姬妾联系起来。野史讲朱元璋在没有当皇帝时,曾经夜宿妓馆,并题诗留念,后来当了皇帝,那个妓女便带着所生的孩子求见,朱元璋将这个孩子封为王,却将这名妓女赶走,于是"羊车夜半出深宫"便成为朱元璋嫖妓传闻的证据。高启被杀如果是因为这些诗的原因,不但高启被冤枉,连朱元璋本人也等于承认自己是淫恶之人了。因此,显然不是因为高启的宫词而使朱元璋怀恨在心的。如果说高启的《寓感》诗中有:"乾坤动杀机,流祸及蒸民",《闻长枪兵至出越城夜投龛山》诗中有:"如何杀大将,王师自相雠"等语句而被朱元璋怀恨在心,还是符合朱元璋的性格与实际的。那么朱元璋以《郡治上梁文》杀高启,所忌讳的文字是什么呢?

原来,魏观把知府衙门修在张士诚的宫殿遗址上,已经犯了忌讳,后被苏州指挥使蔡本揭发,魏观上疏辩解,陈述许多理由,有危言耸听之嫌,朱元璋便派御史张度前去查实。张度没有进入史传,其之所以史上留名,就是因为调查魏观在张士诚的旧宫殿修建知府衙门的案件,被后世许多人认定为是小人。张度调查后便弹劾了魏观"非时病民"及"危言"的两大罪状。所谓"非时病民",就是在调拨民工修建府衙和疏浚锦帆泾工程中,因误民农时而催赶逼工,知府衙门建在宫殿遗址上与征用民工这两件事加起来，便是"典灭王之基，开败国之河"。所谓的"危言"，则是说高启写的《郡治上梁文》不太妥当。

农民出身的朱元璋，对误农伤农的事情反感在情理之中，以大兴土木、民怨四起的罪名将魏观处死，足以遮挡"兴既灭之基"的忌讳。但高启《郡治上梁文》中有"典灭王之基，开败国之河"，却触动了朱元璋那敏感的神经，于是朱元璋亲自查看高启的《郡治上梁文》。遗憾的是，《郡治上梁文》已经失传，但知其中有"龙盘虎踞"的字样。现存高启的《郡治上梁》诗云："郡治新还旧观雄，文梁高举跨晴空。南山久养干云器，东海初生贯日虹。欲与龙庭宣化远，还开燕寝赋诗工。大材今作黄堂用，民庶多归广庇中。"其中，"旧观雄""贯日虹""欲与龙庭""燕寝""黄堂"已经触了忌讳，而张士诚的旧基是"龙盘虎踞"，那么南京城是什么？朱元璋再联想到高启之前拒绝任户部右侍郎的行为，就足以治高启"大不敬"之罪了，不为君用，就是"诛其身而没其家，不为之过"，因此将39岁的高启腰斩于市。但这一处置的影响是什么？朱元璋也是心知肚明的，所以不久便给魏观平反，以礼归葬，允许文人们给他编辑文集，还派诸王和相关官员祭祀，而高启却没有被平反。为什么不给高启平反呢？

原来，朱元璋最恨士大夫不为己用，在《大诰三编·苏州人才第十三》中曾公开宣布："率土之滨，莫非王臣。寰中士大夫不为君用，是自外其教者，诛其身而没其家，不为之过。"因为高启实际上是不与新王朝合作的江南文人代表，这群文人不仅拒绝与新王朝合作，而且还念念不忘在元朝和张士诚时期相对宽松的统治环境。朱元璋在《大诰三编·苏州人才第十三》中列举苏州人才姚润、王谟接到任命不出仕而结交官府的罪行；《大诰三编·秀才剁指第十》列举贵溪县夏伯启叔侄俩，不肯来朝廷为官而砸断自己手指的罪行，乃是不为朕用，因此将他们斩首并抄家。对于这些不愿意合作的文人们，朱元璋不仅仅是让他们出来做官，还要他们歌功颂德，就像打击政治对手一样，将这些有可能威胁皇权的潜在力量消灭在萌芽之中。

在文人被诛案中,有许多是因为胡惟庸和蓝玉的"奸党"案而受牵连,凡是与某些权贵有过交往,一旦权贵被诛,他们往往也"其罪难免"。如在"蓝玉党案"中,凡是与蓝玉有过片纸只字交往的人,都被追查。翰林典籍孙蕡,就是因为曾给蓝玉题了一幅画被杀。据说孙蕡在临刑时曾经口占五言绝句云:"鼍鼓三声急,西山日又斜。黄泉无客店,今夜宿谁家。"行刑之后,朱元璋问监刑官,孙蕡死时都说了些什么?监刑官如实报告,殊不料朱元璋大怒,认为有这样好的诗,为什么不先汇报便行刑了呢!结果下旨将监刑官杀掉。这充分体现了朱元璋的喜怒无常,心意莫测。

孙蕡(1334—1389),字仲衍,广东顺德人。《明史·文苑传》讲他坐蓝玉党论死,但其门人黎贞称其卒于洪武二十二年(1389),而蓝玉党案是洪武二十六年(1393)才开始的,显然《明史》有误。从他为官的经历来看,洪武三年(1370)中举人,授工部织染局使,虹县(清并入今安徽泗县)主簿,不及一年,便召入为翰林典籍;洪武八年(1375)参与编写《洪武正韵》,洪武九年(1376)出使监祀西川三年;洪武十一年(1378)为山东平原县主簿,因事被判,罚修河北望都县城墙,因为以粤语吟诗,被监工汇报给朱元璋,翻阅其诗"皆忠爱语",因此被释放回田里;洪武十五年(1382),被召回授官为苏州府经历;洪武二十二年(1389),又因罪被发遣到辽东,就在这年坐党祸死,应该是死于胡惟庸党案,而不是蓝玉党案。野史讲其为翰林典籍时被杀,时间不对,《明史》讲其死于蓝玉党案,也是时间不对,所以对朱元璋因诗杀监刑官的说法,也只能姑妄听之。

关于朱元璋大兴文字狱的传闻,除了赵翼《廿二史札记》所讲的以外,在野史中还有许多传闻。比如,说朱元璋在没有当皇帝之前,就因为金事陈养浩有诗云:"城南有嫠妇,夜夜哭征夫",恨他动摇士气,将其投入水中淹死。还有说,朱元璋到一个寺庙中休息,看到墙壁上题有一首诗云:"大千世界浩茫茫,收拾都将一袋藏。毕竟有收还有散,放宽些子也何妨。"朱元璋便以为该诗借布袋佛来影射自己

（布袋佛，即世传弥勒佛化身），认为他执政太严酷，要他放宽松一些，便立即大开杀戒，把该寺的和尚全部斩绝杀光，并下令一定要缉拿那个题诗之人。另外，监察御史张尚礼，因为《宫怨》诗："庭院沉沉昼漏清，闭门春草共愁生。梦中正得君王宠，却被黄鹂叫一声"，被朱元璋认为身为风宪之官，不能以身正人，反而去讲后宫之事，所以被处死。状元张信教诸王子写诗，因为引用杜甫《绝句》诗中的"舍下笋穿壁，庭中藤刺檐。地晴丝冉冉，江白草纤纤"，朱元璋便认为："堂堂天朝，何讥诮如此！"便将张信腰斩了。兖州知府卢熊，偶然发现朝廷颁发的官印上兖州的"兖"字误刻成了"衮"（"衮"，乃是天子祭祀时所穿的礼服）字，便上疏奏请更正。想不到朱元璋不高兴了，说："秀才无礼，便道我衮哩。"朱元璋把"衮"字误作"滚"字，卢熊也"几被祸"，又是因为其它事情"坐累死"（明·叶盛：《水东日记》卷四《卢公武兄弟》）。此外，两个著名的和尚，一名守仁，一名止庵，以诗闻于世，被誉为诗僧。守仁有一首诗云："见说炎州（指南海之州）进翠衣，网罗一日遍东西。羽毛亦足为身景，那得秋林静处栖。"守仁只不过借诗来表述出家人看破红尘，但朱元璋却认为"汝不欲仕我，谓我法网密耶？"止庵有《夏日西园》诗："新筑西园小草堂，热时无处可乘凉。池塘六月由来浅，林木三年未得长。欲净身心频扫地，爱开窗户不烧香。晚风只有溪南柳，又畏蝉声闹夕阳。"朱元璋见此而呵斥僧止庵说："汝诗'热时无处乘凉'，以我刑法太严耶？又谓'六月由浅''三年未长'，谓我立国规模浅而不能兴礼乐耶？'频扫地''不烧香'是言我恐人议而肆杀，却不肯为善耶？"所有这些，不是说朱元璋曲解文字，便是不懂诗文，而朱元璋在祭祀天地时必穿衮服，岂不知"衮"与"滚"的区别。唯因如此，传闻的证据便确凿无疑了。也无妨姑妄听之。

◎ **案情评点**

无论如何，高启是洪武初年文字狱的受害者，既然有文字狱，文

050

人们的日子就不好过,他们不得不战战兢兢地一边为朱元璋的明王朝效力,一边还要时刻小心因文字而触及朱元璋的忌讳。不过朱元璋并没有焚书,也没有查抄因文字获罪的高启的诗文,其诗类稿藏于家,洪武八年(1375)陇西李志光还为之作序,后来刊出,有《高太史大全集》传世。孙蕡去世,门人黎贞将其诗文编成《西庵集》传世。上述所讲的文人,也多有文集传世,有许多在朱元璋时期就已经流传了,这与清代文字狱既杀人又焚书是有区别的。这正是:

竹帛烟销帝业虚,关河空锁祖龙居。坑灰未冷山东乱,刘项原来不读书。(唐·章碣:《焚书坑》)

章碣(836—905),字丽山,唐代诗人,乾符三年(876)进士,没有什么事迹流传。《全唐诗》存其诗26首,多为七律,颇有愤激之情。这首诗不是很有名,但因林彪事件,在当时发下来的学习材料中,将该集团引用这首诗讽刺毛主席的事,以文件的形式告知,让所有人学习,因此那时的中国人没有不知道这首诗的。该诗说的是当年秦始皇焚书坑儒,但不久就天下大乱,造反的刘邦、项羽可都不是读书之人。

那么朱元璋是否也是属于刘邦、项羽那样不读书的人物呢?还是好读之人呢?要是喜欢读书又读什么书呢?读书时又发表过哪些见解呢?

请看删《孟子》竟成疑案>>>>

删《孟子》竟成疑案

　　朱元璋所兴的文字狱,最有名的当属删节《孟子》一书。孟子(约公元前372—前289),名轲,战国时期邹国人,是儒家最重要的代表人物之一。唐代韩愈(768—824)的《原道》一文讲:"孔子传之孟轲,轲之死,不得其传焉。"认为孟子是孔子的继承人,孟子其人其书的地位遂逐渐上升。五代后蜀主孟昶将《孟子》列入十一经之内;宋神宗熙宁四年(1071),《孟子》又被列入科举考试科目之中;元丰六年(1083),孟子被北宋朝廷追封为"邹国公",翌年又配享孔庙,南宋朱熹还将《孟子》纳入《四书》之中;元至顺元年(1330),孟子被加封为"亚圣公",后被就称为"亚圣",地位仅次于孔子。

　　从《明太祖实录》中可以见到,朱元璋早在1366年为吴王时,就引用过孟子的言论,与群臣论治国用人之道。吴元年(1367),朱元璋认为:"孟子专言仁义,使当时有一贤君能用其言,天下岂不定于一乎。"可见，朱元璋对孟子还是很推崇的，尤其是将孟子的"五百年必有王者兴，其间必有名世者"的说法常常挂在口边。但洪武五年（1372），朱元璋却将孟子从孔庙配享的位置拿掉，但第二年又恢复配享，理由是："孟子辨异端，辟邪说，发明孔子之道，配享如故。"朱元璋为什么将孟子的"亚圣"之名剥夺而将之从孔庙中搬走？为什么不到一年又恢复孟子的名誉呢？恢复了孟子名誉以后又采取了什么措施以改造《孟子》一书呢？

《明史·钱唐传》讲朱元璋因为看到《孟子》中有"君之视臣如草芥，则臣视君如寇雠"等语，便认为这不是臣子所应该讲的，所以要取消孟子的配享，并且下诏说："有谏者以大不敬论。"即如果有敢于为孟子的事情提出劝谏者，便是对君主的"大不敬"，属于"十恶不赦"大罪之一。在儒家思想已经根深蒂固的当时，官僚士大夫岂能容忍朱元璋对"亚圣"这样的贬低？于是，刑部尚书钱唐，抗疏入谏，准备以死相争，他"舆榇自随，袒胸受箭"而在所不辞。抬着棺材而来，迎着刀锋而上，当时朝廷上下无不为其生死担忧，但钱唐说："臣为孟轲死，死有余荣。"钱唐等的强烈反对，并没有使朱元璋大为恼怒，反而"鉴其诚恳，不之罪"，最终还是恢复了孟子的配享。

朱元璋见如此贬低孟子不成，便想到删节《孟子》，但他公务繁忙，惩贪正俗清奸党，尤其是在处理完胡、蓝两大"奸党案"之后，感觉军政领域的异己力量已基本清除，但对《孟子》非君的言论还是耿耿于怀，无时无刻不想对之进行改造。洪武二十六年（1393），一位历侍元朝，于元亡隐居家乡十余年，最终投靠明王朝的，事事都竭其献媚之能事，逢迎拍马无所不用其极，特别会见风使舵，颇能以文教学术观点来取宠，号称胸中无城府却又很无耻的文人刘三吾，开始进入朱元璋的眼帘。

刘三吾（1312—1400），名如孙，以字行，自号坦坦翁，湖南茶陵县人，元末任广西静江路（今广西桂林市）儒学副提举，明兵下广西，避难回到家乡，直至洪武十八年（1385），经通政使茹瑺推荐，已经是

書一室自安謙

芥子園　圖

73岁的刘三吾，来到南京"奏对称旨"。从他的"赖陛下威德，四方无虞，盗贼屏息，岁比丰登，民咸安乐"的吹捧，到"圣心拳拳，若此恩德，及民者深矣"的奉承，可以看到他称旨的原因。有此本领，自然会受到重用，于是授左赞善，累迁翰林学士。他为《大诰》《洪范注》诸书作序，总领编修《省躬录》《书传会选》《环宇通志》《礼制集要》等书，成为朱元璋的御用文人，深得朱元璋的赏识，因此朱元璋将删节《孟子》的任务交给了他。

朱元璋删节《孟子》的理由是："朕每观天象，自洪武初有黑气凝于奎璧，今年春暮其气始消，文运当兴，尔等宜考古证今，有所述作，以称朕意。"刘三吾理解朱元璋的意思，果然组织人马，夜以继日，对《孟子》一书反复挑剔，精心窥测皇帝的心理，把朱元璋所不喜欢或曾经批评的部分，全部删去。按照他的奏报，共删去85条，理由是"言论荒谬"，这85条几乎占《孟子》全书的1/3，并重新取名为《孟子节文》奉上。

中国著名哲学史学者容肇祖先生（1897—1994），早在1947年，就参照《孟子节文》对具体删节的内容进行了分析。为此，容先生查对了北平图书馆所藏洪武二十七年（1394）刊《孟子节文》，考证所删85条内容，认为："《孟子》一书，中间词气之间抑扬太过者八十五条，其余一百七十条，悉颁之中外校官，俾读是书知所本旨。自今八十五条之内，课士不以命题，科举不以取士，壹以圣贤中正之学为本。"这些所谓抑扬太过的词语都是什么呢？

容肇祖先生将《孟子节文》删节内容分为9类，依次考证。其9类是：尊民抑君之禁止，人民批评统治者之禁止，人民要求生存之禁止，人民批评政治之禁止，人民反对苛敛之禁止，反对内战之论之禁止，谴责官僚政治之禁止，仁政救民之说之禁止，败坏善良风俗当由君主负责之说之禁止。从删节的内容看，已经能够窥得朱元璋的内心世界，他怕的是什么？忌讳的是什么？

尊民抑君之禁止：首先是"民为贵，社稷次之，君为轻"。刘三吾等以尊崇朱元璋为主要目的,将《孟子》中有关"民本"的内容全部删去。

人民批评统治者之禁止:以"君之视臣如手足,则臣视君如腹心;君之视臣如犬马,则臣视君如国人;君之视臣如土芥,则臣视君如寇雠"之类的语言为主,这类批评统治者的话,也是刘三吾等在窥测朱元璋的意图下删节的,因为越是残暴的君主,越怕人说其残暴。

人民要求生存之禁止:《梁惠王篇》中的"无恒产者无恒心"的论述,希望统治者给人民以生存的条件,"七十者衣帛食肉,黎民不饥不寒",这些是朱元璋难以达到的,既然达不到,就不能够成为王者,因此这类的论述也要删去。

人民批评政治之禁止:首推《梁惠王篇》中"为民父母,行政,不免于率兽而食人,恶在其为民父母也?"这样批评朝政的语言,刘三吾等也恐怕触动朱元璋的忌讳。既然"不信仁贤,则国空虚;无礼义,则上下乱;无政事,则财用不足",又岂能让民众随便议论政治得失?这也是君主专制中央集权制度下不允许的行为。

人民反对苛敛之禁止:《尽心篇》中关于征收赋税的言论,如"古之为关也,将以御暴;今之为关也,将以为暴","用其二而民有殍,用其三而父子离",刘三吾等认为这些说法会限制君主的施政,也会影响君主个人的行为,故删去。

反对内战之论之禁止:《离娄篇》的"争地以战,杀人盈野;争城以战,杀人盈城",《梁惠王篇》的"今夫天下之人牧,未有不嗜杀人者也"等反战言论,与朱元璋的"洪武"方针冲突,也会使人听着不舒服,因此删去。

谴责官僚政治之禁止:《告子篇》的"今之所谓良臣,古之所谓民贼也",《离娄篇》的"上无道揆也,下无法守也,朝不信道,工不信度,君子犯义,小人犯刑,国之所存者幸也"等,这些言论指斥朝政,以君为无道的说法,与朱元璋自认为圣贤毕集于廷,号称圣主的认识相违背,因此删去。

仁政救民之说之禁止：孟子认为君主应该关心民众的疾苦，实行仁政。如《公孙丑篇》："当今之时，万乘之国行仁政，民之悦之，犹解倒悬也。"然而这样的论点与朱元璋以猛治国的方针相冲突，因此也不能予以保留。

败坏善良风俗当由君主负责之说之禁止：如果说《离娄篇》的"君仁，莫不仁；君义，莫不义"，是要求君主为道德的表率，承担教化正俗的责任，那么将齐人有一妻一妾删去是什么原因呢？容肇祖先生认为："至如'齐人有一妻一妾两处室者'三十四句亦被删去，则是抨击虚伪，亦不能许可之列矣。"齐人有一妻一妾是知名的典故，见于《孟子·离娄下》，讲述了一个内心极其卑劣下贱，外表却趾高气扬的齐人，为了在妻妾面前摆阔气，抖威风，自吹每天都有达官贵人请他吃喝，实际上却每天都在坟地里乞讨。妻妾发现了他的秘密后痛苦不堪，而他却并不知道事情已经败露，还在妻妾面前得意洋洋。刘三吾等人为什么要将这长达 34 句的内容删去呢？显然不是因为齐人的吹牛皮、骗老婆行为，也不是抨击虚伪，应该是怕触动朱元璋早年行乞的忌讳。

◎ **案情评点**

由此可见，朱元璋君臣精心切割拼凑而成的《孟子节文》，无非是要摒弃一切非议君主统治的学说，保留尊崇歌颂君主之言，将一切反映民间疾苦，不满君臣关系隔阂，君主应该正身修己约束自己行为的话，统统删除，可以说《孟子节文》是君主专制绝对化理论的产物。

刘三吾等人的"杰作"，被朱元璋欣然笑纳。刘三吾出于歌功颂德的目的，撰写了一篇《孟子节文题解》，论说删节《孟子》的重要性在于天下不能够非议君主，即便是君主将臣民视为草芥，臣民也不应该视君主为寇雠，天下应以君为贵，这当然得到了朱元璋的嘉许。但朱元璋没有想到，《孟子节文》颁行以后，竟然有人敢于公开反对，于是朱元璋兴起大狱来。

公开吹捧而敢于对经书动手脚,这对于以儒家理论为生命的士大夫来说,乃是可忍孰不可忍的事。永乐九年(1411),福建连江人孙芝,奏复《孟子》全书,指斥刘三吾为"逆臣",那已是朱元璋去世以后的事。在颁布《孟子节文》之时,就有山东道监察御史游义生与同僚十余人上疏力争,但都被投入大狱。游义生不愿意受刑讯之辱,便"饵金叶"而殉孟子之道。对于游义生的行为,朱元璋感叹:"噫,戆哉!"也没有再追查其他十余名同僚的罪,"因尽释同系诸臣,事旋止"。也就是说,对士大夫们反对删节《孟子》的事不予追究了,虽然没有因此收回《孟子节文》,但对士人们的消极对抗,还是默许了,除此还需要平息他们的愤恨,于是,刘三吾便成为了替罪羊。

游义生,福建连江人,洪武二十一年(1388)进士,洪武二十八年(1395),因反对《孟子节文》入狱,吞金而死,时年27岁。康熙《福建通志》,乾隆《连江县志》有传。

朱元璋处置刘三吾,起因是洪武三十年(1397),因其主持会试,所取榜中之人皆为南方士子为朱元璋所迁怒,所以将刘三吾等应试官下狱。如果以考试徇私罪名定罪,但又查不到徇私的证据怎么办?善于窥测朱元璋意图的刑部官员们不怕找不到理由,他们以为胡惟庸鸣冤为名,定其"反叛罪",因而也就不能脱逃了,而此时距胡惟庸被杀已经17年。朱元璋还算给这位御用文人点面子,没有将其问斩,仅以年老为名,将之发配到边塞充军。据传,刘三吾在建文初年曾经被召回,准备重新录用,但却突然"暴卒",人们以为这是孟子在天之灵对他的惩罚。这终究是疑案,所以《明史》只记"久之,卒",而没有交代其死因,更没有召回任职的记载。是士大夫们雇凶将之杀死呢?还是士大夫们不想让这位御用文人再受重用呢?抑或真是怕"亚圣"灵魂报复而自裁?凡此,许多疑案的结果都有可能加诸其身,但"坦坦翁"的称号,似乎不匹配这位御用文人。

朱元璋亲自导演的《孟子节文》,并没有收到预期的效果,连《明史·艺文志》中也没有著录《孟子节文》,以致在永乐以后,知道《孟子节文》者已经很少。《孟子节文》被人淡忘了，孟子却更加出名了。这正是：

虽揽千古书，畏语千古事。白日稍向西，一事一垂泪。（明·王世贞：《弇州四部稿》卷四十五《夏日抱疴十二绝句其五》）

王世贞（1526—1590），字元美，号凤洲，又号弇州山人，太仓（今江苏太仓）人，明代文学家、史学家。嘉靖二十六年（1547）进士，累官至南京刑部尚书，著述甚丰，有《弇山堂别集》《嘉靖以来首辅传》《觚不觚录》《弇州山人四部稿》等传世。在史学方面，王世贞是古非今，他认为："国史之失职，未有甚于我朝者。"因为在纂修《实录》时，近取奏牍谕旨，而对皇帝的行动不予记录，致使许多事件无所考证，同时又有所避而不敢记载，更何况，写史者还有"私好恶"，对一些事情避而不记载，以致真实的历史缺失，不得不去求证于野史。王世贞认为野史有三大弊：一是以睚眦之怨，信口雌黄地诬陷人；二是轻信闾阎之言，以谬闻而述事；三是好为怪诞之说，以幽奇而取悦别人。那么国史有缺失，野史不可信，只有去寻求私家之史以求证，但私家之史是"谀枯骨谒金言"，多是称赞自己的先人，多少有些失真。因此，在了解历史时，国史、家史、野史，要认真比对。王世贞希望："作史者一字之褒，片言之贬，不取一时，而取万世。非作史者之权与势能取万世也，盖是非之功在万世。"从上述文中，可以显见王世贞对历史的态度。感慨之余，王世贞对国史中的忌讳之笔进行分析，其中对朱元璋借口所诛杀的功臣传记中的隐讳，进行大胆的揭示，以期接近历史的真相。

欲知朱元璋所杀功臣有多少？都有哪些功臣是纯属冤杀的？朱元璋屠戮功臣的罪名是什么？又株连多少无辜？都是以什么罪名来定罪的？

请看奸党罪名株连广 >>>>

奸党罪名株连广

>>>> 案情回放

提起"奸党罪",人们就会想起朱元璋,因为这是他所创制的罪名,而且还堂堂正正地被写入《大明律》中。然而为什么出现"奸党罪"?"奸党罪"又是何时得以入律?是属于处理"胡惟庸案"而预设的法网呢?还是在"胡惟庸案"以后而亡羊补牢呢?学界对此尚有分歧,一件悬疑公案,迄今未解。

先谈谈什么是"奸党"。"奸党"一词,最初并非是一个法律用词,也非专指朝臣结党,最早见于《汉书》。奸党在汉代,主要是指强宗大族及豪强把持地方者;在魏晋南北朝除了豪右和割据势力被称为奸党之外,一些职司不忠、委任邪佞的奸臣们也被目为奸党,于是奸党便应用于朝臣之间的相互指斥;唐代则将那些依附权贵,结党营私者目为奸党;宋代因为有《元祐奸党碑》颁行天下,奸党则成为对"朋党"之狼狈为奸者的专称。朋党之争、党同伐异,古已有之,作为政治用词或者社会生活用词,它更多被表述为"夤缘为奸""结党营私""树党为敌"等,但被明确为朋党的贬称,则是在宋代开始的。宋代因为朝臣互相指斥对方为奸党,以致权臣当道,不能够同仇敌忾,也就不能够御外侮,所以原宋工部侍郎倪坚认为:"宋之亡也,以奸党权臣。"

元代在确定奸臣罪名时,已经以"奸党"来定罪。如忽必烈在惩处阿合马党人时,就将阿合马党人740人罢黜,籍没他们的资产,其主要成员多被处死。赵翼《廿二史札记》卷二十九《元诸帝多由大臣拥立》,考证元代皇帝即位的经过,认为:"全是权臣肆意妄行。大柄在手,莫敢谁何。"在这种情况下,打击反对势力的最好办法便是以"奸党"定罪,因此每位权臣在拥立皇帝以后,都是以"奸党"罪名清理反对者,但在法律上尚未确定"奸党"罪名。那么以"奸党"罪为名而编入《大明律》中,究竟始于何时呢?又是为什么确定的该罪名?该罪名确立以后,谁又最先以这个罪名被定罪的呢?

考查朱元璋时期的法律制定情况,总计有6次:即吴元年(1367)草创至洪武元年(1368)颁行的《大明律》,洪武七年(1374)颁行律,洪武九年(1376)修订律,洪武十八、十九年(1385、1386)行用律,洪武二十二年(1389)颁行律,洪武三十年(1397)颁行律,而洪武三十年(1397)颁行律为《大明律》的定本,有明一代没有更改。那么"奸党"罪是什么时候入律的呢?清末法学家沈家本先生的《历代刑法考·明律目笺》认为:"奸党""交结近侍官员""上言大臣德政"3条,"乃所以防闲大臣",认为应该"定于胡惟庸乱政之后,所谓亡羊补牢也"。也就是说,沈家本在无法确知奸党条文具体篡定时间的情况下,推测为在胡惟庸谋反案之后,即洪武十三年(1380)以后。不过,这种推测不符合中国传统法律制定的思维习惯,因为若不是在特殊的情况下,统治者是不会先杀人再立法的,而往往是先立法再杀人。

因为洪武七年(1374)律至今还没有整理面世,是否存在,学界也没有定论,因此所推断的该律的内容,都以宋濂《进大明律表》为据,因为宋濂称该律"篇目一准之于唐"。那么《唐律》没有"奸党"罪名,所以洪武七年(1374)律也不应该有"奸党"罪条。对于洪武九年(1376)修订律,目前学者因为没有见到相近的版本,所以多采取不承认的态度。而洪武十八、十九年(1385、1386)行用律,因为有何广撰写的《律解辩疑》,这本书最迟也在洪武十九年(1386)完成,律内已经有"奸党"之条。据中国社会科学院法学研究所杨一凡研究员考订,洪武十九年(1386)何广著《律解辩疑》,应该是根据洪武九年(1376)所修版本的律文,至于卷帙、条款、篇目上,基本与洪武二十二年(1389)所修律相同,因此将之称为洪武十八、十九年(1385、1386)行用律。如果是这个时期的行用律,那么沈家本先生的推断应该是确凿无疑的。问题是有没有洪武九年(1376)修订律? 如果有,沈家本先生的论断就有问题了,而现在通行的说法便是错误的。

洪武九年(1376),朱元璋曾经召见中书左丞相胡惟庸、御史大夫汪广洋等,讲自己翻阅洪武七年(1374)《大明律》的看法:"古者风俗厚而禁网疏,后世人心漓而刑法密",所以圣明之主立法贵得中道,其目的是在于"服人心而传后世",认为现在的法律还有不合乎圣王之道者,要胡惟庸、汪广洋等"详议更定,务合中正,仍具存革者以闻"。根据朱元璋的指示,胡惟庸、汪广洋等不敢怠慢,不久便将厘定的《大明律》呈上来,其中详加考订厘正者有 13 条,总计 446 条。根据《明太祖实录》的记载,应该有洪武九年(1376)《大明律》,若是何广著《律解辩疑》是根据洪武九年(1376)律,那么"奸党"罪名就应该是在洪武九年(1376)出现的,而不是在杀了胡惟庸以后的"亡羊补牢"。

胡惟庸等人是如何根据朱元璋的指示,将"奸党"罪名编入法律的呢? 这不得不从君主专制制度谈起。君主专制中央集权制度,不但要求官对君主和上司负有政治责任,还要求官本身负有政治责任,因此对官这一政治角色提出了很高的要求。理想中的官应该是忠君爱民,尽善尽美;但现实的官却不可能无私无虑地做到尽善尽美。他们只对君主和上级负责而不问社会效益和民生疾苦,因此大力揣摩朝廷和上司的意图,致力于迎合,愈益发展为专制政体不可解决的顽疾之一。

早在明朝建国前,朱元璋就已多次运用各种手段,铲除威胁其地位的伙伴、同事乃至上司,为攀升扫除障碍。至正二十二年(1362),朱元璋诛杀大将邵荣,可谓是其诛戮功臣之小试锋芒。根据《明太祖实录》载:"平章邵荣、参政赵继祖谋反,伏诛。"邵荣与朱元璋是同事,因屡立战功,被升为中书平章政事,地位在常遇春之上,而邵荣最骁勇善战。按理说,此时的朱元璋为江南行省丞相、吴国公,邵荣与之并没有君臣之分,但其地位仅次于朱元璋,且统领全军主力,并战功卓著、威名远扬,必然对朱元璋的地位和声望构成挑战。朱元璋借宋国兴告发邵荣谋反的契机,将邵荣擒获,并且缢杀之,籍其家。这是朱元璋清洗异己策略的典型体现,与日后大肆屠杀功臣宿将、牺牲朝政运作效率以换取稳定秩序的策略,是一脉相承的。

同年,还发生了谢再兴叛投张士诚的事件。谢再兴也是淮西旧将,还是朱元璋亲侄子朱文正的岳父。谢再兴本来在与张士诚交战中立有战功,就是因为两个部下私往张士诚占领区的杭州贩卖货物,被朱元璋查获杀掉,并将头颅挂在谢再兴的官厅,给予其侮辱性的警告。此后,朱元璋又擅自做主,将谢再兴的次女嫁给徐达,还将其降为副将,致使谢再兴认为:"女嫁不教我知,似同给配。又着我听人节制。"于是将朱元璋派来节制诸军的李梦庚抓起来,到绍兴向张士诚的部将吕珍投降了。自此以后,朱元璋对部下将领更加猜疑,除了对部下严加监视之外,还萌发了功成而解除诸将兵权的想法。据《明太祖实录》记载,龙凤十一年(1365),朱元璋在读《宋史》时,看到赵普建议宋太祖收诸将兵权时,就对起居注官詹同说:"(赵)普诚贤相,使诸将不早解兵权,则宋之天下,未必不五代若也。"可见邵荣、谢再兴事件之后,朱元璋对将来如何对待功臣宿将,已经有所考虑了。

朱元璋夺取天下,依靠的是两部分人:一部分是以其老乡为核心的淮西武臣集团，这些人大多与朱元璋一样出身贫苦，为征战沙场的元勋；一部分是江南士大夫组成的文人集团，这些人有知识、有计谋，但投靠朱元璋的时间比较晚，缺少实力。在明建国不久，这两部分人之间的矛盾便已经势同水火。先是江南文人集团的刘基，被淮西集团的李善长排挤出朝廷；之后以杨宪为首的江南文人集团发难，弹劾李善长，淮西集团反击，结果杨宪被以谋反罪处死，而李善长也被朱元璋以其"有病在身"为由，将之发回凤阳安置，虽然给予了其很厚的赏赐，但毕竟退离了丞相的位置，而李善长推荐胡惟庸入中书省，既为自己在朝中留下了后路，也为其后满门被抄斩埋下了祸根。朱元璋善于把握全局，在两个集团争斗时，并不是偏信某一方，而是静观其变。在杨宪被杀，刘基被排挤出去不久即死，淮西集团的权势也是如日中天时，他们并没有想到朱元璋正在寻找消灭他们的契机。

胡惟庸弄权、打击江南文人集团的记载，不绝于史册。因此，朱元璋要他领衔修订《大明律》，将"奸党"罪纳入其中，使其打击异己势力具有法律依据。这时的"奸党"罪只有两款：

凡奸邪进谗言、左使杀人者，斩。

若刑部及大小衙门官吏不执法律，听从上司官主使出入人罪者，罪亦如之。（止）或赏银二千两。

从内容来看，这两款罪条并不是首创，因为在洪武元年（1368）正月颁布的《大明令》中已有："凡诸奸邪进谗言、左使杀人者，虽遇大赦，不在原免"之条。按照规定："其洪武元年之令，有律不载而具于令者，法司得援以为证，请于上而后行焉。"因此，将这两条编入《大明律》也是有所依据的。奸邪进谗言是比较容易理解的，而"左使"就需要加以说明了。

"左使"有做弄、使弄、指使等意思，在这里实际上是指"左道"，也就是非正统的巫蛊、方术等，即邪术。为什么"奸党"罪中要把"左使"列入呢？

原来，元末农民起义是利用弥勒教、白莲教等宗教形式组织发动起来的，朱元璋参加义军时也曾经利用宗教，但他建立明王朝以后，各个地区依然利用这种形式来反对明王朝的统治。洪武九年（1376）以前，以白莲教为主的民变就多达十来起，范围遍及四川、湖北、广西、广东、江西、陕西等地。如洪武六年（1373），湖北蕲州王玉二"聚众烧香"，密谋反叛；湖北罗田县王佛儿"自称弥勒佛降生，传写佛号"，鼓动反明。凡此都被朱元璋认为是"左道惑人"，并对之严厉镇压。洪武七年（1374），广东儋州发生陈逢愈率众反抗朝廷事件，朱元璋派去大军镇压，斩陈逢愈，生擒其党杨玄老等560余人，将其所属1400余人全部实施劓刑，即割去鼻子。因此，将"左使"列入"奸党"，就包括以宗教蛊惑人心的叛逆，与《大明律·礼律·祭祀·禁止师巫邪术》条相呼应，也可见当时"奸党"罪的制定，继承了此前各代的认识。

胡惟庸窥测朱元璋的意图，增加了"奸党"的罪名，实际上是想借此打击异己。胡惟庸在得势之时，排斥异己，拉帮结派，正是统治阶级内部各种政治势力角逐的表现。一时得势的派别，总是根据自己的利益来权衡利弊，那么以"奸党"罪清除异己，便是他们的选择之一，殊不知将异己视为"奸党"，自己也陷入了"奸党"的泥潭。胡惟庸等在厘定法律时，想不到会将罪名留给自己，正是自设罗网而自入之，自挖陷阱而自入之，颇有耐人寻味之处。

"奸党"罪在洪武三十年（1397）颁行的《大明律》中正式成形，共有四款，沿用了五百年，其文如下：

> 凡奸邪进谗言、左使杀人者，斩。
> 若犯罪律该处死，其大臣小官，巧言谏免、暗邀人心者，亦斩。
> 若在朝官员，交结朋党，紊乱朝政者，皆斩。妻子为奴，财

产入官。

　　若刑部及大小各衙门官吏，不执法律，听从上司主使出入人罪者，罪亦如之。若有不避权势，明具实迹，亲赴御前执法陈诉者，罪坐奸臣。言告之人，与免本罪。仍将犯人财产，均给充赏。有官者，升二等，无官者，量与一官，或赏银二千两。

　　洪武三十年（1397），《大明律》增加了两款，即第二、三款。将"巧言谏免、暗邀人心"，以及"交结朋党，紊乱朝政"纳入"奸党"罪，也说明朱元璋在惩治"奸党"的过程中，对曾经发生的事情记忆犹新。他不允许群臣在惩治"奸党"时提出意见，更不允许群臣结成朋党，并鼓励臣民"告奸"，这就使以"奸党"罪为名扩大株连有了法律依据，也使皇权空前提升。

◎案情评点

　　正因为朱元璋在处置奸党时绝不手软，学界才认为朱元璋置当时的法律于不顾，在法律之外任意采取各种刑罚，以致滥刑诛杀。其实中国古代是有传统的，杀人定罪必然依法，如果法律没有，以君主诏令谕旨定罪而将之列入法律的范围也是正常的，更何况处置"胡惟庸奸党案"，既有公开颁布的《昭示奸党录》，又有"奸党"定罪的法律依据。这正是：

　　汉高诛韩彭，唐高戮文静。功大难为终，丹书何足证。明祖驱驰天下一，功臣血战群雄天。开平社邮中山膳，列侯纷纷安望活。今年杀胡党，明年杀蓝党。株连数万人，其中岂无枉。呜呼！善长文吏濂书生，何况宋国颍国真将军。（清·王延灿：《似斋诗存》卷二《胡蓝狱》）

王延灿，浙江钱塘人，清康熙二十年（1689）举人，历任崇明、吴县知县,晚年寓居当湖,《似斋诗存》是其著作之一种。《胡蓝狱》应该是首咏史诗,王延灿的看法可以代表清代初年士大夫对朱元璋兴起胡蓝狱的普遍认识。该诗提到汉高祖刘邦诛杀韩信、彭越的典故,以及唐高祖李渊听信谗言屠戮刘文静的事。

韩信是西汉开国功臣,其所引当时的名言:"狡兔死,良狗烹;高鸟尽,良弓藏;敌国破,谋臣亡。"如今变成了给统治者效劳的人,在功成名就的时候被抛弃或杀掉者的座右铭。彭越也是西汉开国功臣,封梁王,后被除国灭家,还被施以醢刑(将人剁成肉酱)。刘文静为唐初大臣,唐高祖李渊听信谗言,将其杀死并籍没家产,刘文静临刑前曾经说:"'高鸟尽,良弓藏',果非虚言!",后来唐太宗李世民为其平反,追加谥号"文靖"。

在朱元璋诛杀的功臣中,王延灿提到的"开平"是开平王常遇春,"中山"是中山王徐达,"善长"是李善长,"濂"是宋濂,"宋国"是宋国公冯胜,"颍国"是颍国公傅友德。那么"社邮""膳""文吏""书生""真将军"又指的是谁呢?这些功臣是如何被朱元璋所怀疑?又是如何死去的呢?被朱元璋明令杀死的功臣又是以什么罪名定罪的呢?株连的数万人当中又有多少是被冤枉的呢?

请看胡蓝狱起群喋血 >>>>

胡蓝狱起群喋血

胡惟庸,不知生于何年,安徽定远县人,1356年跟随朱元璋起兵,历任元帅府奏差、宁国县主簿、知县、吉安府通判、湖广佥事、太常少卿、太常卿等职。洪武三年(1370)进入中书省,为参知政事。洪武六年(1373),因开国第一功臣李善长的推荐,升为右丞相,实际主持中书省事务。历史对胡惟庸的评价不高,从其所作所为,也确实难以进入正人君子之列。比如说他迫害刘基,就是因为朱元璋问到胡惟庸是否为相才时,刘基说其"好比驾辕的辕牛,恐怕他蹦跳脱辕要把车弄翻"。这样的评价,使朱元璋宁可将左丞相阙而不置,也没有任命胡惟庸。

刘基的死有些不明不白,且众说纷纭。有的说刘基生病,吃了胡惟庸派来的医生送的药后,病情加重,终于不治而死;还有的说刘基精通医道,不可能吃胡惟庸所派医生之药,是朱元璋钦赐之药,不得不服用;更有的说刘基故意服用胡惟庸所派医生之药,而将迫害之名加于胡惟庸头上,是"死伯温智除生惟庸"。总之,种种说法都与胡惟庸有关。

胡惟庸在洪武十年(1377)九月升为中书省左丞相,一朝权在手,便把令来行,乃至于"生杀黜陟,或不奏径行。内外诸司上封事,必先取阅,害己者则匿不以闻"。他的胆子是真够大的,孰不知在是年五月,朱元璋就规定:中书省、都督府、御史台议事,都要"奏闻行之"。胡惟庸任左丞相以后,洪武十一年(1378)五月,又下令六部所属诸司,"奏事毋关白中书省"。这些事应该引起了胡惟庸的警觉,但以他的势力,说他谋反,想刺杀朱元璋,似乎难以成立。

按照正史记载,洪武十二年(1379)九月,占城国(今越南中部)的使臣来朝贡,中书省没有及时汇报,被宦官告发,朱元璋勃然大怒,传中书省臣胡惟庸、汪广洋等入见。殊不料胡惟庸等竟将责任推到礼部,礼部则坚称已经报知中书省。面对他们的互相推诿,朱元璋将胡惟庸等及六部长官都关进大牢,严加审讯,逼取口供。善于窥测皇帝意图的官僚们,发觉了朱元璋的用意,以御史中丞涂节为首的风宪官们,便开始纷纷揭发胡惟庸等人的罪行。于是,汪广洋被赐死,胡惟庸等经过严讯以后,公布了罪状:"奸臣窃持国柄,枉法诬贤,操不轨之心,肆奸欺之蔽,嘉言结于众舌,朋比逞于群邪,蠹害政治,谋危社稷。"如果说胡惟庸大权独揽,拆阅臣民密封奏章,扣押不利于自己的报告,收受贿赂,排斥异己,拉帮结派,也不过是罪其一人,但"谋危社稷"的罪名可就大了。那么"醴泉出井"和"云奇告变"的说法,就成为胡惟庸谋危社稷的铁证。

按照野史的记载,因为胡惟庸家的井里长出竹笋,高出水面数尺,奉承他的人说是大吉之兆,致使胡惟庸想入非非,想谋反自立为皇,便向朱元璋说自己家的水井里冒出甘甜美酒,请皇帝光临品尝,意欲在家中刺杀朱元璋。当朱元璋要去胡惟庸家的时候,宦官西华门内使云奇拦住车驾,因为冒犯圣驾,被朱元璋下令腰斩,云奇腰断

○李善长

○蓝玉

太子太傅

了,依然手指胡惟庸家。朱元璋似有所悟,登上西华门城楼,向胡惟庸的家眺望,见有凶气,便"发羽林掩捕",果然在屏壁间发现甲兵,胡惟庸谋反一事便证据确凿了。这就是所谓的"醴泉出井"和"云奇告变"的传说。

其实胡惟庸案发,主要是其亲密战友的揭发,因为揭发而牵连的人越来越多,从而出现了"滚雪球效应"。洪武十三年(1380)正月初六,以胡惟庸为首的一批人及其家属被处死以后,朱元璋便宣布永远废除丞相制度,实行近1500年的丞相制度就此寿终正寝,而代之以奉命拟旨辅政制。

"胡惟庸奸党案"辗转株连,从洪武十三年(1380)开始,到洪武二十三年(1390)颁布《昭示奸党录》,在长达10年的时间里,有多达三万余人受到牵连,其中开国功臣,如李善长、南雄侯赵庸、荥阳侯郑遇春、永嘉侯朱亮祖等公侯一级的人物22人都被处死,且大多数被"族诛"。其中明显被冤,而被朱元璋默认错杀错害者,当属李善长和宋濂。

李善长(1314—1390),安徽定远人,元至正十四年(1354)投奔朱元璋,参预机谋,主持馈饷,其政治才干得以充分发挥。洪武三年(1370),大封功臣,名列当时"六公"之首。六公即韩国公李善长、魏国公徐达、郑国公常茂(常遇春之二子)、曹国公李文忠、宋国公冯胜、卫国公邓愈。朱元璋将李善长比为西汉开国功臣萧何,因此功居第一。在李善长真正地享受权力的威严,得到富贵尊荣的时候,忽然发现朱元璋不信任他了。当时刘基为御史中丞,将李善长的亲信李彬犯法事揭出,两人翻脸,官司打到朱元璋那里,结果朱元璋将李彬处死,把刘基打发回老家。李善长也没有占到便宜,在朱元璋的逼迫下,于洪武四年(1371)年初告病,没有想到朱元璋顺水推舟,将他打发回凤阳,虽然赏赐很丰厚,但毕竟已离开权力中心,李善长遂推荐老乡胡惟庸进入中书省。

李善长不甘心权力和富贵的丢失,在朱元璋回凤阳扫墓时,鞍前马后伺候,感动了朱元璋,因此让他督建凤阳中都。李善长的竭力经营,得到朱元璋多次遣使慰劳。洪武七年(1374),朱元璋推恩提拔他弟弟李存义为太仆丞;洪武九年(1376)又把长女临安公主下嫁其子李祺。为了儿子的婚事,李善长来到南京,希望能够被重新起用,但没有想到被御史大夫汪广洋等弹劾,说他看到皇帝有病而不来问候,是"大不敬",结果被削去岁禄近半。不过,朱元璋还是给这位老亲家以"总中书省、大都督府、御史台,议军国大事"的头衔。在胡惟庸案发以后,李善长怕受牵连,再次告病回家,却没有想到朱元璋仍对他的一举一动极为关心。

洪武二十三年(1390),已经 77 岁的李善长自己享受还不满足,非要给自己的子孙置下产业,因此大修府第。由于人手不够,便向信国公汤和借卫卒 300 人。在当时的制度下,调军百人都要皇帝批准的,汤和当然不敢隐瞒,便密告给朱元璋。朱元璋权且隐忍,不想李善长不知好歹,还为其亲信丁斌求情。朱元璋借此机会,将丁斌严加刑讯,结果又牵连出李存义,再由李存义牵出李善长。于是御史们纷纷上疏弹劾,大有同仇敌忾之势,再与当时的天变联系在一起,也就是天灾的出现,李善长即便浑身是口也难以分辩。结果李善长一家 70 余口人银铛入狱。在临刑那天,李善长手捧洪武三年(1370)朱元璋钦赐免死铁券,老泪纵横,拖着沉重的镣铐与家人一起走向刑场,再回首看那扩建未成的府邸,大有李斯临刑前对儿子说:"吾欲与汝复牵黄犬、臂苍鹰,出上蔡东门逐狡兔,岂可得乎"的感受。还好,因临安公主的缘故,李善长的儿子李祺和两个孙子被赦免了,总算没让李善长绝后。

洪武二十四年(1391),虞部郎中王国用上言,替李善长鸣冤,按照"奸党"罪,替罪人鸣冤可是死罪。王国用认为:李善长勋臣第一,男尚公主,为人臣之极,怎么能够去辅佐胡惟庸呢?以天变杀大臣,更是不可的行为,要求朱元璋为其平反。说也奇怪,奏疏上去以后,朱元璋并没有治王国用的罪。朱元璋一是不想背上杀谏臣的骂名,二是也等于默认了李善长的冤情，只是他不肯公开承认自己的错误。

宋濂（1310—1381），字景濂，浙江义乌人，曾经被朱元璋誉为"开国文臣之首"，洪武二年（1369）奉命主修《元史》，累官至翰林院学士承旨、知制诰，曾为太子朱标讲经，是太子与诸王的老师。洪武十年（1377）以年老辞官还乡。

这位曾经为朱元璋的笔杆子、诸王子老师的宋濂，其儿子宋璲、孙子宋慎也被卷入胡惟庸案，被一并杀死，宋濂也受到株连，要不是马皇后与皇太子求情，恐怕也会身首异处。尤其是马皇后，在陪朱元璋吃饭时，命令撤去酒肉，以素斋来表明她要"为宋先生作福事"，才使朱元璋免宋濂一死，将其流放到茂州（今四川茂汶羌族自治县）。洪武十四年（1381）五月，72 岁的宋濂，拖着老病的身躯，走上流放的路程。有"尊宗二氏"之称的宋濂，信奉佛、道二教，走到夔州（今重庆奉节市），进入佛庙拜过佛之后，便病倒在床。想到自己一生谨慎，从未害过什么人，居然是子死孙亡，年过 70 岁，还背井离乡被流放，不由叹惜："佛书多取譬之言，果可尽征乎！"也就是说"佛书报应之类的说法，看来都是骗人的呀"！便断然绝食，在流寓与世长辞。要不是该地方长官仰慕他的文名，将之葬在莲花山下，宋濂可能会曝尸山野。当然，朱元璋的后世子孙为宋濂平反了，不但为其改葬，还在 1513 年追加其"文宪公"的谥号。

胡惟庸案诛杀三万多人，处理连绵十余年，也难免引起朝野的议论。为了平息"谣言"，洪武二十三年（1390）五月，朱元璋将自己数千言的手诏，再加上胡惟庸案的供词，予以颁布，名为《昭示奸党录》。一共有 3 录，列李善长、胡美、唐胜宗、陆仲亨、陈德、费聚、顾时、杨璟、朱亮祖、梅思祖、陆聚、金朝兴、黄彬、华忠、王志、毛骧、于显、陈方亮、于琥等人为罪魁，将株连蔓延达 10 年之久的案件情况布告天下，也算是对此案有个交代。

洪武二十五年（1392），皇太子朱标去世了，悲痛中的朱元璋在刘三吾等倡议下，将朱标的儿子朱允炆立为皇太孙。看着这位年仅

16 岁，宽柔恭顺的皇太孙，65 岁的朱元璋开始将眼光瞄向为数不多的带兵将领们，他认为不能将那些桀骜不驯的武将留给子孙，于是人缘不好的蓝玉便首当其冲了。

蓝玉（？—1393），开国功臣常遇春妻弟，最早隶属常遇春帐下，因作战勇敢，所向皆捷，积功至武德卫指挥使。洪武十一年（1378），因出征甘肃、青海功，被封为永昌侯。洪武十四年（1381），朱元璋命傅友德为征南将军，蓝玉为左副将军，沐英为右副将军，率步骑 30 万，往征云南，大获全胜，蓝玉也从此受到朱元璋的赏识。洪武二十年（1387），朱元璋命冯胜为大将军，傅友德、蓝玉为左右副将军，率师 20 万北征，蓝玉率轻骑冒大雪奇袭，取得胜利，致使元将纳哈出降明。洪武二十一年（1388），蓝玉终于成为独当一面的大将军，率军奇袭北元皇帝脱古思帖木儿于捕鱼儿海（今贝尔湖），元军大意轻敌，没想到明军骤至，匆忙间伤亡惨重，只有元帝脱古思帖木儿与太子天保奴等数十人北遁。蓝玉俘获了元帝次子地保奴及妃、公主等数万人，还有大量牲畜，并得到北元国玺、宝玉、金银印章等物。获得大胜，朱元璋大喜，将蓝玉封为凉国公。这是蓝玉军事和政治生涯的巅峰，也是他走向灭亡的开始。

在蓝玉沾沾自喜的时候，朱元璋的锦衣卫特务将蓝玉私占掠获的珍宝、驼马，并将元帝妃子据为己有的事情上奏。朱元璋得知大怒："蓝玉无礼如此，岂大将军所为哉！"但蓝玉还不知收敛，居然在北征回来，夜至喜峰关时，在关吏尚未及时开关放行时，纵兵破关而入，这就给了朱元璋惩处他的口实。

洪武二十六年（1393）二月，蓝玉以谋反罪被逮捕入狱。为了揪出同党，朱元璋曾经让皇太孙朱允炆与吏部尚书詹徽审讯，蓝玉不服，直接指斥詹徽就是同党，以致朱允炆将詹徽从审判席上拿下，一并投入大狱。就这样，蓝玉等人互相攀咬，从功臣宿将，到亲兵小校，凡与蓝玉偶通讯问的人，都被坐党夷灭，株连近 2 万人，所有元功宿将，几乎被一网打尽。在这里最为冤枉的莫过被称为"真将军"的宋国公冯胜、颍国公傅友德。

傅友德（？—1394），农民出身的将领，追随朱元璋历经百战，九死一生，自偏裨至大将，每战必为士卒先。他多次领军出征，战功赫赫，却自杀而死，犹为威武悲壮。当蓝玉党案事发以后，傅友德没有被罗织入狱，还被派到北平等处备边，但他也知道自己树大招风，曾经对自己的心腹部将王弼讲过："皇帝年事已高，说话办事，都让人捉摸不透，从十三年（1380）到现在，已经两次兴起大狱，许多有功将帅、文臣都被牵连进去了。十三年时，我们还年轻，得以幸免，而这次凉国公蓝玉案，才刚刚开始，会不会也把我们罗织进去而死于非命呢？"这本是天知、地知、你知、我知的事，但他们忽略了朱元璋特务的厉害，这些话被朱元璋得知。洪武二十七年（1394）十一月，朱元璋大宴群臣，殿前亲军傅让是傅友德二儿子，因为没有佩戴箭囊，朱元璋便责怪其礼仪有失，傅友德因此起身求情赔罪，没想到朱元璋斥责他大不敬，让他传二子傅忠、傅让入见。刚到殿外，卫士传旨，要他提二子之头来见。傅友德惊呆了，迟疑片刻，便提着两颗血淋淋的人头入见。朱元璋故作吃惊说："你怎么这样残忍呵！这不是怨恨我吗！"此时的傅友德已经全然不顾，怒吼道："你不是就想要我们父子的人头吗？现在可以随你的心愿了！"说完当堂自刎而死。朱元璋怒不可遏，下令将傅友德妻子儿女发往辽东、云南，因为傅忠娶了公主，所以才把其孙傅彦名任命为金吾卫千户，算是为其留后。

冯胜（？—1395），安徽定远人，投靠朱元璋以后，屡立战功，曾经为独当一面的大将军，在排列勋臣位置时，仅次于徐达、常遇春，居第三位。蓝玉案发的时候，正在山西练军的冯胜被召回京城。过了两年，以为没有受到蓝玉案的牵连，殊不料有人告他私藏兵器，有图谋不轨之意。这本是捕风捉影的事，但朱元璋把此事告诉冯胜，也不知为什么冯胜便死了，正史与《实录》都隐讳此事。于是有的说冯胜喝了朱元璋赏赐的毒酒而死，也有的说是自刎而死，但从诸子皆不得嗣的情况来看，肯定不是好死。冯胜是在傅友德死后两个月去世的，至此"开边之猛将尽矣"。

◎ 案情评点

"胡蓝狱起群喋血,几人卧榻逃斧戕。"这是清人对朱元璋兴起大狱,屠戮功臣的感叹。"胡蓝狱"是非常有名的案件。1934年吴晗先生在《燕京学报》上发表《胡惟庸党案考》一文,以及各种谈及明代历史的著作,似乎都不能忽略该案。大多数人都是认为该案是以朱元璋为代表的"君权"与以胡惟庸为代表的"相权"之间的斗争,因为在胡惟庸被杀后,朱元璋废除了丞相制度,由皇帝直接统领六部,使中央集权制度得到进一步加强。这正是:

> 丞相戮,将军诛,醴泉出井固有迹,驼马入阙岂无辜。坐以谋反疑有无,罪止及身或收孥。杀胡党,杀蓝党,数十万人保无枉,文武军民打一网。(清·尤侗:《西堂诗集·胡蓝狱》)

尤侗(1618—1704),字展成,苏州府长洲人。康熙十八年(1679)举博学鸿儒,授翰林院检讨,参修《明史》,分撰列传三百余篇及《艺文志》5卷,有《西堂诗集》传世。"醴泉出井"是指胡惟庸获罪事由,"驼马入阙"是指蓝玉获罪事由,而"文武军民打一网",大有声讨朱元璋之势。不过说朱元璋不分文武军民,一律屠戮,则未免多信野史之言。那么,朱元璋是否不论文武军民都一网打尽呢?抑或是将文武官员与军民人等区别对待呢?在处理官与民案件过程中又是以什么态度来裁断呢?

请看亲问案突发奇想 >>>>

亲问案突发奇想

>>>> 案情回放

朱元璋对"奸党""谋反""官吏贪污"等重大案件,从不手软,不但扩大了株连范围,而且具有清除政治异己、为子孙铲除后患的政治斗争性质。不过,大量事实证明,朱元璋总是打着"明刑弼教"的旗号,既有其律外加刑的一面,也有非常处置的一面,更有出人意料的一面,充分显现出其作为雄猜之主的天威莫测。朱元璋能用人而不信其人,能断案而不信其案,每每先入为主,对人对事逞其纵横捭阖之能,恩威并济,所作所为往往出人意料。

朱元璋颁布的《大诰》四编,共计236条,其中有具体案例的156条。从案件性质及所涉及的罪名来看,既有《大明律》中所涉及的名例、职制、公式等30卷30类460条罪名,也有打击贪官污吏,惩治"豪强奸顽"等《大明律》所不见的罪名,凡是"不从朕教",都是朱元璋打击的对象。权力欲极强的朱元璋,不但亲自问案,在断案过程中更是突发奇想。那么朱元璋断案都有什么奇想呢？他又是如何解释自己的想法的呢？在处置过程中都有什么出其不意却也顺乎当时人心的举动呢？试分析数案如下。

《大诰三编·医人卖毒药第二十三》记载一起由朱元璋亲自裁断的医人贩卖毒药案件。医人王允坚因犯罪的厨子王宗在锦衣卫狱要畏罪自杀，便贩卖毒药给他，不想被内监门力士发现，便将之带到朱元璋面前。朱元璋让王允坚服下毒药，想不到王允坚已经将毒药隐藏，服毒以后并没有什么不适。明察秋毫的朱元璋当时就断定王允坚已将毒药换成普通的药，便审讯递送毒药的人，果然查知所送毒药乃是红色，而王允坚所服之药实为黑色。红色毒药本有3丸，厨子王宗服去1丸，还有2丸被朱元璋查获。

毒药送来，朱元璋命令医人王允坚服下。这时候医人王允坚颜色大变，不敢服用，在朱元璋逼迫下，他不得不服下去，却还期待朱元璋早放他出去，以便服解药以全其生。想不到的是，在服用以后，朱元璋问他毒药是以什么药制成的。王允坚只好把毒药的配制讲出，乃是由砒霜、巴豆、米饭、朱砂等制作而成，主要毒素是砒霜。

朱元璋问："服用此药，多长时间才能够致人死命？"

王允坚回答："需要半天。"说罢便凄然泪下。

朱元璋说："看到你这样凄凉的表情，是不是怕死呢？是不是眷恋你妻子儿女？担心他们以后无以为生呢？"

王允坚此时伤心落泪地讲："我有一个儿子现在当兵，还有一个儿子尚未成人，我思念他们，所以伤心落泪。"

听到此话，朱元璋不由感叹，认为王允坚当初卖毒药的时候不考虑后果，也不想会因此连累妻子儿女，此时服用毒药，难以全生，却想起妻子儿女，眷恋之情，怕死之心，溢于言表。真是愚蠢之极！现在还想得到宽恕？朱元璋不明白什么药理，但他想知道毒药如何致人死，也想知道有没有解药。他认为让王允坚服毒药，就是要让他知道毒药的痛苦；而让他服解药，则是为了按照法律制裁他。于是便问：

"你服的毒药有没有解救之方？"

王允坚以为有了生存的机会，便将以凉水生豆汁，外加热豆汤可以解毒的解药方子说出。不想朱元璋认为这个解药来的不快，继续问他最快而最见效的方子是什么？王允坚只好说出用一个鸡蛋可以容纳的粪清加凉水的解毒方子，朱元璋不觉暗笑，便让人取来粪清而静观其变。

王允坚服药不久，便发作起来，浑身上下瘙痒异常，不断地上下抓挠，捂着疼痛难忍的肚子，用哀求的眼光向在场的人求助。朱元璋见此便问王允坚是什么感觉，王允坚回答："五脏六腑都感觉不舒服，心里发热，毒气上升。"

朱元璋问："服用此毒身死，都走什么经脉？"

王允坚回答："五脏六腑先坏，然后人便疼痛死去，死后身体发黑。"

朱元璋问："服用毒药以后，多长时间可以用解药解除？多长时间服解药而不能解除呢？"

王允坚回答："大约三个时辰，过了以后便不能解了。"

朱元璋耐心等候，快到三个时辰时才将粪清给他服下，发现没有过多久，王允坚居然毫无病痛之感，面貌如初。

经过一番折磨之后，朱元璋并没有饶恕王允坚，而是在第二天将之枭首示众。按照《大明律·刑律·人命·庸医杀伤人》规定："凡庸医为人用药、针刺，误不如本方，因而致死者，责令别医，辨验药饵、穴道，如无故害之情者，以过失杀人论，不许行医。若故违本方，诈疗疾病，而取财物者，计赃，准窃盗论。因而致死，及因事故，用药杀人者，斩。"也就是说，故意用药杀人者，要判处斩刑，朱元璋将王允坚枭首示众，显然是加重处罚。

对于加重处罚，朱元璋也有解释。他认为：自古以来医人制作药物，都是在于积阴德而治病救人的！现在人们卖药，只顾做生意，只是考虑配药赚钱，不顾积阴德，如果有人说他们的药不好，他们便群起而攻之，还有可能将其毒害。卖药者往往只想图利赚钱，不管服用其药的人死活。现在这样的人因此犯法而遭酷刑，甚至杀身灭家的，非医人王允坚一个。如今在京师的药铺，往往不知儆戒，还有蹈袭前非者。为此，朱元璋警告说，现在颁布《大诰》了，所有卖药的人都要听从朕的教导，"推己以及人，永为多福"，并且威胁道："此刑此犯，有不可逃者。"

从断案经过来看，朱元璋的奇想确实很多。你给别人毒药，就让你尝一尝毒药的滋味；你有解药，我偏偏等你备尝毒药之苦以后再给你解；你以为服了解药就可以免于一死，我就是不免你死，还要枭首示众，告之天下卖药人，有敢于卖药害人者，定如医人王允坚一样，枭首示众，决不宽恕。

《大诰·军人妄给妻室第六》记载了一件军人强将别人之妻告为自己之妻的案件。该案不仅仅牵连到全县官吏，还将刑部尚书问罪，以致刑部尚书不服，居然与御史当堂争吵，致使朱元璋以"诽谤"的罪名将之斩首。

山西洪洞县的史灵芝，嫁给本县民人姚小五，生有子女三人，日子虽然不太宽裕，但也是夫妻恩爱，子女绕膝，家庭很是和睦，从来没有想到会飞来横祸。有一天，本县衙役如狼似虎地破门而入，不由分说地将之带到县衙。史灵芝哭喊，县太爷问什么缘由，才知有一名叫唐闰山的军人，到南京刑部告状，说史灵芝是他的妻室。现在有刑部提文，兵部的勘合，部里委派的差使，到本县提取史灵芝到案，准备将其押回镇江与唐闰山完聚成婚。史灵芝的丈夫姚小五，不甘妻子被人带走，便携子女三人赶到县衙，哭诉说史灵芝确实是自己的妻子，如今还有子女三人，根本就不知道有什么军人唐闰山。县太爷只认刑部的公文，哪里会管一个普通百姓是否冤屈？所以未听姚小五的哭诉，就将史灵芝交与刑部的差使，押送至南京。

此事被朱元璋查知，将县太爷押到南京审讯。该县太爷推说因为有内府的勘合，不敢违反上命。朱元璋说："各内府的勘合多了，现在清查,有数十道之多,许多都是应该立即办理的,你却不办理,为什么这件事办理得这样迅速呢?身为父母官,不为本县民辩解,将那些奸诈之徒检举揭发,反而说自己怕违反中央命令,实在讲不通。史灵芝是有夫之妇,将她配给不相识的军人唐闰山,这是有违人伦纲常的事。作为州县官,兴教化,明礼义,倡纲常,重人伦,乃是首务。身为县太爷于首务不办理,其罪难辞。"对于朱元璋的指责,县太爷纵使有百口也莫辩,只有听候朱元璋处置。心想按照《大明律·刑律·断狱·告状不受理》条规定,最多也就是杖八十之罪,更何况我还有官职在身,大不了花几个钱将杖罪赎回。可万万没有想到的是,朱元璋并没有按照法律规定惩罚,也没有区分首从定罪,而是下令将阖县大小官吏"尽行处斩",该县的官吏确实很冤枉。

　　杀了洪洞县大小官吏,案件并没有完结。《大诰·刑部追问妄取军属第七》记载了如何进一步追究刑部责任的事。此时的刑部尚书王峕,在史灵芝事件发生时,将史灵芝及其丈夫和妄取他人之妻的奸夫唐闰山,都提取到刑部,亲自审讯此案。王峕不问唐闰山妄取人妻之罪,也不问唐闰山的籍贯,更不问唐闰山与史灵芝是否有奸情,反而吹毛求疵,询问出史灵芝三岁的时候,曾经与唐闰山的哥哥指配为婚,后来哥哥死了,史灵芝成人以后便嫁给了姚小五。于是,王峕便行文该县,提取史灵芝三岁时的媒人到京对质。朱元璋认为这种做法是"意在动扰良民",实在是恃权妄为,有乖治体。

　　从《大诰》透露出的案情来看,应该是史灵芝自幼许配给唐闰山的哥哥,但唐闰山的哥哥未成年就已经死了。唐闰山如果是以哥哥之妻为名而说成史灵芝又许配给自己,那么按照《大明律·户律·婚姻·娶亲属妻妾》规定的"兄亡收嫂"条,唐闰山应该处以绞罪,也没有必要追取媒人作证了,更何况史灵芝已经生有子女三人,属于有夫之妇无疑。朱元璋在指责王峕以后,派御史唐铎前去按问。王峕以为追取人证是为了弄清案情,并没有什么故意出入刑名,便与唐铎争吵起来,说:"你入我罪,久后少不得请公入瓮。"

"请君入瓮"是著名的典故,是武则天执政的时候,任用酷吏来俊臣、周兴等来治狱。他们或是绝囚衣粮,使囚饥饿难挨,以至抽一絮啖之充饥;或是就泥耳、囊头、折肋、竹签钉爪、悬发于梁、毒烟熏耳、使卧秽溺、刻割肢体使其糜烂死于狱中等。更有 10 号大枷,名曰:定百脉、喘不得、突地吼、著即承、失魂胆、实同反、反是实、死猪愁、求即死、求破家。这些枷一上,要你认什么罪就成什么罪。用枷还有"美妙"的名称,如"玉女登梯""仙人献果""凤凰晒翅""驴驹拔橛"等。"玉女登梯"即使囚立于高木之上,引枷尾向后;"仙人献果"即跪地捧枷,在上面累砖加瓮;"凤凰晒翅"即以橼绑住犯人手脚而旋转之;"驴驹拔橛"即以物绊囚犯腰部,引枷向前。后来周兴失宠,武则天派来俊臣去问周兴的罪。来俊臣知道周兴是使用酷刑的老手,怕一般的刑讯不能够使周兴认罪,便在周兴不知道要问其罪的情况下,向周兴请教逼供的方法。周兴说:"这还不容易? 用一个大瓮,将犯人放在里面,四周以火灸烤,有什么不可招认的呢?"来俊臣听罢,就仿照周兴所说,取来大瓮,用火将瓮烤热,然后从怀里掏出向周兴问罪的圣旨,说:"请兄入此瓮。"周兴因此惶恐,便叩头伏罪了。用什么典故不行,非用武则天时期的,又是家喻户晓的典故,这不是将朱元璋比作武则天吗? 所以将王峕定为"诽谤"罪,当然也就难逃一死了。

◎ 案情评点

朱元璋在这个案件的处理过程中,将自己天威不可测的一面表现得淋漓尽致。县官认为有内府的命令便没有责任,但朱元璋将所有内府命令核查,你为什么就这件事办理如此迅速? 你以为告状不受理的罪名,大不了杖八十,但朱元璋却将大小官吏全部处斩,所打的旗号是"人伦纲常",这可是国之要事。刑部尚书以为追取人证是法官应尽之责,朱元璋却认为是扰我良民。尚书敢顶撞皇帝派去的钦差御史,居然引用武则天用酷吏的典故,说你影射仅是一个例子,如此"不才多矣"。说我卸磨杀驴，我偏偏重用唐铎，让他代替你当刑部尚书，我还给他荣誉终身，绝不将之治罪。

朱元璋办理此事不是没有调查。诸如县官说秉承内府命令，他就查内府给该县多少命令，数十道命令都没有及时执行，唯独这样一件涉及婚姻的小事居然雷厉风行，实乃不急公尽责，专好吹毛求疵，更重要的是视民如草芥，根本不关心民之疾苦。"酷虐吾民"，在朱元璋眼里，这就是滔天之罪。刑部尚书王峕承办此案，朱元璋也一直关注。一件婚姻案件，身为刑部尚书却小题大做，四处提取人证到京听审，弄得人心惶惶，民不安其生。既然唐闰生交待史灵芝是自幼指配其兄的，按照辈分，就是他嫂子，按照《大明律·户律·婚姻·娶亲属妻妾》条规定："若兄亡收嫂，弟亡收弟妇者，各绞。"已经是嫂子的史灵芝，唐闰山还敢说她已许配自己，如果有了事实婚，就应该处绞。身为刑部尚书，应该熟悉律例，但王峕却不顾法律规定，去提取其三岁时的媒人前来听审。朱元璋派御史前去按问，本来师出有名，王峕却敢当堂顶撞。御史是奉皇命前来，就是钦差，代表皇帝，顶撞他，就等于顶撞皇帝，定他"诽谤"之罪，百官也不敢有异议，因此没有人针对此事上疏。

在《大诰续编·官吏下乡第十七》中，朱元璋将几个下乡扰民的官吏斩首，并讲明不允许官吏下乡的理由，还号召民间高年有德耆民，将下乡官吏拿赴京师治罪。朱元璋认为："往常官吏不时下乡，扰吾良民，非止一端。"这位农民出身的皇帝，以前在民间见过州县官吏"出入市村，虐民甚如虎狼"的样子，他们要百姓杀猪宰羊招待，稍有不周，便鞭笞随之，百姓有冤难鸣，有怨难申，扰民之状难以著于笔端。因为官吏害民，所以他就多次禁止官吏下乡，可没有想到，官吏不下乡，民情如何通？王朝赋税如何完？民间诉讼如何理？灾荒赈济如何发？固然有里甲等基层组织可以沟通上下，但官府又如何履行监督基层之责呢？朱元璋仅站在农民的立场，揭示官吏扰民的问题，没有考虑官僚机构如何将王朝政令推行，显然过于偏激。

被朱元璋所杀的有福建右布政使陈泰，是被拿赴京师斩首的。可能是陈泰死于有罪，史料上没有留下他什么事迹，他为什么下乡？下乡以后又做了些什么？朱元璋也没有交代。无为州同知李汝中，因为下乡扰民，也被杀了，但没有讲如何扰民。湖州府乌程县官吏易子仁、张彦祥，则是因为水灾时，以熟田作荒田，以荒田作熟田，用这种方法包庇富豪，欺压穷人，侵吞赈济灾荒粮款而被斩首。为此，朱元璋允许"民拿下乡官吏"，以期杜绝官吏下乡。

朱元璋的做法被后世当为笑柄，因为凭君主个人臆想所定的制度，完全不符合实际。正如沈家本评论："官不下乡则境内之厄塞形势无自周知，风土人情无自咨访，惰者乐于从事，勤者欲有所施而不能，于吏治甚有关系。且事之扰民者何必下乡，因噎废食，此之谓欤？"的确，官吏不下乡也不意味他们不扰民，但官吏以此为由而不作为，便是以牺牲社会发展为代价。朱元璋牺牲运作效率而换取稳定秩序的策略，自然难以持久，以致他自己也不得不感叹说："虽朕竭语言，尽心力，终岁不能化矣！呜呼艰哉！"不从健全政治制度方面去考虑权力制约，不在优良法治方面去完善法律，尽凭个人好恶，这种自相矛盾的制度与法律，只会使臣民不知所措，进而失去社会发展的机遇。这正是：

　　折狱常持三尺法，济时更有九还丹。（明·黄仲昭：《未轩文集》卷十《送侍御杨朝重巡按江西次同年丘安重韵》）

黄仲昭（1435—1508），名潜，福建莆田县人，成化二年（1466）进士，官至江西提学佥事，有《未轩文集》行世。《四库提要》称其文"雄浑醇雅"，其诗"和易近人"。上引诗乃是应酬之作，并没有什么文学价值，但提到了"常持三尺法"的问题。战国时期，子产铸刑书，商鞅铸刑鼎，邓析作竹刑，已经将法律写在竹简上，因此汉代将法律称为"三尺法"，此后便成为王朝常法的别称。"常持三尺法"，是说按照法律规定去断案。

那么,朱元璋是立法者,他是否按照所制定的法律断案呢？不依照法律断案又有什么原因和理由呢？他对法律又是如何认识的呢？他又以什么措施当作"九还丹"来医治当时社会的弊病呢？

请看法圣贤明刑弼教 >>>>

法圣贤明刑弼教

>>>> 案情回放

　　"明刑弼教"一语出自《尚书·大禹谟》:"明于五刑,以弼五教。"这里的五刑,是指大刑用甲兵,其次用斧钺;中刑用刀锯,其次用钻凿;薄刑用鞭扑。按照古代的原则,凡是大刑都将受刑者的尸体陈放在原野,向人们展示,例如使用"京观"那样残忍的做法。所谓的京观,即是将反叛者或战败者的尸体堆积在大路两侧,再覆土加以夯实,形成特大的土堆,用以威慑反叛者和炫耀武功。一般犯罪处死者,则于闹市当众执行,罪大恶极者还要陈尸三日;不是死刑者,也要向人们展示,所以"墨者使守门,劓者使守关,宫者使守内,刖者使守囿,完者使守积",其目的都是告诫人们不要犯法。五教,是父义、母慈、兄友、弟恭、子孝,为古代公认的伦理道德。据说上古天子有四辅臣:前曰疑,后曰丞,左曰辅,右曰弼,都是辅佐的意思,因此这里的弼便是辅助。五常之教,是指父义、母慈、兄友、弟恭、子孝,后来被引申为仁、义、礼、智、信,于是父子有亲,君臣有义,夫妇有别,长幼有序,朋友有信,便成为古代公认的伦理道德准则。因此,"明于五刑,以弼五教"整句话的意思是用刑法晓喻人们,使人们都知法、畏法而守法,以达到教化所不能收到的效果。由此看来,刑法为次要地位,道德才是主要的,即所谓的"德主刑辅",而刑德为王之二柄,也就是维持统治的两个工具。

明刑弼教的理论,经过宋代理学家朱熹的阐释,将刑与德演化成表里关系,都属于天理的范畴。刑罚不能缺失,道德不能偏废,无论是刑罚,还是教化,都要在三纲五常的原则下来确定,不一定要"先教后刑","先刑后教"也是正确的选择。不要小看这"刑"与"德"并列的解释,它不但改变了"德主刑辅"的次序,也给统治者以"弼教"为名而实施重刑提供了理论支持。在朱熹编定的《四书五经》成为科举考试命题书和教科书的情况下,其思想不但容易为世人所接受,也为统治者推行重典治国政策提供了充足的理由。

在"明刑所以弼教"的旗帜下,朱元璋认为"明刑"就是重刑,即便是酷刑也不为过,因为其意义在于"弼教"。那么朱元璋是如何阐明自己的"明刑"的呢?又是如何进行"弼教"的呢?试用几个案例来说明。

朱元璋在裁断案件时,总是先讲自己此前有教诲,为什么不遵从教诲呢?此时身家性命难保,还有何词?如《大诰·谕官生身之恩第二十四》,有其对福建道御史于敏贪污案的处理经过。

于敏最初任卫知事,身在外任,也没有携妻子上任,后来他犯法被判死刑,妻子便不顾一切地冲向登闻鼓,为其击鼓鸣冤,因此感动了朱元璋,朱元璋赦免了于敏的罪,并对其说:"京师人烟辐辏,其中少不了有刁诈之人,专门引诱妇女者不在少数。因此,少年妇女在京城居住,很少有对丈夫一心一意的。她们希望丈夫终日不归,最好是一月、一年不回家,落得自由身。如今你的妻子,像你父母一样爱你,又这样温柔体贴,真是少有啊,你一定不要抛弃她。"一番教诲之后,朱元璋将于敏改任为御史,在京师供职,以便与其妻子一起生活。

没过一年,于敏又因胡作非为,被判徒罪,发往工程去充当苦役,其妻子又为其求情,朱元璋因其妻贞节善良,又赦免了于敏的罪,并再次晓谕说:"真是善良的妻子,为了她,你也不要自暴自弃。"于是还让其担任御史,期望他能够悔改,但没有想到,不到一年,于敏又犯法了。这次犯法则非同以往,乃是"大肆奸顽,交结朋党,比周京内",为罪在不赦的重罪。

此案由朱元璋亲自审讯,于敏也没有丝毫隐讳,援笔将自己身为"奸党"的罪行供认不讳。朱元璋问:"你为什么这样做呢?"

于敏回答:"如果人到了神思昏然之时,就不知道是怎么样地胡作非为了。大抵上是经不起别人天天以好言诱惑,贪图一时之利而不顾其害吧!"

朱元璋说:"现在你觉得应该如何?"

于敏说:"如今我到了要被处决的时候,才觉得以前不对,但现在后悔已经来不及了。"

已经连续赦免过两次,不能怪皇帝不曾教诲过你。现在要被杀身了,方才后悔,实在是愚顽,也别怪再也不能被赦免了。朱元璋感叹说:"父母生身之恩不能报答,还抛弃了这样贞节善良的妻子,从古至今,像于敏这样的人太少了。"因此,朱元璋用了许多通俗的语言,去描述父母的慈爱,告诉官员们不要忘记父母养育之恩,去做违法的事,更不能交结朋党,贪污受贿,因为那是家破人亡的罪。类似这样的教诲,在《大诰》中屡见不鲜。

洪武二十七年(1394),福建兴化卫吏员何得时,父母去世以后,没有去职丁忧的事情被朱元璋知道。所谓的丁忧,就是官员的父母如果死去,无论此人担任何官何职,从得知丧事的那一天起,必须回到祖籍守制三年,实际上是 27 个月,倘有匿丧不报者,就要受到革职的处分。谁也没有想到,朱元璋将这名没有丁忧的官吏给凌迟示众了,还洋洋洒洒颁布榜文,申明其使用这种酷刑的道理,即要以之倡行其教化。

朱元璋认为，人生天地之间，父母的恩情最重。凡是人在刚刚出生的时候，如果是男孩，母亲告诉父亲生的是儿子，父亲听了以后，便以为是吉祥幸运。不过二三个月，夫妻高兴地看着儿子玩笑，父母也非常开心。到了周岁的时候，孩子开始认识父母，一举一动都能够逗父母开心，而父母或让孩子在肚子上爬，或是扶着孩子慢慢学走，或是爬在地上把孩子放在背上，让孩子把自己当马骑。有时候当孩子靠着什么地方能站立起来，父母尤其高兴，喜悦之情溢于言表。就在这个时候，父母也特别劳心。比如说担心孩子接近水火，因为孩子不知道水火厉害，若靠近水火，有可能不是被烧到，便会被水淹。此外，冬天怕把孩子冻着，夏天怕孩子被蚊虫叮咬。所有父母为孩子的操劳，是不能够一言说尽的。

等孩子长大了，或者出外经商，或者当官而远赴他乡，或者到别处干活，父母在家，朝思夕望，儿行千里父母担忧，心里总不能平静，唯恐孩子在外面出什么事。父母的恩情如此深重，作为孩子，应该常常体谅父母之心，或者经商，或者在别处干活，都必须小心谨慎，不要生是非，免得父母为你们担惊受怕。如果在外做官，更应该勤公守法，不要轻触法网而遭受刑罚，如此就能够使身家荣显，使父母欢悦，这样才能够报答父母的辛勤养育之恩。

如今兴化卫吏员何得时，先是父亲去世而不丁忧守制，还进入衙门去兜揽差使，贪赃害人。后来母亲去世，他还不丁忧守制，还在衙门构祸殃民。如此不孝，世所不容，所以朱元璋才按特例，将其凌迟示众。

这就是朱元璋明刑弼教的手段。他认为自己所定一切制度，所规定的道德准则，都没有错，是"一一尽皆得当"，没有什么不合理的。只有不才臣民，才会百般破坏他所订立的规制，这是故意乱政害法，自取灭亡，因此只有严刑峻法，才能使臣民循规蹈矩。把刑罚提到教化之上，不是德主刑辅，而是刑教以德，于是打着教德的旗号，重刑、酷刑、非刑等,便都有了道德的支撑,这就是朱元璋的逻辑。

洪武二十八年(1395),几起地方官使用非法刑讯的案件送到朱元璋手中。其中有浙江黄岩县丞余琳,打造尖刀锥子,还带有铁钩,将那些拖欠钱粮者,都用锥子刺入身体,并带出血肉;松江府华亭县知县王纪用,制造大杖,用紫檀木镶在杖头,这样便可以使杖头重量增加,因为檀木的坚硬,会使受刑人更加痛苦;山西白水县知县罗新,制作两层生牛皮的鞭子,刑讯时蘸水,使受刑人皮开肉绽。看到这些,朱元璋不由得勃然大怒,他认为这些刑讯手段,作为臣下,怎么敢随便使用?生杀之柄,人君操之,臣下岂能操人生死?于是颁布圣旨,要刑部衙门榜示天下,略云:"纪纲法度,朝廷所立。人臣非奉君命,不敢擅更。惟守而不易者,是为良臣。"说的是法律制度都是朝廷制定的,臣下只有听命执行的职责,没有擅自更改的权力,只有遵守法律制度而不打一毫折扣者,才是忠良之臣。这乃是专制主义中央集权制度以暴力而保证其制度推行的原则,绝不允许臣下对君主有任何质疑,违反君主的意志,就是叛逆。

交代完原则以后,朱元璋又说:"迩来诸司官有等不谙事理,往往非法用刑,凌虐良善,贪图贿赂。"于是将几名非法制造刑具的地方官罪状列出,并指出:"如此不才者多,不可尽举。"然后总结之所以会出现这些问题的原因,是这些官员虚张声势,看似是要人畏惧,其实是为了纵肆奸贪,不是臣下所应该做的事。便敕令刑部,将应该使用的刑具样式重新厘定,颁发到各级官府,要他们依式制造,不得违反规定,如果不按颁布样式制造,便是非法刑具,使用非法刑具要给予处置。

◎ **案情评点**

按照明代官定刑具,有"笞杖",是用小荆条制作,分大小头,行刑时拿着大头,用小头打臀部;有"杖",是用大荆条制作,也分大小头,行刑时也是拿大头,用小头打臀部;有"讯杖",规制比杖大一倍,用于拷讯重犯，是用小头打臀部和大腿；有"枷"，分为15斤、20斤、25斤三等，分别用于杖罪、徒流罪、死罪；有"杻"，也就是手铐，只不过是用木材制作，只有男子死罪者才使用；有"铁锁"，是长一丈的铁链，用于犯轻罪之人；有"镣"，即脚镣，用铁制作，规定重量为3斤，用于徒刑犯带镣工作。

按照《大明律·刑律·断狱·决罚不如法》规定：官员如果不按照刑具规定的用途去使用，要受到笞四十的刑罚；如果致死人，要受杖一百的刑罚，还要罚埋葬银两；行刑的衙役在官罪基础上减一等。当然，因行刑而受赃者，要计赃以枉法从重论。如果按照规定进行刑讯，即使偶尔将人致死，官吏都可以勿论，也就是不承担任何责任。如果官员使用法定以外刑具伤人，要从重处罚，致人于死，则最重刑罚是杖一百、徒三年，加罚埋葬银两，而听官命使用非法刑具的衙役，在官罪上减一等。如果按照法律规定，上述制造和使用非法刑具者，即便是将人致死，也不会被判处死刑。朱元璋则不然，不但将那些使用非法刑具的人全部处死，对于听从官命而使用非法刑具的皂隶、狱卒，也全部给处死了。按照朱元璋的道理，这些人破坏朝廷所定之法，是自取杀身，即便是家破人亡，也咎由自取，因为他们违反朕之教也，不得不予以明刑。

朱元璋总是以"臣民不从教"为理由，以强硬的手段，逼迫臣民服从自己所提倡的"先王之教"。对自己律外用刑的注脚也是为了"明教化"，其去奸去弊的种种手段，也都是为了"弼五教"。为此，朱元璋在处理官民案件时，反复强调父母恩深似海，如果官民遵法守分，就会荣显祖宗身家，就能够生活美满；而提到自己为什么要严刑处置时，就是要官民勿犯刑律，恪守礼教，官要去贪心，民要不违制，使官民都明白"趋吉避凶之道"，进而使臣民俯首帖耳地效忠朱家王朝。除此之外，他在律外用刑时，总是反复强调不是"朕不教之于先也"，是弼教于前，明刑于后，为自己律外用刑来开脱，而其"重典治国"的方针也得以贯彻执行。可以看到，朱元璋从现实政治统治需要出发，

打着"明刑弼教"的旗帜,推行其具体的政治法律,功利主义是明显的。这正是:

富贵何足叹,忧患宜可悲。一朝严谴下,万里戍边埤。(明·顾景星:《白茅堂集》卷三《边居行》)

顾景星(1621—1687),字赤方,号黄公,蕲州(今湖北蕲春县)人,明末贡生,南明弘光朝时考授推官,入清后屡征不仕。所著有《白茅堂集》,诗文所评议历史和人物,都有一定的见解,也多有警语,如其对李善长因胡惟庸奸党罪被诛时讲道:"位高多危古所戒,何况妄乱干天经。将军不反说客反,谁信竖子初无心。"在分析疑案时,顾景星对某些微言也细加分析。这首诗讲明代的官员,一旦遭到皇帝的谴责,就要万里充军,而在朱元璋时期,充军对于官员来说,应该是莫大的恩典。

朱元璋以明刑弼教表明自己施政的方针,声称为了"弼教",才选择重刑,如何用刑,大多数是出于自己的裁断,在"使人知惧而莫测其端"的情况下,充分运用君主的权力。朱元璋重点打击的对象是贪官污吏和奸顽豪民,他认为:"吾治乱世,刑不得不重。"那么,朱元璋为什么要实行重典治吏呢?重典治吏的方针是什么呢?在朱元璋眼里的官与吏有什么区别?其对官与吏的处罚又有什么不同?

请看重典治吏惩贪赃 >>>>

重典治吏惩贪赃

>>>> 案情回放

　　朱元璋重典治吏一直是各界谈论的热点问题。有的说朱元璋重典治吏是严厉打击官吏贪污腐败的重要举措,其意义是积极的,是值得肯定的。也有的说,朱元璋在重典治吏过程中实行严刑酷法,官吏群体有人人自危的感受,而恐怖统治必然破坏统治基础。还有的说,朱元璋重典治吏收效不大,仅凭一己之见,律外用刑,人治的作用超过法律的作用,使法律没有尊严,失去构建法制社会的契机。可以说各种评价都有,朱元璋时而被称为神,时而又被比为鬼,时而又被还原为人,凡此,都说明朱元璋这个人特点太突出。因此,有的史学家认为:朱元璋集中了英雄圣贤与盗贼流氓特点于一身。这也就决定人们从什么角度去评论他,都不可能太过,众说纷纭也就难免。

　　作为英雄,朱元璋成功地结束了元末纷扰混乱的局面,完成了重新统一的大业,他亲自决策和大力推行有关军事、政治、法律、吏治、财政、文教等方面的大政方针,巨细靡遗地始终不懈地勤理政务,将明王朝推向强盛的发展道路,不愧为在历史上有重大成就和影响的人物。

作为圣贤,朱元璋在全面继承儒家学说的同时,对之加以改造,形成钦定的儒家思想。钦定儒家政治理论的核心是"礼治"。所谓"礼",并不是指一般性的交往礼节,而是泛指包括政治、法律、军事、教育、社会、家庭等在内的、严格的等级秩序,全社会的所有成员都必须按照自己的身份,区分开尊卑、亲疏、上下、贵贱、男女的地位来生活和相处,必须各守其分,不得僭越,更不允许犯上作乱。朱元璋将儒家名分理论加以发挥,公开宣称君主应该高踞权力顶端,臣民都必须服从,绝不许有异议和违忤,否则便是大逆不道。

作为盗贼流氓,朱元璋敢作敢为,在建立绝对君权的基础上,生怕任何人有不轨之心,不能容忍任何人威胁其权位,破坏他所建立的制度。他不惜采用血腥恐怖的做法,屠戮功臣,严惩贪官污吏,横扫"奸顽",其残忍猜疑又非常人所能为,而对待官僚士大夫则采取怀柔和打击的手段,被赵翼称为圣贤与盗贼之性兼而有之。陈登原先生将朱元璋的盗贼流氓行为加以概括,即(1)喜怒无常,趣味卑浅;(2)护非遂短,不能容易;(3)无理取闹;(4)更欲专制;(5)疾严厉色,面目狰狞;(6)不拘何人,一律猜忌;(7)杀戮功臣。

那么朱元璋在重典治吏过程中,都有哪些英雄圣贤行为呢?又有什么盗贼流氓行径呢?通过这些行为的分析,我们应该如何看朱元璋执法?"重典"与"常经"之法又是什么关系呢?试举几例以析之。

朱元璋在建国之初,即着手整顿吏治,在修订各种法律规制的同时,重点加强对官吏的奖惩。为警诫和劝诱官吏,先后颁行《大明律》《大明令》《大诰》《教民榜文》《诸司职掌》等一系列法规,不但以重典治吏,也以不次之迁奖赏劝吏,运用刑德两手来驾驭官吏。如朱元璋每次在朝觐考核时,将参与考核的官员分为称职、平常、不称三等,然后举行宴会,凡是称职者坐在宴席上,平常者站在宴席前,不称

者站立在宴会厅门口，看着参加宴会者进入宴会厅，然后在门外站着等候宴会结束。此外，在《大诰续编·有司超群第九》中列举的府县正官、佐贰官13名，除受到行文褒奖、遣使慰劳、赏赐物品等奖赏之外，大都得到不次升用。

奖励本来是奖勤劝善的手段，与惩处有相同的效用，若赏非其人，与罚不当罪的效果一样。朱元璋深明此理，所以在奖赏之后，被奖赏的人如果犯罪，他也不会因为有过奖赏而稍为减轻其罪。如在褒奖的13名官员中，有原任安庆府怀宁县丞的陈希文，面对军卫指挥图赖民地，知府袒护说情，依然执法不阿，因此得到朱元璋的赞许，特将其破格升为青州知府（从正八品到正四品，等于是连升八级）。但是到任不到一年，陈希文便向下属州县需索糯米、蒸笼、鞍轿、马镫、辔头等物，东西虽然不多，但朱元璋认为这些物品不是各县官吏所自有，必然取之于民，属于非法科派，更不能容忍陈希文此前阳为君子，此后阴为小人的行为。再有，原宜兴县主簿王复春，因控告上级常州府差人下县下乡，扰害官民，扣留孤老月粮，索取木材细米等事，得到朱元璋的嘉奖，除了赏赐牛酒等物品外，还破格将他升为常州府同知（从正九品到正五品，也是连升八级），可是不到半年，他便奸究并出，临民科扰。对于这两名官员，朱元璋毫不留情，将他们处死，并以榜文布告天下尽知，此行为深得史书赞美，认为是朱元璋以风厉激劝手段澄清吏治的典范。

朱元璋虽然知道"各处有司，惟务奸贪，不问民瘼，政声丑陋"，并施行重典加以惩治，但却拿不出真正有效的办法，不但使严惩难以持久，就连制定的法规也变得难以正常实行。因为严惩不能持久，姑息无异养奸，养奸则必成患，成患又必危及君主的自身统治。在奖赏上更是体现出君主的好恶，如朱元璋重典治吏，但一遇到"州县父老有诣阙上县官善政，当罢任而保留者"，便"手敕奖励复职，加赐衣币"。这种做法本来就缺乏明确的是非标准，而朱元璋自己又率先破坏既定的法规。如"有国子生初任陕西知县，或告其尝受民财。刑部

097

逮问之"。朱元璋却推翻刑部拟定的罪名，召见该人面谕云："尔以书生受民社之寄，不能廉洁律己，受污辱之名，为父母羞。朕念年少，更事未多，特宥还任，尔其改过自新，力行为善，庶有立于将来。"朱元璋严刑峻法曾为之，不秩封赏也为之，时而许人自新，时而不容悔恨。是赏、是罚、是奖、是惩，本身就在自我矛盾中，更不能期望能拿出什么有效措置。史家认为明初的吏治清明，完全是朱元璋运用权力而成功驾驭的结果。权力是依靠社会制度的合法化和制度化来体现的，而权威不需要个人的素质，权力的应用则与个人的素质有密切的关系。朱元璋能够充分利用自己的权力，通过全力推行，构建了一个社会等级制度相互强化的结构，制定了国家管理的法规和禁令，在多种范围内对正统和异端下了定义，从而起到了维护权力和权威的作用，这是其法本圣贤的一面。

《大诰续编·韩铎等造罪第二十四》历数工部侍郎韩铎等贪赃的罪行，其伙同本部各官，卖放工匠，共有 4300 贯入己；克扣工匠工食钱，又有 600 贯入己；盗卖芦柴后，中分 4000 贯入己；最后因为搬运木炭 90 万斤，奏报为 9 万斤，被朱元璋查出犯案。除了盗卖木炭赃未计之外，经韩铎等供认赃 30350 贯，如果再将木炭 81 万斤计算入内，在当时可以称得上数额巨大。在这里除了韩铎有赃 8900 贯，另一名侍郎李祯 5750 贯之外，其余郎中、员外郎、主事、司务、给事中等 12 名，分别有赃 150～3000 贯。按照赃 80 贯处以绞刑的规定，这些人都足此额，因此全部问斩，但朱元璋没有区分首从，则未免有不论青红皂白之嫌了。

《大诰续编·礼部盗出财物第二十五》将礼部侍郎章祥等 6 人，借举行礼仪的机会虚出钞贯的事情揭露，因为章祥在案发后病死，其余 5 人均被处死，但没有公布虚出钞的数目，因此不知赃有多少。《大诰续编·重支赏赐第二十七》，将重支与冒支月粮及赏赐的各卫吏员，共计 57 人。具体重支与冒支多少，并没有公布，只是因为"其罪显然"，也不问多寡情节而全部处死。仅此，就可以看出朱元璋惩贪用重典的一般情况。

如果说朱元璋不分首从，不问赃数多寡，便将贪赃者全部处死，未免矫枉过正，但朱元璋不避重臣，有赃必惩的作为，却值得赞赏。凡是说到此事的，多举永嘉侯朱亮祖和驸马欧阳伦为例。

朱亮祖（？—1380），安徽六安人，元末担任义兵元帅，先后两次被朱元璋擒获，喜其勇悍而未杀，以"生则尽力，死则死耳"的话语，感动朱元璋，将之释放而任命为将，参与攻灭陈友谅、方国瑛等战役，后随廖永忠略取两广。洪武三年（1370），封永嘉侯，并赐铁券。因其为武人出身，"勇悍善战而不知学，所为多不法"，在平定四川战役时，因擅杀而未受赏，后在北镇守及凤阳屯田，也乏善可陈。洪武十二年（1379）出镇广东，更无所忌惮，在他的权势下，当时军卫尤横，地方官稍加干涉，便会受到殴打，而朱亮祖必然袒护军人，这时任广东番禺县知县的道同，严格执法，不屈服军人，朱亮祖多次要挟道同，但道同不为势所屈。不久，道同将当地欺行霸市的土豪枷号在通衢。诸豪家便向朱亮祖行贿求免，朱亮祖向道同求情，道同义正辞严地予以拒绝，朱亮祖便派兵将土豪们释放，还将道同笞责。后来富民罗氏因将女儿嫁与朱亮祖，所以怙势为奸，道同要将他们治罪，又被朱亮祖夺去。于是道同便将朱亮祖不法事上奏，朱亮祖得知，就劾道同讪傲无礼状。由于朱亮祖使用军马，其奏折先到南京，朱元璋览奏大怒，便派使者前往广东斩杀道同。使者走后，朱元璋又接到道同的奏折，认为道同以小小知县，敢于斥言大臣不法，其骨鲠之才可用，便再派使者前往广东去赦免道同，但后使者稍晚一步，道同已经被处死。第二年（1380）九月，朱元璋派人将朱亮祖押解进京，与其长子朱暹一起被鞭打至死。朱元璋念其有功，在保留全尸的情况下，亲自为他写了墓志铭，还以侯爵礼节埋葬。十年以后，死去的朱亮祖也被纳入胡惟庸奸党之中，其次子朱昱也因此坐诛。

朱元璋是来自底层的君王，在惩贪问题上，无论亲疏远近，他都敢毫不留情地处置。如洪武六年（1373）亲制的《申诫公侯铁榜》，对贪赃公侯，即便是有免死铁券的，也依然难逃一死。洪武十三年（1380）编成的《臣戒录》，洪武二十年（1387）的《御制纪非录》，将公卿大臣乃至自己的儿子如秦王、周王、齐王、潭王、鲁王及靖江王等罪状一一予以公布。洪武二十五年（1392）颁布《醒贪简要录》，告诫内外职官，贪污乃是无仁心甚矣的事，而人手一册的《大诰》，更向全国宣示其严厉惩贪的理念，其对贪官污吏的痛恨溢于言表。

◎ **案情评点**

贪污腐败在国家出现以后，就一直伴随着权力存在，只要有权力存在就不可能根除贪污腐败，但权力的存在方式又决定其必须受到制约，如果有不受制约的权力存在，那将是人类的灾难。君主专制，赋予君主以至高无上的政治权力，主要表现在对全国一切土地资源人口财富的完全占有，"天下一家，何非君土，中外之财，皆陛下府库"。君主视全国全社会为自己一姓一家的"莫大之产业"，拥有绝对的支配权，全体臣民必须无条件服从。在理论上，君主可以随心所欲地行使自己的权力，主宰每一个人的生死，而在事实上，君主的权力也受到制约，为了他一姓一家可以绵延不断，君主也不能够过分地任意胡为；要确定合法统治秩序，就要有一定的政治制度和能够为人所接受的法律为保障，进而对君主的权力也势必有所制约。

王亚南《中国官僚政治研究》讲：中国一部二十四史其实就是一部贪污史。说明中国的贪污历史连绵不断，但也说明任何一个朝代都不能够容忍贪污腐败蔓延而不加以惩治。早在传说的五帝时期就有"贪以败官为墨"，而历代法律都对贪污实施严惩。从《法经》的"丞相受金，左右伏诛；犀首以下受金则诛"，到我国现存形成最早、最完整的法典《唐律疏议》中的"受人财请求""挟势乞索"等法律，对官吏贪污受贿的惩处都要严于常人。在受贿数额上，从秦代"通一钱者，黥为城旦"（即行贿受贿达到一个铜钱，就要受到脸上刺字并罚修筑城池的苦役），到《唐律疏议》区分枉法赃、不枉法赃，只要达到规定的数额,都是死罪。可以说,只要有贪污受贿的行为就构成犯罪,就会有轻重不同的处罚。官员哪怕是接受管辖吏民的肉类、酒食、瓜果一类物品,也构成受贿罪,可见我国古代对贪污受贿处置之严。如此一来,犯罪者也必然很多,留下的记载也多,因此才有"贪污史"之说,但绝对不能认为在古代,贪污受贿者便可以横行。

朱元璋对贪污深恶痛绝,在前朝重惩贪污法律基础上制定更严格的法律,凡贪赃枉法赃至80贯,处以绞刑;凡监守自盗赃至40贯,处以斩刑。这个数额按制定法律时的购买力而言,80贯相当于12万人民币,40贯相当于6万人民币。当然随着朱元璋滥发纸钞,大明宝钞不断贬值,至洪武末年贬值已多达六七倍。于是,无论是明时的士大夫,还是现代的研究者,都认为朱元璋实行的是低俸禄制,官员生活难以保障,因此大规模地惩贪,却不能够抑制贪污的蔓延。这正是:

今日贪取之风,所以胶固于人心而不可去者,以俸给之薄而无以赡其家也。(清·顾炎武:《日知录·俸禄》)

顾炎武(1613—1682),字宁人,号亭林,苏州府昆山人,是明末清初著名的思想家、史学家、语言学家,其所著《日知录》内容宏富,贯通古今。其上篇讲经术,中篇言治道,下篇录博闻,尤其是中篇意在拨乱涤污,法古用夏,其经世致用的思想明确,而重实用不尚空谈的学风,以及在政事各方面剖析利弊得失的治学思想,深得学界推崇与重视。那么顾炎武所讲贪污之风不能革除的原因在于俸给太薄,因为不能养家而贪污,是低薪不能养廉,而明代又是"自古百官俸禄之薄未有如此者"的时代,因此不可能将惩治官吏贪污持久下去。那么明代官员的俸禄是历史上最低的吗?朱元璋重典治吏而不能根除贪污腐败是不是因为低薪不能养廉?而高薪就能够养廉吗?

请看高薪亦难除贪心 >>>>

101

高薪亦难除贪心

>>>> 案情回放

　　"高薪养廉,低薪纵贪"的说法,自古以来就有之。早在汉代,政论家崔寔就为百里长吏的县令收支算了一笔账,说"一月之禄,得粟二十斛(约280千克)钱二千",县令至少需要有从者一人,是县令出钱自雇的,所以"客庸一月千,刍、膏肉五百,薪炭、盐菜又五百,二人食粟六斛,其余才足给马(匹)"。他认为县令不带家属赴任已经很难维持生活,"岂能供冬夏衣被、四时祠祀、宾客斗酒之费乎?况复迎父母致妻子哉"。可以说普通官吏生活非常拮据,如果不是"车马衣服,一出于民",恐怕难以生活,所以他们之中"廉者取足,贪者充家",更有甚者,"渔夺百姓,侵牟万民",因此贪污现象在所难免。崔寔(约103—170年),涿郡安平(今河北安平)人,虽然出身于名门高第,但常常"家无担石储",其应该于俸禄之外少有别取。

　　俸是钱,禄是米。秦汉的俸禄主要是以粮食多少作为等差,从丞相、太尉到最低的佐史，分成若干等级，根据不同的等级，享受不同数目的"粟谷"。等级和粟谷数目是随着社会政治和经济而经常变化的。这些等级大体分为三个级差：即万石至比二千石，级差在 20 斛（每斛约 14 千克）以上；比二千石至四百石，级差为 10 斛；四百石以下，级差为 7~3 斛；最高俸禄是最低俸禄的 97 倍之强。自西汉起，俸禄支付物和级差就不断变化，支付物有钱、布帛、谷物等，之后逐渐集中到流通的货币。级差，尤其是最高级与最低级之间的差距则逐渐缩小。

明官俸以粮米计算，支付时米物兼给，给米为本色，给物为折色。由于折色物品及纸钞日贱，官俸比例不变，官吏实际所得很少，故史称："自古官俸之薄，未有若此者。"官员等级是正从九品 18 级，正一品岁禄 1044 石，从九品岁禄 60 石，这是洪武二十五年（1392）定制，因为是祖宗之制，便至明亡也没有变更。那么，随着社会经济的发展，通货的逐渐膨胀，这样的俸禄确实很少，但官吏们的生活却越来越奢侈。以明代中叶的县太爷来说，他们不但要供养父母妻子，还要支付幕宾的薪水、家人的用度、亲故的周济，此外还要置产建业。除去这些，还有送往迎来、孝敬上司、贿赂权贵等难以估算的开支。论者常常以海瑞"俸薪之外丝毫不侵，虽家童亦令樵薪"，能够蔬食布被，自奉节俭，清廉名声上下皆知，乃至总督胡宗宪把"海知县为母寿，市肉二斤矣"当作新闻，但其他官吏能否如此生活，论者却没有考虑。正如黄仁宇先生所讲："海瑞的干预土地所有权，其伦理上的根据和法律上的是非姑且置之不论，只说他以个人的力量，只凭以不怕死的谏诤得来的声名作为资本，而要使整个社会机器停止转动，也就无怪乎不能避免'志大才疏'的评语了。"其实仔细分析一下海瑞的收入，并不是全部依靠俸禄，还是有大量的陋规，要不然他也买不起小妾 3 名了。县太爷们"不贪不滥，一年三万"，"三年清知府，十万雪花银"，没有一个是单纯靠俸禄得到的，也不全是由贪赃枉法得来的。关于陋规，不是本讲的主题，这里便不展开了。

○郭英

○朱元璋

其实，朱元璋所定百官俸禄，如果按照当时的消费水平及物价指数，应该不算低，可以说是相当优厚。以从九品的 60 石折合成金为 15 两，1 两 37.5 克，15 两为 562.5 克，以现在金价每克约 250 元计算，15 两大致约 14 万元人民币；如果要以房地产为物价指数，从九品的俸禄在当时可以购土地 300 亩，房屋百间；当然如果要以大米为物价指数的话，从九品的俸禄折合现在近 2 万元人民币。因此，很难以当时的物价指数来衡量当时的俸禄是否充足，如果以当时的消费水平来说，则可以看到官员的俸禄远远高于一般人民的生活。

明初在战乱之后，中原草莽，人口减少，人们的生活都很俭朴，大多数官吏也习惯了艰苦的生活，对物质的要求也很简单。如在洪武三年（1370），时为弘文馆学士的罗复仁，按理说官阶相当于现在的司局级官员，生活条件应该很好，但他却住在穷巷之中。有一天，朱元璋突然到他家造访，这时的罗复仁正在用泥修补家里的破墙壁，看到朱元璋到来，急忙让妻子拿板凳请朱元璋坐。朱元璋很感动，特赐给他城中住宅一座。这种俭朴的生活风尚，除对明初的社会稳定和经济恢复起到一定促进作用之外，对吏治也有很大的影响。

从史料中可以看到，朱元璋在确定官员俸禄的时候，是以当时的生活水准为依凭，可以说官员的俸禄已是很高的薪金。所以在洪武二十六年（1393），山西都指挥使何诚，在拨俸粮时要加耗，每石加四加五，又巧立朱砂钱、扇车钱、芦席钱、偏手钱等名目，额外勒索民财。朱元璋得知此事后讲："何诚享受这样大的俸禄，还如此害民，要是鬼神能够鉴察，岂能长远？"因之将何诚凌迟处死，还将其图形榜示，希望天下都能够知道贪官的下场。都指挥使的级别是正三品，年俸禄为 420 石，朱元璋便认为是"享这等大俸禄"，可见当时官员的薪金水平并不低。洪武二十七年（1394），发生了百户张庸卖放军人的案件，朱元璋认为："近年以来，管军官员有等不才的，不知一家大小吃的俸禄是众军士每（们）的功劳，不肯寻思爱惜军士。"百户的级别是正六品，年俸禄是 120 石，朱元璋认为这已足够一家大小吃用的，也可见当时制定的俸禄已很丰厚。因此，认为官员俸禄过低是朱元璋惩贪失败原因的说法，显然是站不住脚的。

朱元璋认为官员的俸禄不为不厚，但官员们却不知道感恩，还额外勒索。早在洪武三年（1370），朱元璋就禁武官纵军鬻贩，他认为："今在外武臣俸禄非薄，而犹役使所部，出境行贾，是见小利而忘大防。"朝廷给军官们的俸禄并不低，但他们还派兵丁去经商，是贪心不足，朱元璋以为只有严刑峻法，才能够遏制贪心。

跟随朱元璋打天下的功臣们，在功成名就以后，未免有些骄纵违法，为此朱元璋费尽心机。如洪武四年（1371），朱元璋对自己的小舅子、指挥使郭英说："我曾经想如何才能保住天下，你是否也在想如何才能保住身家呢？"

郭英说："臣下虽然非常愚昧，但也常常想到保住身家的事。"

朱元璋说："朕命令军士到临濠去营造宫殿，你们则役使他们去营建私人住宅，这就是你们保身与家之道吗？"听到此，郭英不由大惊，急忙跪地磕头请罪。朱元璋安抚道："朕并没有忍心加罪，你应该于心内自省，朕与你们在名分上虽然是君臣，但是恩同父子，一个儿子被责罚，其余诸子知道惧怕，则身家便可以保住了。比如说副将军杨廉等，本来罪应致死，朕虽然赦免其罪，但也发遣到边远地区，就是让众人知道畏惧。朕总在想怎么样才能够保全你们的方法，你们却不想如何保全自己的身家，真是够愚昧的。"

看到郭英似懂非懂的表情，朱元璋便引自己父亲的话，对郭英说："朕父亲曾经说过：大凡人们本分地去发财，就如购买田地一样，庄稼每年都能够收获，以致劳动所得的财物无穷尽。如果违背天理去谋财，就如贪官污吏一样，得到的财产虽然丰厚，但总有丧身亡命之忧。现在你们的俸禄就如田地一样，每年都可以享受所获之利，而贪污受贿所得好比是山洪污水，来时迅猛去时也快。你们都有劳于国家，朕既然给你们爵禄的酬劳，如果能够守而不失，则你们的子孙就永远有所依赖了。郭英，你要明白这个道理。"郭英听完以后，顿首谢曰:"陛下训饬,臣等切至铭刻,不敢忘也。"

郭英(1335—1403),18岁跟随朱元璋,大小身历百余战,伤痕遍体,未尝以疾辞。洪武十七年(1384)论功封为武定侯,食禄2500石,给予铁券,又因其姐姐为朱元璋的宁妃,因而备受恩宠。郭英谨记朱元璋的教诲,自此以后,"攻克州郡,必禁掳掠、戒杀降、封府库、收簿籍,一钱尺帛不敢私"。闲暇之时,家居读书,教训子孙以俭素力学为务。当时公卿多治田产,郭英独不治。朱元璋问他为什么不置产业,郭英说:"臣一布衣,仰荷宠灵,叨有封爵,子孙衣食余饶,安敢增益,俾生侈心。"可算是谨遵朱元璋的教诲,分外之物,一无所取,因此得以善终,而子孙也得以承袭,可以说是跟随朱元璋征战的功臣中为数不多的幸存者之一。

朱元璋在俸禄之外,还定有赏赐制度,凡官有政绩,或考核得到称职者,都有钱钞、胡椒、苏木等赏赐,其额度往往超过俸禄。如被朱元璋处死的工部侍郎韩铎,上任不到一年,就多次得到奖赏,共计有钞七百余贯。按照韩铎的级别,为正三品,年俸禄也不过是420贯,赏赐超过俸禄近2倍,应该是很丰厚,但也不能满足他无止境的欲望,所以"同诸官赃贪乱政",总共入赃8900贯,超过自己年所得20余倍,却还没有见好就收,终于因盗卖木炭致使事情败露。《大诰三编·进士监生不悛第二》,公布王本道等364名进士监生官犯罪情由,其中正六品刑部主事王本道为四次犯罪,第一次因为淹禁人致死而戴绞罪还职,后面三次都是受赃,分别为100、50、60贯,正六品年俸禄420贯,三次受赃也只不过是年俸禄的一半,而且每次犯赃都被治罪,但始终不改,所以被处死。三次犯赃的还有进士出身的监察御史(正七品)罗师贡,一次受赃时戴流罪还职,二次受赃100贯戴绞罪还职,直至第三次受赃被处死;进士出身的光禄司署丞(正六品)刘辑,一次受赃47.5贯戴流罪还职,二次受赃117贯戴绞罪还职,三次受赃93贯,总共257.5贯,被刜指担任书写之职。被朱元璋处死的这三人,受赃数目只在二三百贯,根本赶不上他们的年俸禄,因为是屡犯，所以才被朱元璋认为是"愈见奸贪，终不从命"。不是待遇不够，而是见利起贪，为区区之利，竟然敢置重典于不顾，"观此可不为之戒乎！"

◎ **案情评点**

正因为朱元璋认为官员们的俸禄很丰厚，所以对官员贪污受贿绝不能够原谅。《大诰·官民犯罪第二十九》讲，凡是官民犯罪，如果是行贿求免，或是诬陷他人，只要是有贿赂，即便是犯有笞罪，也要处死，朱元璋认为："此犯不分赃之巨微，除失错公罪不坐，凡私的决，并不虚示。"其处理贪污受贿的原则，就是因私贪贿，这与历代严惩赃私的原则并不相悖。

问题是朱元璋忽略了社会经济的发展，没有考虑到社会经济发展会带来通货膨胀，而伴随着经济发展，人们也会提高自身的消费水平。朱元璋勒定的官员俸禄制度，作为祖制，是不能够随意更改的，而在其制定的折色及没有限制地发行大明宝钞的情况下，官吏的俸禄很快就达到难以维生的地步。

从史料上看，自洪武八年（1375）发行大明宝钞以来，朝廷便禁止民间以金银物货交易，违者罪之。不过朱元璋并没有按照货币发行经济规律办事，没有以金银物货为钞本，不控制发行量，滥发纸币，自然会导致纸币贬值，再加上宝钞印刷不精，容易造假，其信用降低，以至于人们不愿意使用宝钞交易，即便是使用，也不能够按照钞额来进行结算。就在朱元璋公布官员俸禄额度的时候，1 贯钞已经折成250 文交易，平白无故，官员的俸禄变成了原有的 1/4，到了洪武三十年（1397）朱元璋去世前，1 贯钞仅值 71 文了，宝钞几乎完全失去信用，而官吏们的俸禄也就大大缩水。当民间私下使用金银交易时，朱元璋还是严令禁止。如洪武三十年（1397）三月初四的《榜文》云："今后民间买卖，只许使钞，并不许将金银于街市交易，阻坏钞法。敢有仍前，将金银交易诸物高抬时估、愚弄平人坏法者，正犯处死。所卖之物,尽数断没入官,家迁化外。"朱元璋违反货币发行规律,让人民承担货币贬值的损失,必然会受到经济规律的惩罚,不但使人民失去对宝钞的信心,也使官吏们的生活陷入困苦,从而不得不铤而走险,冒着被杀头的危险去敛财,朱元璋的"我欲除贪赃官吏,奈何朝杀而暮犯"的感叹,前尸还没有移开,后继者又接踵而至法场的血腥场面,也未能根除贪污。这正是:

朝廷加派时时有,哭诉官司但摇手。归逢吏胥狭路边,软装快马行索钱。(《明诗综》卷七十六载黄淳耀《野人二首之一》)

朱元璋"惩元季吏治纵弛,民生凋敝,重绳贪吏,置之严典",采用重典治吏。可是,"法出而奸生,令下而诈起",在极端专制下,官僚政治更加恶性发展起来。"在这种形式下,官僚或官吏,就不是对国家或人民负责,而只是对国王负责。国王的言语,变为他们的法律,国王的好恶,决定了他们的命运(官运和生命)结局,他们只要把对国王的关系弄好了,或者就下级官吏而论,只要把对上级官吏的关系弄好了,他们就可以为所欲为地不顾国家人民的利益,而一味图自利了。"贪财官吏使百姓见之如虎狼虺蛇而避之不及,促使社会各种矛盾激化,直接威胁专制王朝的统治。因为"贪官污吏,布满郡邑,百姓求一日之苟活不可得,而天下幸其安久长治,万无是理"。所以朱元璋在颁布《大诰》时声称:"敢有不务公而务私,在外赃贪,虐害吾民者,穷其原而搜罪之。"那么,朱元璋是如何穷其原呢?又是如何去搜寻贪官污吏呢?又以什么罪名将他们罪之呢?

请看吏胥为奸千百端 >>>>

吏胥为奸千百端

治人和被治是由政治权力决定的。在君主专制主义中央集权制度下,普通民众必须承认官就是主人,他们对官既艳羡又害怕。艳羡者希望自己也能做官,即使本人无望做官,也希望后代有人能做官,好像只有做官才能光宗耀祖。害怕者则畏惧官的淫威,能避则避,能躲就躲,以此生不进官府为平安。官逼民反,官贪民怨,官与民本来就是对立的。不过,有一些身在官府,或常与官府打交道的人,虽不是官,却与官有着不解之缘,即是吏胥集团。他们有借官府之势以谋利者,有利用官府以谋生者,有把官府作为进身阶梯者,有被官府勒逼而又勒逼百姓者,依附官府是他们的生活来源,与官府有着相互利用又相互矛盾的利害关系。

吏胥,即官府衙门内的书吏和衙役。论地位,他们只是国家征上来的劳役,时人以"狗吏""贱隶"称之,长官视之为奴仆则为贤能臣,

110

长官施之辱骂笞杖则为善驾驭。论权力,他们不过在衙门内抄写奔走,只有办事的责任而无决策的权力,却也不是任人摆布。所谓"官看三日吏,吏看十日官",官与吏胥处在荣辱与共、驾驭与挟制的矛盾共同体中。

吏胥为奸是明代朝野公认的现实,朝廷再三要求官严格驭吏,采用重惩贱视的办法,但有明一代吏胥为奸从来就没有被完全清除,反而愈演愈烈,成为困扰有明一代的重大棘手问题之一。从《大诰》中所列举的事例,即可看出明初吏役为奸的问题相当普遍,虽经重治,也鲜见改观。对这种"为官、为吏,酷害良民,奸狡百端,虽刑不治"的问题,朱元璋除动用重典严刑之外,还要求吏役的父母妻子进行劝戒,民众进行监督;在揭示吏役为奸的问题的同时,要求各级官员严格驾驭吏役,将吏役的行为纳入官的监管范围,官有权裁革罢斥恶吏劣胥以树官威。

洪武九年(1376),福建参政魏监、瞿庄,在公堂上将一名胥吏立毙杖下,受到中书省和监察御史的弹劾。奏疏上传,朱元璋不但没有怪罪魏监、瞿庄,反而派使臣携带玺书去慰劳。在朱元璋看来,天下的治乱都系于君臣驾驭之术上。如果君主能够以礼法驾驭臣僚,臣僚能够以刑赏驾驭胥吏,就可以达到治理;如果君主不能够驾驭臣僚,臣僚不能够驾驭胥吏,则乱从此始。朱元璋还自己设问说:"胥吏小人,何预治乱?"然后解释说,因为胥吏的奸诈而蠹坏政治,政治既然败坏了,民众如何有安宁的生活? 因此,他将为奸的胥吏立毙杖下著入令典,授予官员以驾驭胥吏的权力,要求官员"动必以礼而严之以法,若吏卒背理违法,绳以死无论"。

明初继承元代的制度,胥吏在政治中发挥着重要作用。如《大诰·胡元之治第三》讲有些官员:"临政之时,袖手高坐,谋由吏出,并不周知,纵是文章之士,不异胡人。"胥吏与官的关系,要求官实行驾驭之术,而胥吏则往往还以欺蒙之道。明人刘基所作的《官箴》第二篇对此有较为深刻的描述:

在昔隆古，分封国都；付之以民，俾养勿瘠；上下协心，各保万区；明庶考绩，昭哉范模。秦废圣制，代德以徂；刀笔之权，始归吏胥；弄法舞文，荜疴瞽愚；流波至今，一任簿书；行立公庭，如雁如兔；我欲是求，我利是趋；揣摩官情，以逞觊觎。官惟好货，我甘以苴；官惟好名，我逢以谀；官惟畏嫌，我疑以污；官惟好惰，我淫以娱；官惟好猜，惑以多途；官惟好威，道以掊挝；语默有为，俯仰有须；觇容察辞，助怨乘愉；法度盈口，奸邪满躯；蛊智迷昧，欺庸陷迂；俾好作恶，以紫为朱；未获官心，姬姬儒儒；亦既获止，如登天衢；傲兀民士，凭陵里闾；恶积祸来，官与之俱。人有恒言：遇吏如奴，坚防固堤，犹恐或窬。矧曰听之，百姓何辜！是用作箴，敢告仆夫。（明·刘基：《诚意伯文集》卷八《官箴中》）

这里讲官贪欲而胥吏贪利，胥吏揣摩官的心理以达到自己的目的。官好钱财，胥吏便大肆行贿；官好名声，胥吏则阿谀奉承；官怕嫌疑，胥吏便以污点挟制；官喜懒惰，胥吏便诱导其淫乐；官好猜疑，胥吏则多方设疑以欺骗；官好立威，胥吏则引导其滥刑。这些胥吏不说话而有所为奸，小心行事是有所求，他们察言观色，千方百计利用官，满口法律条文，却浑身上下都是奸邪。胥吏使用各种迷惑的手段，欺侮平庸的官，陷害迂腐的官。在没有得到官的青睐的时候，唯唯诺诺，一旦得到官的重视，便如登天一样，傲视百姓，侮辱士大夫，欺凌闾里。所以人人都认为，应该将胥吏当成奴隶一样，时时提防他们，避免他们偷偷为奸。刘基所要求的官视胥吏为奴仆，要严格驾驭他们，与朱元璋的驭吏方针不谋而合。

有官必有吏，正如李洵先生所讲："明代的官和吏是组成官僚体制不可分割的两个政治载体，官和吏在实施统治上的作用，基本上也是相同的。"官办事离不开吏，吏办事也少不得官，在这种既对立又统一的矛盾之下，每天相见的官和吏，虽然尊卑之礼数已尽到，但在政务上各怀各意，谁也不肯轻伏于对方。

严格管制吏胥的政策与必须使用胥吏的政策，原本是不相矛盾的，但在官僚政治下，这种不相矛盾的问题，远没有理论上那样简单。朝廷在政策上贱视吏胥，不允许吏胥把握实际权力，但在实际政治运作中，往往是簿书山积、文繁政苛，使吏胥涉入权力运作，也就给吏胥提供了为奸作弊的方便。顾炎武认为："夺百官之权，而一切归之胥吏，是所谓百官者虚名，而柄国者吏胥而已。"这种政治运作，固然有官的本身素质问题，但也有制度上的问题，还有对官缺乏信任的问题。

无论如何，在朱元璋时期，胥吏为奸的问题已经很严重，这可以从《大诰》中所列举的事例中看出。胥吏在官府中扮演重要角色。他们地位不高，却握有实权，往往能利用自己的特长来把持父母官，舞文弄墨、作弊为奸，"上假官府之威，下虐吾在野之民"，是在在生事的一群人。朱元璋虽然采取严打重治，也没有见到有多少改观。明代是"以官府之衣冠临天下，以胥吏之心计管天下"。从理论说，官员为长官，吏役为厮奴；官为主导，吏役为附从；官的地位高贵尊严，吏役则为卑贱低下，甚至法律上"不齿于齐民"，非经三代之后，子孙不得应科举考试。理应由官员统率指挥吏役，驾驭之，使令之，必要时鞭鞑斥革法办之。吏役只有服从的义务，而无操纵或胁制官长的任何权力。官是外来之人，吏役是本地土著；不明白风土人情、连语言也很难通的官，遇上在本地盘根错节、上下都有耳目的吏，官的优势也就相形见绌了。官是读圣贤书而得，吏是学法律文牍而取；官和吏虽都有任期，但在繁巨的法规事例面前，不熟悉与熟悉之间，孰优孰劣自然可见。

对于胥吏为奸的问题，朱元璋的处置都很严厉，轻者断指责其戴罪立功，重者凌迟处死并株连家族。不但允许官员可以将为奸的胥吏绳之以法，即便是立毙杖下也不为过，还允许民众将害民胥吏捆绑送至京城治罪。在以严刑峻法驾驭胥吏的同时,朱元璋还利用传统的伦理道德,动员社会力量来约束胥吏的行为,要求胥吏的父母要以良心来劝导,妻子要用好言来劝慰,兄弟要以善行来劝勉,如果有了父母、妻子、兄弟这"三戒",胥吏为害的事情就会减少。此外,乡间耆老的监督、官员的督促,种种举措都是要将胥吏为害的道路堵死,使他们按照纲纪办事,没有为奸作弊的环境和机会。此外,朱元璋还试图改变胥吏的构成,将一些犯法官员罚为吏,从农民中选择"农吏",完善胥吏考职制度,既不让胥吏久任,又给予他们进取的希望。

◎ **案情评点**

朱元璋的贱吏政策,只是在法律地位上肯定了他们的微贱地位,在政治运作过程中却没有改变胥吏参与政务的现实。正如清人袁枚所讲:"夫治民者,州县之职也,然治民不自民始。胥吏者,官民交接之枢纽也。"按照传统的政治理论,"明主治吏不治民",君主不应该将权力直接施于民众,而是应该通过对官的管理,用制度与法律规范社会,所以官是君主与民众之间的连接点,不对官进行管理,也不可能规范社会。那么,贤能的官员严格管理胥吏,而不是直接与民众交往,因此胥吏便成为官与民之间的连接点,与君主对官一样,要通过管理,以制度与法律规范本地社会,不对胥吏进行管理,也不可能规范本地社会。朱元璋不明白为什么要严格驭胥吏,不知道胥吏也是百姓,并非魔鬼禽兽,如果都是魔鬼禽兽,就应该早早将他们杀掉或在制度上将之排除,又何必既使用他们,又严格驾驭呢?这种驾驭的理论,不可能在制度与法律方面进行约束,而是用难以令人察觉的"术"来完成驾驭,其最终结果也必然陷入人治的怪圈。

人治对人的素质要求很高,要想收到治理的效果,往往要以人格的魅力来完成。这就要求治者必须"正大光明,不可有一毫偏向",还要有"惟和而庄,则人自爱而畏"的政治素质和才能。他们必须有威严从而使胥吏心生畏惧,却又不能以威严而使胥吏怀恨在心;必须有恩德从而使胥吏心怀感激，却又不能以恩德使胥吏认为好欺。能具备这种政治才能的官确实不多，至少这样的官很少能够在自己廉洁的时候而不知道自己廉洁，因为只有这样才是真的廉洁；也很少有自己在秉公办事的时候而不知道自己在秉公办事，因为只有这样才是真的秉公。能够得到人们信服的官，是以官的道德为基础；能够使下属服从的官，是以权力为根本。这种建立在道德与权力基础上的人治，缺乏连贯性，常常是人在政在，人亡政息，只能够见于眼前，而缺乏长远。朱元璋对胥吏的政策，可以说就缺乏长远考虑，他不在制度与法律方面进行建树，却依靠严刑峻法以立威，这是以权力为基础的人治表现；寄希望于父母、妻子、兄弟的"三戒"，这是以道德为基础的人治表现。正因为如此，朱元璋并没有革除"吏弊"，却使吏弊成为困扰明代政治的顽症。

为什么说朱元璋没有从制度和法律方面革除吏弊呢？首先，贱吏政策使胥吏没有政治前途。朱元璋确立的书吏考职制度，6 年一考，如果从 18 岁为县吏算起，一路顺风，24 岁可以为府吏，30 岁可以为布政司吏，36 岁可以为部吏，42 岁可以选为未入流杂职，积 9 年考满，51 岁才能够为从九品杂职，按照 70 致仕的习惯，充其量也就是正八品，能够当上正七品的县太爷，就算是祖上坟头冒烟了。既然政治没有前途，他们也只好退而求其次，能够在胥吏的位置上谋取最大的利益，就成为了他们的最高追求。

其次，贱吏政策使胥吏没有经济上的利益。胥吏没有俸禄，只有工食银，一般也就是年收 12 两，按照明初的生活标准，至多够一家三口的温饱，而随着物价上涨和通货膨胀，这点收入连个人生活都难以维持。在没有政治前途的情况下，又没有经济利益，而在政治运作过程中，也分不出哪些是官员的职权，哪些是胥吏的职权，他们在民众的眼里都代表官府、拥有权力，所以上欺官府、下压百姓，以权力换钱财便成为他们的共同追求。

再次，贱吏政策没有改变官府的政治运作形式。胥吏是官府与民众的连接点,在政务运作过程中,官府必须通过胥吏来完成对人民的治理,而官是有任期的,而且有回避制度,本地人不能够为本地官,因此于民风民情难以洞悉;胥吏都是本地人,虽然制度上不允许他们久任,但通过更名改姓,往往可以世代为吏,传子传徒,已形成根深蒂固的关系网,因此他们虽地位不高,却握有实权,能利用自己的特长把持官府,是举足轻重的一群人。

胥吏为奸,败坏政治,几乎成为朝野公认的事实,朝廷也不遗余力地对胥吏加以制裁,但却始终不能消除胥吏擅权。因为官和吏都是王朝管理性能的主要体现者,又是官僚政治腐败在体制上的源头。处于一个政治体制之内的官和吏,既有相互依存和利用的一面,又有相互排斥和冲突的一面。相互依存和利用,是因为行政运作中需要胥吏的辅助;而官场腐败,官员的贪赃枉法,不可能制止胥吏的舞弊侵盗;个别官员的清廉守法,也不可能解决胥吏的生计,当然更不能堵塞胥吏谋利的途径;官员所学非所用,缺乏从政经验,不可能不借助胥吏之手,也难免为胥吏所欺;官员对浩繁的文牍事例,难以事必亲躬,不得不求助于精通文牍事例的胥吏,也难免为胥吏所左右。胥吏的地位低下,也不可能不依靠官员的权力,借官威以成己私,舞文墨以成奸蠹是他们的眼前利益;胥吏的经济收入不足以养家,升晋前途渺茫,唯利是图是其最佳选择;胥吏盘根错节的关系网,能够上下串通、左右逢源,且熟悉本地政情,与官威相抗衡而自成一势,欺蒙和挟制官员也是难免。朝廷虽在法规上确认官员尊贵的地位,贱视和驾驭胥吏也是官员的权责范围,但在行政运作中,胥吏却起到了至关重要的作用。因此,在驾驭与反驾驭时,官与吏各能发挥其所长,彼此势均力敌。"力敌"意味着不是你去职便是我免役,"势均"则不是通力合作便是两败俱伤。一方以所长而攻其短,则一方占据优势,不是官驭吏使之奸弊无所生,便是吏欺官使之一筹莫展;各用其短,则难免沆瀣一气,不是狼狈为奸,便是通同作弊而利益均沾。官与吏的关系本来是建立在不正常的基础上,既有相互利用的一面,又有相互排斥的一面，还有荣辱与共和利害不同的一面。因此，彼此间的戒备必严、防范必深、排挤必烈，倾轧变成常态，权术阴谋成为攻守必备的伎俩。人性的卑鄙龌龊，人心的阴狠毒辣，人际关系的尔虞我诈，都极易在官场更为集中地暴露。这正是：

暗室中自有鬼神，倘昧余少昧天良，甘为一钱誓死。

公堂上谁非父母，最怜尔难宽国法，苦从三木求生。

以上是原山东栖霞县衙门大堂内所挂的楹联，是县太爷自做的座右铭。上联说的是不要昧良心而起贪心，因为天地鬼神有知，并以誓死不贪一文钱以自喻。下联说的是身为父母官，应该把百姓当成父母，虽然不能够违背法律而从宽，但也不能够用三木大刑去逼供。当然了，这些警语写在人人都能看得见的地方，是向民众以打赌的方式表态。其实越是喜欢把警语向别人宣传，越会出大问题，因为他们的"脸面"全靠利益和虚伪勉强撑着，如果能够自我约束，何必在人前信誓旦旦！要是廉洁自律，就应该从自己做起，何必用发咒赌誓来公诸于众呢！儒家所倡导的尽善尽美的道德标准，与现实因腐败产生的巨大财富诱惑之间，不但存在着强烈的反差，而且道德往往是可以伪装的，贪污腐败也是可以隐藏的，仅凭良心良知不可能揭示其中的虚伪，仅靠道德觉悟去解决官吏贪污受贿也不现实。因此，道德与法律、赏与罚，都是对立的统一体。仅谈道德而无法律，是无道德也；仅凭法律而无道德，是无法律也；赏太滥则等于无赏，罚不公则等于无罚。因此，无论是道德，还是法律、赏罚，都必须落实在实际上，而不是空谈。以法律而言，执法便是实施法律的最佳手段。那么，朱元璋又是如何执法的呢？他对道德与法律的关系是如何看待的呢？其赏是否滥？其罚是否公？

请看应从执法看惩贪 >>>>

117

应从执法看惩贪

朱元璋成功结束了元末纷争的混乱局面,完成了统一大业,并确定了有关军事、政治、法律、吏治、财政、文教等方面的大政方针,特别是于吏治方面,对官吏的选任、考课、监察、奖惩以及道德教育,都订立了相关的制度和措施,也取得了一定的功效。以朱元璋惩贪来说,他一方面实行重典,一方面修订可以图长久的法律,可以说是从"重典"向"常法"的过渡。

其实,无论是重典,还是常法,都属于法律规范问题,在具体实施上,只要严格按照法律规定而不打折扣,即便是恶法,对社会的发展不利,但还是能够体现执法的公正的。如果在执法方面有法不依,任意轻重,失出失人,甚至仅凭个人好恶来判定是非,不但会彰显恶法之恶,就是善法也不会为人所尊重。所以说,执法既关系法律的尊严,也关系社会的公正,更关乎人们对法律的信仰,实在是一个不可

118

忽略的问题。

那么,作为法律制定者的朱元璋,其执法过程中是否按照自己制定的法律而严格执法呢?还是因人立法、因人坏法呢?虽然在君主专制制度下,长期实行的是人治,缺乏健全的法制,法律常常因人而设,也因人而废,法律本身就缺乏稳定的机制,因而也很难受到人们的尊重,执法不公更是君主专制政体下的必然现象。为什么朱元璋重典惩贪影响那么大?后世又为什么褒奖者有之?批判者亦有之?在毁誉参半的情况下,应该从执法方面来分析问题所在。

在人类社会的历史上,法律规范和法律现实之间总会有差距,因此吏治好坏与吏治立法有一定的关系,但并非是因果关系。可以说立法是吏治清明的前提条件,但吏治清明并不是其必然结果,只有严格而公正的执法,才能将立法之因转化成吏治清明之果。朱元璋没有将其立法之因转化成执法之果的原因也就在于其执法始终存在着不公正。试举几例以析之。

洪武二年(1369),江西临川守御千户(正五品)胡朝宗,因为收受贿赂,按照法律要处以死刑,被押在刑部大狱等待执行。胡朝宗的父母救子心切,便来到南京。有一天,朱元璋到南京三山门办事,胡朝宗父母便去拦御驾,跪在道边痛哭流涕,被朱元璋看见,叫过来问讯,得知老两口只有这一个儿子,现在要被处死了,想到将来老了无所依靠,故此拦驾求皇帝宽恕。老两口的哀号,激起朱元璋的怜悯之心,便将胡朝宗免死,让他终养其父母。《明实录》将此事记述在册,为的是表明朱元璋宽大为怀,有仁厚之德,但没有想到朱元璋这样做便破坏了他既定的法律。如果所有犯罪的人都知道能够得到君主的格外开恩,便可以置法律于不顾,其法律还能够服人吗?被处死的人因为没有门路,便死而不服其罪;没有受到法律制裁的人,因为有门路就可以逍遥法外,法律尊严何在?

洪武八年(1375),江苏淮安府有人犯法,被判决杖刑,他的儿子愿意以身代父受杖,事情上报,朱元璋便与刑部说:"父子的亲缘关系

是天生的，但是也有一些不讲感情的不肖之子，亲人遭难也坐视不管。今天这个孝子以身代父受杖刑，其孝行可嘉，所以我要为孝子而屈法，并告知天下，做人一定要以孝心居先。"因此，赦免了那个人的杖刑，并向全国褒奖儿子的孝行。有此先例，就不要怪犯人将希望寄托在儿子身上了。在犯人的儿子们纷纷要求替父亲受刑的时候，朱元璋又不耐烦了，认为他们是受人指使，便不由分说将请求为父代刑的人处斩。在这种情况下，依然还有心存侥幸者，如滁州知州周某，因被判处死刑，其16岁的儿子周琬，便敲登闻鼓，请求代替父亲受刑。朱元璋认为这孩子是受到别人的教唆，便下令将之斩首。没有料到周琬并没有惊慌的表情，反而从容不迫，气宇轩昂，朱元璋为之感动，便赦免其父的死罪，发遣充军到边疆。想不到周琬并没有满足，再次向朱元璋提出请求说："边疆充军与斩首没有什么区别，都是一死。父亲死了，我这当儿子的活着还有什么意思，我愿意以死来赎父亲戍边充军之罪。"对于周琬的"得寸进尺"，朱元璋又怒从心起，下令将周琬绑赴市曹斩首，但没有想到周琬非常高兴，其慷慨就死、大义凛然的神情又感动了朱元璋，朱元璋最终将周琬父子全部赦免，还亲自题写"孝子周琬"四字，装裱在屏风上，并大张旗鼓地将之送回家，不久还任命周琬为兵科给事中（正七品）。这事看起来很感人，但任意赦免，朝廷的法律何在？一个16岁的孩子，仅仅因救父的行为就授予要职，王朝选官制度何存？自己设定的法律与制度，自己却率先破坏之，何人还能够相信法律与制度？

似这种子代父刑的案件，史料上并不少见，凡是被朱元璋知道者，都是采取屈法将他们赦免。如果说从提倡孝道的角度，朱元璋的做法应该无可指摘，但屈法赦免其罪，却破坏了法律的尊严，使人们只是相信万能的君主，而不信既定的法律，其最终结果是使法律没有了信任的社会基础，更不要奢谈什么法治了。

朱元璋重典治吏的方针政策，不能说不是法本圣贤，因为毕竟有"刑乱邦用重典"的古训。法律规定虽然严厉，但毕竟只是起到震慑与规范作用,而朱元璋执法的任意轻重,也就使重典只成为"徒法"而已。正如沈家本所言:"法之善者,仍在于用法之人,苟非其人,徒法而已"(《历代刑法考·刑制总考》)。朱元璋重典治吏的目标是整饬吏治,但其执法不公正既不能够将重典转变为绝大多数官吏的自觉行动,更给官吏们以法外开恩的希望。

朱元璋认为:"吏治清明的王朝,就在于上下信息相通,不能使君主的耳目闭塞,因此需要下情能够上达,知道政治的得失,以修订自己的政策,所以要广言路以求直言,凡是有所建言,朕都虚心接受,还恐怕微贱之人,敢言而没有办法上言;疏远之士,想有所言而恐惧不言;如果是这样,则朕所知就有限了,所闻也会不广。"于是,朱元璋让中书省传令,要求"天下臣民,凡言事者,实封直达朕前"。这种虚心纳谏,让天下都可以畅所欲言的做法,真是法本古圣先贤,让人钦佩,但实际上却不是如此,因为建言常常会遭杀身之祸。例如洪武九年(1376),朱元璋下诏求直言,而山西平遥县训导叶伯巨上书讲道:"分封太侈也,用刑太繁也,求治太速也",结果引起朱元璋的不满,将叶伯巨抓入狱中折磨致死。本来昭告天下说"直言无罪",却将直言者治罪,这是破坏自己制定的政策,也失信于天下。再如郑士利数千字的建言,直言空印案处理有些不妥,就被拘捕入狱"杂问",还不由分说将之充军江浦。朱元璋的所做所为,哪里有虚心接受的样子?所谓的求直言,不过是障人耳目,欲盖弥彰。

朱元璋猜忌多疑,也难免自以为是。洪武十三年(1380),朱元璋下令免去天下秋粮田租,不久又派郎礼前往江西去征收所欠田租。郎礼认为这样做是失信于天下,便拒不奉诏。朱元璋一定要派遣他去,郎礼坚决不去,结果被朱元璋杀死。郎礼的妻子痛失丈夫,便自杀殉夫了。朱元璋很是感悟,将他们夫妻合葬,既赐棺木,又赐祭祀,把丧礼搞得很隆重。朱元璋要的是令行禁止,但已经诏告天下免去田租,又派人去征收田租,本来已经失信于天下,却还不允许人提出意见,不但轻视了自己制定的政策,还与其整顿吏治的理念背道而驰,也难怪叶伯巨讲当时"法出而奸生,令下而诈起。故或朝信而暮猜者有之,昨日所进,今日被戮者有之"。执法的不公正,加之用严刑峻法使人知畏,也无怪乎朱元璋惩贪效果不佳,给人以"网得小鱼河虾,漏掉吞舟之鱼"的感受。

朱元璋曾经对左右讲:"人人都说天子居至尊之位,操生杀富贵大权,生杀赏罚可以自专。朕不是这样的人,凡出一言,做一事,都是兢兢业业,唯恐上违天命,下拂人情。更何况赏罚予夺,是国之大权,一旦有爱憎愤怒于其间,则非大公至正之道,是以朕之心对赏罚从来不敢疏忽也。"讲的是很有道理,还申明自己从来不以爱憎之心融入赏罚之间,而实际所为却不是如此。如朱元璋设立登闻鼓,允许臣民有冤申诉,自己亲自受理,并在自己颁布的《大诰》中,允许臣民直诉。有人便利用此规定赴京告状,但中间难免也有控告不实的情况出现。朱元璋认为这些都是好词讼的刁民,便不由分说地将这些人凌迟于市,还将首级传送其家乡枭示,全家人发往化外充军。退一步说,即便是有诬告,也可以按照诬告律去惩治,而大张旗鼓地将赴京告状的人凌迟处死,还传首枭示,那登闻鼓还有何用?这样的出尔反尔,何人还敢直诉?

朱元璋曾经对礼部臣僚讲:"君主操赏罚大权以统治天下,必在至公。如果没有善行而赏赐,这就是私爱;如果没有过失而惩罚,这就是私恶,这样做是不足以劝善罚罪的。"朱元璋深知"赏一君子而人皆喜,罚一小人而人皆惧"的道理,因此不希望自己在赏罚方面出现问题,所以准许臣僚在他处置不当时,"明白执论"。但是在朱元璋的淫威下,又有何人敢逆批龙鳞呢?如《大诰续编·追问下蕃第四十四》讲道:前军断事官、提控案牍司吏施德庄等,刑部官吏胡宁、童伯俊等十余人有贪赃枉法行为,朱元璋命令五军断事官、大理寺、刑部、都察院、十二道监察御史前往会审刑讯,采取的是刖足鞭背等刑讯手段,不到半天,就已经打死数人,存活者也已奄奄一息,且不说朱元璋公布此事时的洋洋得意,因为他们"各死于有罪,是其宜也",只说大小官员近百人前往会审观刑，却没有一个敢站出来说使用法律以外的刑讯手段有所不妥，可见在这些官员的眼里，根本没有什么法律，只有皇帝的圣旨。

再如，《大诰续编·妄立干办第十二》，对各级官府巧立名目派遣人员到下属地方者，这些派遣人员罪当处斩，如果被拿送京师，连官员也要枭首于市。《大诰续编·滥设吏卒第十六》，对额外设置吏卒的地方官及额外吏卒，全部采取族诛。《大诰续编·闲民同恶第六十二》，对闲民勾结官府，假称官府差人，虐害百姓者，予以族诛，地方官予以凌迟处死。《大诰续编·市民不许为吏卒第七十五》，对于市井无籍之徒充当皂隶、吏员、狱卒者加以淘汰，如果还有充当者，地方官与无籍之徒皆处死。在同一编之中对于同一罪名，这里规定处死、枭首，那里规定凌迟、族诛，自相矛盾，轻重难分，臣民何所适从？也难怪明初大才子解缙指斥朱元璋："令数改则民疑，刑太繁则民玩。国初至今，将二十载，无几时不变之法，无一日无过之人"（《明史·解缙传》）。这位少年才俊，不到20岁便科举考试名列第七，朱元璋因惜才，才没有治罪于他，仅将其发回家乡继续读书，10年以后再来朝廷为官，期以大用，实际上是想给子孙储备人才。

◎ 案情评点

本来朱元璋并不是完全不讲道理的君主，不过是恃强好胜，刚愎自用，如果多一些像解缙那样正直敢言的臣僚，敢于直言谏诤，许多执法不公正的问题还是可以及时纠正的，但是这些臣僚，一个个只会拍朱元璋的马屁，顺着朱元璋的意思，不敢有一点违拗的地方。偏偏朱元璋又是喜欢用重典的人，对律外用刑也毫不顾忌，明明有些人犯罪不至于处死，但朱元璋却卖弄自己的精明，引经据典地，深文曲折地，要将这些人置之严刑，方才觉得是法本圣贤。那些臣僚非但不敢劝解，遇到机会还要奉承几句，说什么乱世用重典，杀一儆百，明刑弼教的话，把皇帝吹捧为圣君明主。本来朱元璋是要按法律的规定处置的,但听了这些话,又轰轰烈烈地使用律外用刑,其不公正的一面便更加凸显出来。

尽管朱元璋的威风不可一世,但在惩治贪官污吏方面收效不大。正如解缙上疏讲:"陛下进人不择贤否,授职不量重轻",这是说朱元璋任人唯亲。"以贪婪苟免为得计,以廉洁受刑为饰辞",这是说阿谀奉承朱元璋的人,在吹捧君主圣明的时候,只想到自己的私利。"出于吏部者无贤否之分,入于刑部者无枉直之判",这是说臣僚顺从朱元璋的意图。解缙为了给朱元璋开脱责任,讲:"天下皆谓陛下任喜怒为生杀,而不知皆臣下之乏忠良也。"这是说皇帝圣明,臣罪该死,但敢于以天下言朱元璋"任喜怒为生杀",也不愧为敢直言者。

朱元璋一直将法律作为工具,在惩贪执法时,不是以是否贪污为标准,而是以臣下是否"忠君"为标准,对自己的亲信经常网开一面,实际上是容忍贪污。然而在君主专制中央集权制度下,官僚们都会窥测君主的意图,知道君主可以"取舍在于爱憎,轻重由乎喜怒",所以千方百计逢迎君主。于是乎,"苞苴或累万金,而赃止坐铢黍;草菅或数十命,而罚不伤其毫厘"(《明史·邱橓传》)。执法的不公正,使官吏们心存侥幸,而法律也就形同具文。重典所产生的后果更坏,因为执法的任意性会使人们不知所措。这正是:

> 三纲那可教,三尺竟谁操。枉直难为理,低昂信所遭。论才虚骏骨,绝命等鸿毛。浊世珠堪愤,宜君远自逃。(明·吴国伦:《甔甀洞续稿》卷七《有感再哭子教二首之二》)

吴国伦(1524—1593),字明卿,武昌府兴国州(今湖北省阳新县)人,嘉靖二十九年(1550)进士,初授中书舍人,后擢兵科给事中,因得罪权势显赫的严嵩父子,被贬为江西按察司知事,调南康推官,再调归德知县,二年后弃官回乡。1562年,严嵩事败,重新起用,历任建宁同知、邵武知府、高州知府、贵州提学佥事、河南左参政。其诗文与王世贞齐名。该诗所哭的子敬，是生员顾阑，在当地颇有文名，因为仆人牵马不慎，将其从马上摔下，折断踝骨，一时气愤，便将仆人殴打，被仆人告到官府，因县官以言语侮辱，便气愤不过而死，是"片言能辱士，几日遂捐生"，时年41岁。吴国伦作数首诗哀悼他，认为三纲岂能够败坏？国法究竟由谁来执掌？对县官的所作所为颇有非议。其"枉直难为理，低昂信所遭"，应该有名言警句的意义，因为是非、好坏难以分清，只能够相信时起时伏的命运。枉直真的那样难理吗？命运是不是时起时伏？从执法者的角度，只要是循情推理，不难发现是非曲直。朱元璋在执法过程中有没有循情推理呢？他发现案件中的是非曲直了吗？如果有，他又是如何进行判断和推理的呢？

请看恤刑易明慎刑难 >>>>

恤刑易明慎刑难

>>>> 案情回放

朱元璋有关恤刑的言论很多，不但散见于各种官修的史书之中，在《皇明宝训》中还有专门记述恤刑的章节。这似乎与其重典治吏、律外用刑相冲突，但仔细将恤刑与重典相比照，就会发现二者并不矛盾。恤刑是朱元璋在构建"常经"之法的同时，以"权宜"措置来保障"常经"之法的确立，更反映出朱元璋丰富的人生阅历与掌握政权以后的自信，宽严威猛，信手拈来，既有专制君主所共同崇尚的权术应用手段，又有猜忌多疑的秉性，还有许多非人格化的行为，于是乎，朱元璋便具有了人、鬼、神等多方面的特征，无论如何评价，都可以找到一定的依据。

从恤刑的角度来说，理论的成分大于实践，而要将理论付诸实践，尚有许多难以实施的因素。从慎刑的角度而言，其实践的成分大于理论，而要将实践上升为理论，并不存在难点，但是要做到慎刑，必

127

须推断案情,而案情的千奇百怪,就使慎刑变得很难。朱元璋是如何阐述恤刑的呢?又是如何将恤刑的理论付诸实践的呢?其又是怎样进行慎刑的呢?慎刑以后又有什么高论呢?试举几例分析之。

早在1358年,身为中书省平章的朱元璋,就命令提刑按察司佥事分巡郡县录囚,将各地方囚徒从轻发落。朱元璋的左右谋士们认为这是用法太宽,将来不好治理。朱元璋说:"用法如用药,药本来是为了救人的,不是用来杀人的,如果误服了药必然会害命的。那么法律本来是为了保护人的,不是用来杀人的,如果用法太过,则必致伤情害理。现在的百姓自兵乱以来,刚刚离开兵祸,如今归顺于我,正应该安抚他们,更何况他们中间有一时误犯者,能够都用严法处置吗?大抵治狱,都要以宽厚为本,稍微失去宽厚,便流入苛刻了。这是经书所讲的治新国用轻典,刑得其当则民自无冤抑,若执而不通,是不符合时宜是事。"朱元璋用药来比喻法律,药应该根据病情来用,法应该根据民情来施,在他需要争取民心的时候,希望能够用轻典以取得民众的支持。

朱元璋还曾经将法律比喻为水火,他认为:"水能够淹死人,火能够烧伤人,如果临深渊近烈火必然受伤害,远离则无害,因此水火能够对人有利,但也会对人有害。刑法也和水火一样,人们利用它是为了获得好处,并不是为了伤害人。所以说,法律如果不根据实际情况而乱用之,肯定会有许多人受冤枉。因此,用刑的根本在于钦、恤二字。"所谓的"钦恤",语出《尚书·尧典》,是指理狱量刑要慎重,不要滥施刑威。这两个字时常挂在君主和官僚们的口边,但在具体落实上,可谓是难上加难,因为它既关系政治统治的稳固,又关系法律的实施,而要按照这两个字的要求,使生者不怨,死者不恨,又谈何容易?

朱元璋对于重典的认识一直存在两种观点,时而以为"宽"能够得众,时而认为"猛"能够威众,是宽是猛,都有他的道理。比如说,他在与臣下讨论元代政治得失的时候,一些元朝旧臣提出元朝得天

下是以宽,失天下也是以宽的看法。朱元璋很不以为然,认为:"只听说有以宽得天下者,没有听说以宽失天下者。"为了阐明这个道理,朱元璋举例说:"好比人行走过急就容易摔倒,拉弓过急就容易使弓弦断掉,治理人民过急就容易逼人民叛乱,所以说身为君主的治理之道,正应该用宽,只听说宽能够得众,没有听说宽能够失众。"正因如此,朱元璋在与中书省丞相李善长等讨论刑法中的连坐问题时,臣下提出元朝政治崇尚姑息,所以民轻易犯法,如果不用重典,犯罪就会更多的问题时,朱元璋当即否定臣下的说法,认为:"民之为恶,好比是衣服上的污垢,加以洗涤,就可以使洁白无染。犯恶之民好比污染的衣服,导之以善,则可以使之悔过自新。如果用严刑峻法威慑而使民不敢犯法,那这种统治之术也太浅显了,更何况要在重典下求生,好比是于开水锅内取鱼,想得到活鱼都难了。"从这些话里可以看出,朱元璋好像是崇尚宽刑,鄙夷重典,但实际上他的所作所为却一直依赖重典,当他看到贪官污吏害民,便"心实怒之",为自己重典治国寻找理由。

"上有所好,下必甚焉。"看到朱元璋不断地使用严刑峻法,有些臣僚便开始迎合。如洪武十六年(1383),刑部尚书开济,将所拟巧密之法呈上,想取得主上的开心,却不想朱元璋没有领这个情,反而斥责说:"设立刑罚,本来是禁止民不要为非,使他们远离刑罚,并不是用来陷民于罪也。你这样伸张巧密之法,用来陷害无知之民,是不是用心太刻薄了!如果是竭泽而渔,必然伤及小鱼;如果焚毁森林来种田,必然会祸及小鹿小鸟;这样巧密之法,小小百姓能够避免其害吗?这可不是朕期望你做的事。"开济因此大为羞愧,孰不知他已经失宠了,等待他的将是自己所设计的密法。

说起开济这个人,原本是有一定才能的人,但凡人得财,都是得之难而失之难,得之易而失之易,顺入顺出,悖入悖出,只有辛勤所得,才能够心安理得,如果是飞来之财,可能就会有飞来之祸等着你。开济是河南洛阳人,通过走胡惟庸的门路,当上国子监助教,也不过是从八品的职务,既没有权力,又没有什么收入,与国子监生们打交道还需要真才实学,显然开济学问有限,又得不到什么好处,工作也不努力,于是在考核时便被上官以一个"病"字,勒令致仕,回到自己的家乡。但无论如何,曾经在国子监任过助教的经历,在家乡招收几名学生来教导,靠着束修还是可以为生。

开济从来也没有想以当村塾先生而了此一生,便动了走老乡安然的门路的念头。安然(1323—1381),祥符(今河南开封)人,元朝时以中书左丞守莱州知府,明军攻入山东,他便率众归附,被朱元璋任命山东参政。因有些政绩,在洪武二年(1369),便被调入京师为工部尚书,后来又到河南任参政,升为浙江布政使。洪武十二年(1379)再升御史台右大夫,次年改为御史左中丞,但没有多久便被免官,回到老家。就在这时,开济找上门来。一般来说,一旦官员被免职,大多数门可罗雀,谁也不会再登失势官员的门,而开济的到来,对安然来说,应该是个欣慰。也许开济也应该能够发达,因为不久安然便被朱元璋召为四辅官,在朱元璋左右办理文案之事,便将开济推荐给朱元璋。没过多久,58岁的安然便去世了,朱元璋亲自制文祭奠,也可能是对这位老臣的想念,朱元璋便把开济召到京师,破格任命他为刑部尚书。

一个从八品的助教,骤然升到正二品的尚书,可以说是一步登天。开济当然不敢怠慢,竭尽其所才,奏定许多制度,如设置各衙门的考功簿,考察官员行事是否勤怠;定三审五覆制度,内外奏札省去繁文,军民一般轻微犯罪即时办理而不用拘禁等。上任才几个月,内外监狱人犯大为减少,朱元璋也颇欣赏其才能,对他也是言听计从。得到朱元璋的青睐,开济有些忘乎所以,大有一朝权在手,便把令来行的感受,渐渐地用起巧诈。开济曾经在没有奉旨的情况下,以刑部名义行文督责其它官府衙门,这种以上级指挥下级的行事风格,可是朱元璋最忌讳的事。开济本来就心地残忍,如今执法,正好可以用法中伤人,凡是他不喜欢的人,便用深文巧法以入其罪,因此没有人能够从他罗织的法网中脱身。比如，开济与一位老乡有旧怨，便将其诬构下狱，令下属郎中仇衍等锻炼成狱，导致该人一家二十余口全部自尽。

开济的所作所为，哪里能够瞒得过朱元璋的耳目？但他还不知道收敛，对下属趾高气昂，出榜公示自己制定的条规，并在条规后以威胁的语言讲："本尚书到任已经很长时间，众人办事拖延时日及错误，我都采取宽大容忍的态度，如今有条规公布，如再有违犯，将严惩不贷。"开济对自己拟定的条规榜示非常自信，居然上奏，要求将榜张贴在宫中文华殿，以便让所有的朝臣都能够看到。殊不料朱元璋对此极为不满，对开济说道："这是告诫你僚属的事情，想要张贴在皇宫殿堂，这是臣下能够做的事吗？实在有失人臣之礼！"要不是开济叩头如捣蒜地连声谢罪，朱元璋恐很难饶恕他。有此警告，开济还不知悔改，又在刑部立下制度，要刑部官吏寅时点卯，戌时方能够出官署，也就是说，要官吏早上三、五点上班，晚上七、九点下班，工作时间超过16个小时。此事被朱元璋得知，又把开济找来切责云："古人都是以卯时出工，酉时收工，你现在让属员早上自寅时，晚上到戌时，他们还有时间奉父母、会妻子吗？"开济不听，依然我行我素。

卯时相当于现在早晨5至7时，酉时则为下午5至7时。那时的官吏从卯时开始进入衙门，有专人负责查点人数，按时到衙门者，在簿册上签到，所以称为"画卯"；官员依名册点名，则称为"点卯"；胥吏等应答，称为"应卯"；如果点名不在，则为"误卯"。从卯时到酉时，在衙门工作时间已经是12小时了，开济还嫌不够，仍然前后各展一个时辰。

如果说让本衙门的人加班加点，朱元璋责怪他，他可以不听，因为这毕竟是本部长官可以决定的事，虽然有失厚道，但毕竟没有违反朝纲法律。但开济接受死囚家贿赂，用别的死囚做替死鬼，则公然犯法了。此事被刑部狱官检举了，朱元璋传开济询问此事，他巧言掩饰也还能遮掩过去，但他回到刑部，便与侍郎王希哲、主事王叔徵相商，将检举的狱官在刑部狱中活活掐死，来了一个杀人灭口。

在朱元璋时代，想一手遮天、瞒天过海是不容易的。不久就有人状告开济，说他在洛阳家乡时，曾经偷过商人的驴，当商人悬赏找驴的时候，他得到赏钱才将驴归还。这只不过是说他人品不济，还不至于将其入罪，但告他强役其外甥女闫氏为女使，贪图寡妹的家财，则与风化人伦有关。原来开济的妹妹寡居以后，还有个婆婆在，开济贪图妹妹的家财，便把妹妹和外甥女接到自己家中，将财产尽掠取之，那婆婆想追回媳妇、孙女和财产，却被开济一顿棍棒打了出来。婆婆沿街乞讨喊冤，激怒了监察御史陶垕仲，便与几名同僚上疏弹劾开济。

陶垕仲等弹劾开济渎乱人伦，有伤风教，擅杀狱官等事，但这些还不至于将开济致于死地，而讲其务为两图，奸计莫测，却足以要开济的命。所谓的"务为两图"，即讲开济奏事时，将奏札藏于怀中，当皇太子办理政务时，他不奏明，却背着皇太子上奏，以"觇伺上意"。所谓的"奸计莫测"，即在朱元璋身边侍从时，得知有御制诗文，便请求朱元璋赏赐给他，然后将诗文刻成石碑，以夸大自己的声势。

朱元璋览奏，勃然大怒，立刻将开济并侍郎王希哲、郎中仇衍等进行廷讯，在众多残暴的刑具面前，开济等人知道事已至此，想要抵赖是没有用处的，所以将上述罪责一一具服，希图从宽处置，但朱元璋没有放过他们，而是不分首从，都将之诛杀。开济应该是罪有应得，当众人在朝堂讨论政事的时候，他自己没有什么见解，一旦朱元璋说话，便高声喊："真圣人、真圣人"，由此史家给其"阴毒狡险，外事谀悦"的八字评价，也应该恰如其人了。

陶垕仲，名铸，以字行，浙江鄞县人。洪武十六年（1383），以国子生擢监察御史，纠弹不避权贵。因弹劾了刑部尚书开济，且开济被朱元璋处死，所以他的直声动天下，也因此擢福建按察使。在按察使任上他也有所作为，诛赃吏数十人，兴学劝士，抚恤军民，所以得到朱元璋的褒奖。因为福建布政使薛大方贪暴，被他劾奏之。布政使与按察使乃是同僚，当然彼此不相让，相互攀咬，审讯后两个人都被逮至京审讯。最终确定政使薛大方有罪，陶垕仲可以官复原职，在陛辞的时候，薛大方提出解除他父母兄弟的军籍，得到特许。史称其"清介自持，禄入悉以赡宾客"。

在《明实录》里记载了几件朱元璋慎刑的案件，无非是要说明其皇天圣明，天生睿智，明察秋毫。但分析这些案件，还是可以看出朱元璋慎重刑罚的一面。

洪武四年（1371），礼部奏称：江苏镇江等地，百姓饲养用于祭祀的鹅瘦骨嶙峋。按照《大明律·礼律·祭祀·祭享》规定，供祭祀用的牺牲，要是喂养不得法，每一牲要笞四十，每加一牲加一等，最多杖八十。所以礼部提出要治养鹅者罪，另外还提出赔偿鹅的价钱。朱元璋批阅奏章以后批示道："以这样价值不大的物品去残害百姓，这岂是为政的体统？"不许将养鹅百姓治罪与罚款。礼部按照法律规定提出处罚，应该没有什么错误，但法律规定的"牺牲"是牛、羊、猪，虽然祭祀也有鹅之类的物品，但没有被纳入牲牢之列。礼部以"牺牲"来比附，当然要得到皇帝的批准，按照礼制，鹅虽然没有被纳入"牲牢"，却也是祭品，但毕竟与牛、羊、猪的价值不一样，所以朱元璋认为不必小题大作，其推理慎刑的一面在这里体现出来。

洪武八年（1375），湖州府缴入国库的三百多万官钱，在运往京城的过程中在扬子江遇风翻船，经过抢救，还是有一半的钱沉入江水。按照规定，这一半的损失要由负责运输的人赔偿，按例办理，这一部分赔偿的钱已经入库。因为当时江水里有钱，所以一些水性好的士兵，纷纷潜入江中去捞沉入水中的钱。地方官将捞钱的士兵捉获，按律要实施杖责，因为是比附法律，所以要上报朱元璋核准。《大明律·刑律·仓库·常人盗仓库钱粮》规定，只要是盗官府钱粮，即便不得财，也要杖六十，如果得财，就要并赃论罪，也就是说，按照80贯被判绞刑的规定，如果是10人共盗80贯，那么便不分首从，10人都按80贯计赃。可以说盗官钱的处罚是很重的，如果地方官将捞钱

134

的人计赃,按照法律,所有捞钱的人都要被处死,因为有150万钱落水,总价值达1500贯。朱元璋分析案情,认为地方官量刑比附都不准确。首先,官钱已经为押运者赔偿,沉入水中的便不是官钱了;其次水中不是仓库,也不能够按盗仓库比附。那么沉入水中的钱便是无主的,士兵们捞取就不应该说成盗窃,所以朱元璋责令地方官将士兵们释放。朱元璋的推理在当时被称为"天纵"聪明的表现,虽然有恭维之嫌,但也可以看出朱元璋在一般情况下,还是仔细分析案情的。

◎ **案情评点**

洪武二十六年(1393),大理寺奏:四川民以输粮违期及移易者,坐法当诛。朱元璋看完奏章,提出四川水陆道路非常险峻的问题,认为粮食运输确实困难,所以误了期限,即便是在缴纳场所买粮缴纳,也不应该算移易,只要是不欠钱粮,给民一些便利也是应该的,怎么能够都定以死罪呢?这是甚失爱民之心的事,所以将他们全部赦免,还给他们道里费遣送回籍,那些因病违期不能至缴纳场所者,派遣内官在途中给他们道里费;那些没有将税粮缴足者,就在本地缴纳,不再让民众运送缴纳场所,给民众纳粮以方便。朱元璋这一举措,是根据实际情况而定,既减轻了民众的负担,又保证朝廷税粮及时缴纳,应该是明智的。这正是:

善为国者,惟以生道树德,不以刑杀立威。(《明太祖实录》卷二百零六,洪武二十三年十二月癸亥条)

朱元璋对刑法的作用有许多论述,其中在恤刑、慎刑方面,口口声声地说"宽以待民",在立法方面总是强调"贵得中道",在执法方面又"宽猛相济"。由于是"宽以待民",所以有经济上与民休息,政治上给百姓以宽松环境的评价。因为是"贵得中道",所以制定了命子孙守之,永世不得更改的《大明律》。至于"宽猛相济",又是明初法制的一大特色,以重刑或重典为"权宜",以《大明律》为"常经"。那么,朱元璋真的是宽以待民吗?抑或是强化对人民的控制?还是其治民策略的表现?

请看奸顽良善如何分 >>>>

奸顽良善如何分

朱元璋对于"奸顽"和"良善"的论述很多,既体现其对社会极强控制的一面,又反映出朱元璋治国的方针与理念,更有其矛盾心理和多疑性格的表露,一位注重权术的专制君主的特征被淋漓尽致地展现出来。

朱元璋将臣民分为"奸顽"和"良善"两类。凡是"不从朕教"的,都被认为是"奸顽"。《大诰》四编,就有52处提到"奸顽",其中有"奸顽之志""奸顽交结朋党""奸顽无籍之徒""奸顽人户""奸顽之徒""奸顽夤缘作弊""奸顽偷出官物""奸顽之情""奸顽之才""奸顽豪富之家""奸顽强豪人家""奸顽苟合通奸""奸顽贪婪无厌""奸顽之心""奸顽诽谤""奸顽之户"等等,不一而足,这些都是重点打击的对象,遇赦不赦。如洪武七年(1374)实行大赦,朱元璋认为这种大赦"虽间释君子之过愆,而奸顽之徒得为漏网之鱼,使善良者含郁而

137

不伸",所以只将因公失误和因过失犯罪者赦免,其余真犯罪人概不赦免,是不能够"脱凶顽於侥幸,长奸佞於姑息"。

凡是谨从朱元璋所教者,便为良善;遵守其制定的制度法律,便是良民,是重点扶植的对象。《大诰》四编提到"良善",不是以"安""广"等字申明倡导良善,便是以"惑""压""欺谩"等语,对祸害良善者进行严惩,反映出朱元璋对"良善"的看重与肯定。

朱元璋所设的教,可以说既繁又严,稍有不慎,就会违反其教。比如说他要求人们都要各守其分,在自己的等级内生活,稍有违反,便是不从朕教,说起来几乎已深入到民众生活的方方面面。比如说住房,按照朱元璋的规定,百姓的房屋不许超过三间五架,盖多少房子可以不限制,但每所不得超过三间,还不允许用斗栱、以彩色装饰房屋,违者便是违制。此外,对百姓使用的器具、穿用的衣服首饰都有限制。朱元璋在《大诰续编·居处僭分第七十》讲:"一切臣民所用居处器皿、服色首饰之类,毋得僭分。敢有违者,用银而用金,本用布绢而用绫、锦、纻、丝、纱、罗;房舍栋梁,不应彩色而彩色,不应金饰而金饰;民之寝床船只,不应彩色而彩色,不应金饰而金饰;民床毋敢有暖阁而雕镂者,违《大诰》而为之,事发到官,工技之人与物主各各坐以重罪。"朱元璋认为天尊地卑,富贵贫贱都是不可逾越的,君主必须维护这些等级,因此不惜以重刑严惩这些逾分者。

维护等级制度,肯定社会等级差别,承认特殊权利阶层,对不同的阶层采用不同的对待方法,是专制王朝政治制度的重要特点,原本无可指摘,但朱元璋对民众生活干涉过多,以至于民众有动辄得咎的感受,其"宽以待民"的说法就值得怀疑了。

比如说,臣民学学唱戏,玩玩围棋,踢踢蹴鞠,不过是娱乐一下,也不会有多少伤风败俗的事,但朱元璋却认为这些都是不务正业。如他将军官军人学唱的割去舌头;下棋打双陆的砍去双手;踢蹴鞠的卸去双脚;作买卖的发边远充军。如果说从不允许军队经商的角度来看,作买卖的发边远充军也不为过,但从军人娱乐的角度,唱唱曲、下盘棋、踢场球也不会影响军人的士气，而朱元璋却不这样认为，他只想维护军风纪，不会想到使军人生活丰富多彩，所以严厉禁止这类娱乐行为。府军卫千户（正五品）虞让与其子虞端，因为吹箫唱曲，其上唇连鼻尖便都被割了。龙江卫指挥（正三品）伏颙，因为与本卫小旗（统领 10 人）姚晏保踢球，被卸了右脚，且全家被发赴云南。

对军人严加管教，还有军法的特殊性，那么对一般百姓生活的干涉，往往就毫无道理了。如洪武二十五年（1392）公布的榜文，不允许官民之家的儿童在剃头时留有搭头，即在头顶前部留一小撮头发，如果有留搭头者，就给阉割掉，还要将全家发边远充军；剃头的人也不分老幼，与被剃头的人同罪。再如，一般百姓的称呼也受到限制，洪武二十六年（1393）公布的榜文规定：不许将太祖、圣孙、龙孙、黄孙、王孙、太叔、太兄、太弟、太师、太傅、太保、大夫、待诏、博士、太医、太监、大官、郎中等字样以为名字称呼，如有违反者将治以重罪。又如，不遵守"乡饮酒礼"规定，按照主从、贵贱而"紊乱正席"，就要全家迁往化外。如果同姓为婚，按《大明律》规定是杖六十之后予以离异，而《大诰》却对这种行为采取处死。至于兄收弟妇，弟收兄嫂、子承父妾，姑舅姊妹成婚，在《大明律》虽然有绞、斩的规定，但在《大诰》和《榜文》却规定，不但要将犯人处以极刑，还要将全家迁发化外。更为离奇的是，在《榜文》中对于通奸，不分男女都予处斩，而按照《大明律》规定，不过是杖八十；那些做贼的、掏摸的、骗诈人的，不问赃物多少，都要被枭首示众。由此可见，要成为遵守朱元璋所教的良民，还真不容易。

按照朱元璋的理论，是君主养育了臣民，所以君主一声令下，臣民必须踊跃执行。君主以什么来养育臣民呢？就是"五教"和"五刑"。"五教"是父子有亲，君臣有义，夫妇有别，长幼有序，朋友有信。凡是违反五教者，便是奸顽，因此以五刑惩治，被惩治者都是"罔知立命之由，妄破家资，买嘱官吏，故犯宪章"，将他们惩治的"家破人亡"，乃是顺乎天、应乎人的大道。在这个理论下，凡是朱元璋看着不顺眼,或者看不惯的事,都是违反"朕教",都属于严惩不贷之列,所以"奸顽"之人多不胜数。

朱元璋认为,凡是"市井之民""无业游民""无籍之徒",都属于"奸顽"一类的人物,他们有的交结官府,有的犯奸做贼,是扰乱社会秩序的危险人物,"若不律外处治,难以禁止"。所以他要求里甲、闾阎、邻佑都要严拿"奸顽",如果知情不举,就要连带坐罪,甚至里甲两邻尽行充军,严重者还要枭令于乡间,因此在惩治"奸顽"的过程中,"良善"也会有不少受到株连,其中不乏无辜蒙冤者。如《大诰》所讲案例中,株连在百人以上的就有六起。

其一,《大诰·伪钞第四十八》讲两浙、江东西有伪造大明宝钞者,其中句容县民杨馒头等合谋伪造的人数很多,以至于自南京至句容的90里道路上,被枭首的尸体相望于道。不到一年,句容县村民又出现伪造宝钞者,朱元璋将邻里全部处死,牵连者至少数百人。

其二,《大诰续编·罪除滥设第七十四》,将苏州和松江府没有在册的,被称为小牢子、野牢子、直司、主文、小官、帮虎等帮闲在官的"市井之徒"2871人全部治罪,且按照每府不下2000人的计算方法,要各府清理帮闲,并将这些人都予以治罪。当时有一百五十余府,如果按照朱元璋的算法,就要有三十余万人,应该被治罪,所以朱元璋讲:"刑此等之徒,人以为君暴。宽此等之徒,法坏而纲弛,人以为君昏。"可见,朱元璋宁可当暴君,也不愿意当昏君。

其三,《大诰三编·违诰纵恶第六》,仅因为镇江坊甲邻里人等,没有主动协助官府擒拿"奸顽",便将坊甲邻里全部责罚去搬石运砖,于是乎,有空其家者,有不能存活者,还有逃亡者,株连甚众,其中也不乏良善之民。

其四,《大诰三编·逃囚第十六》讲苏州府、松江府、嘉兴府、湖州府、浙东、浙西、江西等地有逃囚,其中有被邻里隐藏者而与逃囚同罪者多矣;巡检弓兵受财故纵者与逃囚同罪者也不少;这些人不是被杀身,便是人口流徙化外,许多都是家破人亡。

其五，《大诰三编·递送潘富第十八》，就因为皂隶潘富潜逃，涉案者多达307户，其中"二百余家尽行抄没，持杖者尽皆诛戮，沿途节次递送者一百七户尽行枭令，抄没其家"。牵连人数少说也要上千人。

其六，《大诰三编·工匠顶替第三十》，对工匠不亲身赴工的204人都当作奸顽，"将幼丁老者发广西充军，复于家下，务要正身赴官"。如果再有不亲身赴工者，全家发往云南。

上述六个大案，应该说无辜蒙冤者不在少数，即便这些人有罪，也是轻罪重罚，故不可能不殃及良善，但实际上这六起大案却大肆诛连，对无辜蒙冤者是严惩不贷。

◎ **案情评点**

在朱元璋惩处"奸顽"的案件中，许多是"奸顽富户""奸顽富豪"。朱元璋认为有些富户与朝廷离心离德，只知道牟利，所以"富者田多诡寄，粮税摊派他人"，是亏损小民；还有些为富不仁者，"扰害乡民，欺压良善"；更有一些"买嘱官吏，故犯宪章"。因此，对奸顽豪强一直采取严厉打击的政策，允许被害人户或乡间耿直者，将那些"豪强之家"捉拿赴京，审讯得实，将豪强全家发往化外，并将田土赏给被扰群民。朱元璋大规模迁徙富户有3次，一是洪武初年迁徙江南富民14万户于凤阳；二是洪武二十四年（1391），迁徙天下富民5300户于南京；三是洪武三十年（1397），迁徙富民14300户于南京。将富户迁徙，便于朝廷对他们加以控制，而在抑制豪强的政策下，一旦发现奸顽富豪有不法行为，必然予以重刑处治，毫不姑息，以至于大家富户多以逾制失道而亡其宗。富民离开自己的家乡，不能够回籍看望，因此一到农闲，他们常常化妆为乞丐，以乞讨为名而回乡省亲扫墓，到来年二三月再回凤阳，一路乞讨一路唱凤阳花鼓，其中有词云："家在庐州并凤阳，凤阳原是好地方，自从出了朱皇帝，十年到有九年荒。"后来，这一做法竟然成为凤阳的民俗，一直延续到民国时期而不改。

严厉打击"奸顽富户",也使富户生活在恐惧之中。在《大诰》中有许多佃农不缴租,一旦富户索租,他们便将富户捆起来押送南京,有些被朱元璋查出奸伪,将佃农当作"骗害良民"者,便枭首示众,但也不乏有冤沉海底之人。如洪武十九年(1386),当朱元璋向全国臣民颁发《大诰》,允许臣民拿送害民胥役、老奸巨猾顽民之时,敲诈富户的人也就逐渐多了起来。当年,在浙江处州府丽水县,有位算命先生,到富室家中敲诈勒索,富室们并不买他的账,谁也不给他钱。于是,这位算命先生便来到南京告御状,说大姓陈公望等57人聚众谋乱。谋乱已经是重罪,再加上聚众,更是大案要案,朱元璋立即派锦衣卫千户周原往捕之。当时的丽水知县,南昌人倪孟贤,得知此信息,连忙召集本县父老询问有无聚众谋乱之事,得到父老们异口同声的否定之后,自己又微服私访,看见乡里大姓和乡民们男女耕织如故,一点异常现象都没有。回来以后,倪孟贤对僚属们说:"朝廷命我倪孟贤主管本县,唯一的希望是安抚这里的百姓,使他们安居乐业,如今要是让这些良善承受恶逆之名,这岂是朝廷任命我倪孟贤的意思呀!"于是,便具疏为陈公望等人诉冤,但害怕朱元璋不相信,便组织耆老40人前往南京,敲击登闻鼓鸣冤。经过法司的审讯,终于水落石出,是这位算命先生诬告,便将之按照诬告罪处死,还赐耆老酒食及道里费遣还。若不是丽水知县倪孟贤,陈公望等57人及其乡民们,且还不知道有多少人为之丧命。这仅是诬告之一斑,也难怪朱元璋在洪武二十四年(1391)的《榜文》中讲:"如今内外大小官员,贪赃坏法的固多,中间亦有守法度做好政事的。因是平日不肯同他为非,事发之后,所以被他诬指。比及朝廷辨明出来,正人君子已被其辱。"从此,朱元璋对诬告之人,哪怕是轻罪,也要重惩。

以微官而为民谋利益,在专制政体下很困难,但历史上也不乏为民请命者。如洪武二十四年(1391),龙阳县(今湖南汉寿县)典史青文胜(1359—1391),在本县连年遭受水灾,累计拖欠田赋至数十万的情况下,看到府县官不为民请命,还敲扑勒欠,以至死者相踵,心中不忍,但典史是未入流的小官,无权具疏上奏,于是便自己来南京,冒死请命。疏两上而石沉大海,青文胜感叹:"何面目归见父老!"决定以死明志,便写下第三疏,将之藏在发髻之内,来到登闻鼓前,在狂击一通之后,自刎于登闻鼓下,这才使朱元璋得知龙阳水灾实情。青文胜为民献身的义举,感动了朱元璋,下诏减免龙阳赋税 2/3,年纳稻谷 13000 石永为定额。这正是:

夫法所以治奸顽也,奸顽有犯,执法以治之,则良善者获伸矣。若纳贿而纵释奸顽,则良善之冤抑何自而伸哉?使良善之冤抑不伸,是不惟不能治奸顽,而又所以长奸顽也。(明·薛瑄:《薛文清公要言》)

薛瑄(1389—1464),字德温,号敬轩,山西河津人,明代著名理学大师。永乐十九年(1421)进士,历任监察御史、山东提学金事、大理寺少卿、大理寺卿、礼部侍郎、翰林院学士等职,晚年辞官居家讲学、著述,卒后赠礼部尚书,谥文清。著有《读书录》《薛文清集》。其为人光明磊落,所著多警言。薛瑄讲,法律不仅仅是为了惩治奸顽,还应该保护良善,如果良善得不到保护,不但不能惩治奸顽,还会使奸顽因此得志横行而越来越多。那么,朱元璋在严惩奸顽的情况下是如何扶植良善的呢?其所扶植良善的效果又如何呢?

请看察廉举孝褒循良 >>>>

察廉举孝褒循良

　　扬善惩恶是对立统一的孪生兄弟,所起的作用也是相同的。对一些官吏实行奖励,不但对所有的官吏有激励作用,还可以起到行政督责的效应,而奖励所起到的鞭策激励作用,往往比重典苛责更容易见到成效。

　　所谓对官吏的奖励,系指国家政权对在职官吏政绩突出、有特殊贡献、遵守政纪、法纪、清廉有声、谨慎供职等方面功绩和劳绩的奖赏和鼓励。历代王朝多把奖励与考课制度相结合,通过对官吏的考核,视其功劳大小,给以升职、加级、礼仪、物质等方面的奖赏。这些规制和实施,称为奖励制度。

　　从历代的法规来看,关乎奖励的条文不多,但实行起来却有一定的规制和条例。如在考课上有称职、平常、不称之分,称职在奖励之列;在考察上,"凡在流品人员,果有文武长才,通晓治体,廉洁者,台宪官具实迹奏闻"(《大明令·吏令》),凭以奖励;在县考于州,州考于府,府考于省,省考于中央的上下监临的考核体制中,上有上级的贤否考语作为奖劝的依据;中有同僚的诽然谤议以事相讦;下有吏民上书言美政、颂德政；上下左右都有可能影响到朝廷对官吏的奖励。当然，能够上得抚按藩臬之称赞，下得士绅百姓之美誉，乃是官吏获得奖励的基本条件。

朱元璋深知奖励的功效，他认为：君主是操赏罚以驭天下的，所以要秉公而行赏罚，凡是有功者，虽然有所憎恨也要赏赐；凡是有罪者，即便是喜欢其人也要处罚。赏必须要当其功，罚必须要当其罪，中间不能掺杂小嫌私意，不然就不能够服天下；更不能上违天命，下拂人情，要做到赏一君子而人皆喜，罚一小人而人皆惧，才可以服人。所以在从严惩治贪官污吏的背景下，朱元璋对官员中能廉洁奉公的人往往加以重赏，甚至不拘一格地提拔使用。

朱元璋对"旌善则善人劝"的道理，从来都是坚信不疑的，因此遇有善行可嘉者，总是以不秩之赏以鼓励群臣效仿，如对端复初的任用。

端复初（1321—1373），亦名端木复初，字以善，江苏南京溧水人，为子贡的后人。原在元江南行省任小吏，至正十九年（1359），被常遇春招至幕下，为朱元璋所知，任命为徽州府经历（正八品，主管衙门案牍文书）。他悉力辅佐地方长官进行治理，鼓励百姓开垦土地，并定图籍、均赋役，将元代遗留的积弊尽行革除，也因此被朱元璋提拔为吉州府通判（正六品），清理积案、平复冤狱，政绩也有可称。不久父亲去世丁忧，守孝期满，端复初被任命为刚刚成立的磨勘司令。磨勘司是明初短期存在的监察机构，主要负责监察、奏报各部司刑名、钱粮有无冤滥隐匿。凡钱粮米谷之出纳、货物之转运无不兼管，是重要的权力部门，因此在该部门任官者"多贪败"，而端复初因为"性严峭，人不敢干以私"，所以"独以清白免"。对于这样的人，朱元璋是很欣赏的，所以在洪武四年（1371），便超拜刑部尚书（正二品）。端复初当然也不辱使命，上任以后，在查处"杭州飞粮案"时就显示出自己的才能。

所谓的"飞粮"，就是以钱钞顶替粮食，以至于粮食不入仓，造成粮仓空虚。因为各地缴纳粮食运输的负担很重，所以各地方愿意以

钱钞代替粮食,而管理仓库者也可以从中得到使费。此外,在领取粮食的过程中,管理仓库者把领粮的贴批,分发到不同的粮仓让人去领取,也被称之为"飞粮"。无论是领粮者,还是缴粮者,只要是行贿,都可以得到便利,从中捞得好处,但粮仓往往是空的,一旦有急用则难以调运。这种弊端在元代就已经显露,是"诸仓通患莫甚于飞粮,飞粮自妄费(即行贿)始,能杜绝妄费,则飞粮自息。仓无飞粮,则曹司不得持官长短长,因而为奸"。"杭州飞粮案"牵扯百余人,属于大案,因此朱元璋派端复初亲往审理。端复初到达杭州后,将这些人分开囚禁,一一详加审问。然后将各自的供词加以比照,真伪立现,所以知府以下皆服罪。洪武五年(1372),端复初转任湖广参知政事,次年被召回京师而卒于任上。端复初曾亲书"心契上天、脚践实地"为座右铭。"心契上天"是要保持自我身心的高洁,不与世俗同流合污;"脚践实地"则是要求自己为官踏实勤勉、力行实政。

朱元璋用人敢于不拘资历,无论官员级别有多低,只要他认为其才足以胜任,便可以超授其职。如洪武十一年(1378),朱元璋对吏部官员讲:"朝廷悬爵禄以待天下之士,资格者为常流设耳。若有贤才,岂拘常例?今后庶官之有才能而居下位者,当不次用之。"于是将西安知府李焕文、宝钞提举费震,破格升为户部侍郎,还有95人被量才超擢郎中、知府、知州等官。注重才能是朱元璋选官用人标准的一方面,而廉洁和善政更是朱元璋用人标准的重要尺度。如汉中府知府费震,在汉中遭受兵火之后,又面临旱灾的时候,饥民们为了生存,便群起为盗。费震便将府仓储粮十余万石用于发贷救灾,及时安抚了饥民,邻境之民闻讯也前来求生,费震便给他们建房,将他们组织前来垦荒种地,到了秋天便大丰收,所贷之粮也全部还仓。不久,费震因他事被逮至京,朱元璋认为:"费震良吏也,释之以为牧民者劝。"不但没有将之治罪,还破格任用,升为户部尚书,而其事迹则被编入《明史·循吏传》。明初循吏的特点是廉洁和爱民,即便是犯罪,朱元璋也多能够屈法以贷之。不以法律制裁,固然可以作为奖励官吏廉洁与善政的一种手段，但常常屈法也会使法律失去尊严，但在朱元璋看来，这是自己操赏罚之道，以劝惩天下的最佳选择，孰不知统治者制定的法律，往往是统治者率先破坏之。

朱元璋在论奖赏时，总是申明不应该有私爱，但自己却很难除去私爱，往往因为自己所见一事一情，便行奖赏。如洪武三年(1370)，河南嵩县有位刘姓典史，按照当时的规定，任期满了以后要进京面见皇帝。朱元璋看见该典史身着衣服破烂不堪，就对中书省大臣说："地方官因为衣食原因，侵渔百姓的人很多，而这个嵩县典史贫困如此，岂不是做官廉洁的人吗？"中书省大臣便借这个机会，向朱元璋说刘典史当官如何廉洁谨慎，朱元璋听了十分高兴，就命令以棉布丝绸赏赐于他。这是在当时传为佳话的事，表面看起来是朱元璋奖励廉洁，但仔细分析，其间有无弊端，也很难说。这让笔者想起清嘉庆皇帝也尚俭朴，在召见臣下时，看到臣下衣服破旧就认为是清廉，往往给予重用，于是满朝文武都穿破旧的衣服，朝堂上犹如一群叫花子。这时，有位知县被行取到京，按例应当引见，负责引见的官吏告诉这位知县，见皇帝的时候，应该穿破旧的衣服，不然会耽误自己的前程。这位知县因来京升官，刚刚制备下光鲜的衣服，没有带破旧衣服，引见时也没有换装。果不其然，嘉庆帝在引见时就有不高兴的表情。这位行取知县在引见快要结束时，便讲自己知道皇帝喜欢俭朴，自己并不想穿着光鲜衣服入见，曾经到京城商铺去买旧衣服，发现旧衣服的价格超过新衣服数十倍，自己没有钱来买，所以才穿新衣服入见。听到此，嘉庆帝也只有默然不语。提倡俭朴是应该的，若以俭朴来伪装自己，其人品也就有问题了。刘典史的官虽然不大，但按照当时的俸禄及消费水平，置办件体面的衣服来见君主也是人之常情，而故意穿着破烂不堪的衣服入见，实在是不符合情理，朱元璋赏赐他，实际上是倡导官员伪装自己。是不是自此以后旧衣贵于新衣，史料没有记载，也不敢妄测，但从这位典史只留下此事，以后便默默无闻的情况来看，其伪装的成分是明显的。

洪武四年（1371），刑部在搜查狱囚私人携带物品时，搜检到一些私人信件，便奏报上来，朱元璋在翻阅这些信件时，看到江苏吴兴县王升写给儿子的信，其中讲道："凡当官必须要保持廉洁，贫穷是士人所持根本。古人常说：贫乏不能生存，这是好的契机。当官安抚人民要以仁慈为心，报效国家要以忠诚勤劳为本，对待自己要以谦虚敬重为先，进一步修身要以学习为务。如果有闲暇时间钻研儒家经典和历史书，至于先儒大家所谈道德修养的书，也要潜心领会，才能理解的透彻，则自然不会产生邪念。又要熟读律令，则会遵守法律而遇事能明辨不疑，因为当官和学习是不能偏废的。如果有人来时，顺便买附子二三枚、川椒一二斤，一定要纳税以后送来，其他东西我都不想要。"

王升儿子王瑱时在甘肃平凉为知县，王升托御史台幕官宇文桂送信给儿子，结果被查获。他们没有想到朱元璋读了这封信能够嘉叹良久，还亲自赐以手诏，其中有云："朕备尝艰难，灼见世情，习俗未移，贪婪者有如蝼蚁蝇蚋，不知悔悟，若是者，岂是慈父之失教耶？抑其子之不听其训耶？今因阅汝私书，知汝之善教，能以忠荩之言丁宁其子，子之贤否，虽未可知，然薄俗中，睹此家训，谁能出其右哉！劝善惩恶，移风易俗，实有国之务。兹命中书遣使赍诏往谕，赐白金百两，绢十匹，附子五枚，川椒五斤，以旌尔贤。"不但将王升当场释放，还免去其家的徭役赋税。

一封书信使朱元璋感动，不但赦免其罪，还进行褒奖，免去徭役赋税，这从劝善方面树立典范来说，应该是无可指摘的，但从法律角度来看，却是不能够恭维的。当以牺牲法律为代价进行表彰，不但使人们看不到法律的作用，还会使人们只见到皇帝的私恩，更不能从根本上移风易俗，是足以长其奸而促其伪的，因此言行不一也就容易成为社会风尚。在读明人的文集时，往往被他们侃侃而谈的警语所感动，觉得作者就是个正人君子，但当了解到其所作所为时，则完全不是这样的人，未尝不是这种彰显所促成。

洪武十八年(1385)，丹徒知县吴孟通、县丞郭伯高，以事当就逮治罪，便有耆民韦栋等数十人诣阙上书，说知县、县丞抚民有方，公举他们留任。朱元璋接到耆民们的上书之后，便特命将知县、县丞释放回任，还遣使带酒劳问，颁发玺书，说丹徒父老诣阙举留知县、县丞，自己感到惊异，一定是你们所作所为能够感动他们的心，是"狂澜之中，砥柱屹然，疾风之余，劲草不偃，尔实有焉"。在这里还申明自己实施赏罚的标准是"赏无私赏，必因民之所共好而赏之；罚无私罚，必因民之所共恶而罚之"。一切都以民之好恶为标准，才能够显示出至公。对于耆民韦栋等也加以褒奖，指出："官之贤否，民情为验"，因为你们的保举，使朕知道官得其人了。

在当时，有耆民诣阙为州县官歌功颂德和申请免罪者，还有数起，朱元璋都劳以尊酒玺书，州县官们得以官复原职，耆民们被赐酒，还给道里费以礼送回家乡。对于这种非制度与法律规定的行为，侍臣中有人提出："县令抚民职所当然，陛下加以厚恩，待之至矣。"认为朱元璋这样做有些过头，违反制度规定，但朱元璋却不以为然地说："朕以前在民间时，曾经见到过许多县官，凡是由儒者充任的，大多迂腐而荒废政务；凡是由吏员充任的，大多奸诈而玩法害民。元末的弱者不能聊生，强者去而为盗，都是这些府县官不得其人所造成的。现在有县官能够得民心，就应该嘉奖，更何况为政以得民心为本，这些县官是民爱而留之。如果县官不才，民疾之如仇雠，唯恐其去之不速，岂肯让他再留任下去？即此可以知其贤否矣！"朱元璋认为这样做是赏而劝之，非滥恩也。

◎ **案情评点**

朱元璋博采前代政治制度，在完善自上而下的考课监督制度的同时，也加强了横向的监督汇报制度，同时还采取了民陈有司贤否、民拿贪官污吏进京、耆民奏有司善恶等特别措施，不但从制度上加强对官吏的考课监督，而且动员民众，进而构成了一种上下左右监督之势,使官吏处在四面包围之中。但朱元璋自以为这不是"滥恩",孰不知这正是没有依法办事的行为,破坏了既定的制度与法规,也给一些官员利用民意以谋私利提供了方便。这些官员可以"奉承乡绅,听他说人情,替他追债负,不顾百姓遭殃。搪抹生儒,要他颂德政,要他留朝觐,总只黎民出血。待衙官,非重礼不与差委,非重赎不与批词,个个都为挣子。待吏胥,曾打合便多承行,善缉访即多差使,人人尽是用神。上司贪的与钱,不贪的便寻分上。考语上常是以瑕作瑜,考察混得便朦胧,难混便极钻营,每次捉生替死"。因人说话,看人办事,佞幸奸贪俱全,反而上下说好,人治社会给这些人创造了活动的空间,也就无怪贪官污吏横行天下了。

朱元璋仅凭一己之见而滥施奖赏,实际上是凸显奖励制度的负面效应。在这种情况下,不但其公正已令人怀疑,即便是不公正也难以令人置信。于是,"当今之制,循吏无所变化,酷吏不能纵极,则是善恶咸绌也,故人怀苟且之意,表饰虚美,便伺上旨,求适己利,公绰之行损矣"。原本应是公正尺度的奖励制度,却变成不公正的渊薮,这是朱元璋所始料不及的,也与其奖赏的初衷相背离。这正是:

暑雨天晴江汉清,寰中击壤贺升平。群卿尽职入风古,省身修己合上明。(明·朱元璋:《济时雨》)

朱元璋喜欢写诗,不能说其诗有多高艺术水平,但诗言志,从诗中也可以看到其抒发自己情感的一斑。一场及时雨的到来,他所想的是天下升平,群臣尽忠职守,不但自己要省身修己,臣民也要都来省身修己,进而构建其理想的大明帝国。那么朱元璋在操纵赏罚大权的时候,是如何要求臣民省身修己的呢?与其赏罚相适应的申明亭、旌善亭又是什么时候建立起来的呢?这两种亭都发挥了什么效用?又是如何成为历史遗迹的呢?

请看申明、旌善亭何在 >>>>

申明、旌善亭何在

>>>> 案情回放

公元 1372 年早春二月，大明帝国的城市到乡村开始大兴土木，纷纷在建造名为"申明亭"的建筑。这是因为朱元璋认为乡村百姓不知道朝廷的禁令，往往误犯刑法的缘故，所以下令在内外府州县及其乡之里社皆立申明亭。按照规定，凡境内人民有犯，书其过名，榜于亭上，意在使人有所惩戒。这是仿照三代乡党闾里之制，有教民之遗意，意图将全民纳入王朝教化体系的措置。

与申明亭相对而立的是旌善亭，史料里没有讲旌善亭是何时开始修建的。洪武十八年（1385），朱元璋命令礼部将有善政著闻的官员事迹，揭榜于其乡的旌善亭内；命令刑部将内外诸司官之犯法罪状明著者，揭榜于申明亭。从以示劝戒的目的来看，旌善亭至少应该在此之前就已经普遍存在。在明代所编纂的县志中，凡是有图者，一般都标明二亭所在，申明亭在左，旌善亭在右；而乡村的二亭建筑所在，县志多没有记载，大约也是左右相对。申明亭内书写恶人恶事，旌善亭内书写善人善事，这就使二亭成为乡村活动的中心，一些与之相关的制度也围绕着二亭展开。

明代乡里组织是里甲制和保甲制并存，在城市编坊、近郊编厢、乡都编里甲，"以一百一十户为一里，推丁粮多者十户为长，余百户为十甲，甲凡十人。岁役里长一人，甲首一人，董一里一甲之事。先后以丁粮多寡为序，凡十年一周，曰排年"（《明史》卷七十七《食货志》）。里长的职责是追征钱粮、勾摄公事以及平息里内百姓争斗。除里甲之外，明初还在浙江、南直隶、湖广、江西、福建等省区设立粮长，负责田赋催征、经受和解运。此外，洪武二十七年（1394），朱元璋下令设置里老人，使之办理一乡之词讼。明代中叶，为配合当时军事需要，一些地区在里甲的基础上开始实行保甲，以十家为牌，设牌长，实行连坐；五至十牌为保，设保长。保甲的重点在于维持地方治安。

"里老人"就是在二亭建筑出现以后设立的。最初由每里推选一年高有德之人为老人，里长襄助其事。里老人定期在申明亭内向里中编户宣读并讲解《大诰》《大明律》《教民榜》，职司教化。按照朱元璋《教民榜》的规定："民间户婚、田土、斗殴相争一切小事，不许辄便告官，务要经由本管里甲老人理断。"不经由里老理断的，不问虚实，先将告状人杖断六十，仍然要发回里老去评理。因此，里老人的职责是"掌教化"和"理词讼"。这些里老人"坐申明亭，为小民平户婚、田土、斗殴、赌盗一切小事，此正役也"。也就是说"理词讼"为其主要职责。为了裁判公正，"又于里中，选高年有德、众所推服者充耆老，或三人，或五人，或十人，居申明亭，与里甲听一里之讼，不但果决是非，而以劝民为善"。里老人与耆老共同剖理民间词讼，既要遵循朝廷法律，又要考虑民间规则。

在教化方面，洪武三十年（1397）又设立木铎老人，在各乡里内选举年老或瞽者，每月六次，持木铎徇于道路，朗诵《圣训六言》，即："孝顺父母，尊敬长上，和睦乡里，教训子孙，各安生理，毋作非为。"

旌善亭

这些木铎老人的职责就是宣传圣训,其本人则免去差役,还有一定酬劳,如果宣传不力,可以被官府革除其役而另选他人。此外,朱元璋还命令每个村庄都设置一鼓,在农忙季节,清晨鸣鼓集众,要求农民在田边集合,由里老人训话后,努力耕种,对于怠惰者,里老人可以督责之,而里老人不劝督怠惰者也有罚。另外,朱元璋还要求民间,一旦遇有婚姻、死丧、吉凶等事,一里之内互相赒给,不限贫富,随其力以资助之,希望通过这种互助,以使人相亲相爱,敦厚风俗。那么朱元璋的乡村制度设计是否按照其设想而运作呢?其对申明亭、旌善亭的功能又有哪些调整呢?

洪武五年(1372),申明亭普遍建立以后,地方官及乡里为了执行朝廷的严令,不使亭内没有恶人恶事可记,于是民间稍有过犯者,便将他们的姓名及罪责书写,置于亭中,有些地方还以为这样不足以示惩,除了在申明亭榜示他们的"恶迹"之外,还在其家门口的户口牌上书写其"恶行",并且建立黑色封皮的"纠恶簿",使这些人在乡里遭人鄙夷,成为全家之辱。说起乡村,也不会有什么大事,如果不是盗贼生发,杀人越货,无非是户婚、田土、钱债、骂詈、斗殴、偷窃、赌博等小事。于是乎,结婚媒证财礼不齐,田土侵越一锹之地,钱债欠几文钱未如期归还,骂人牵连父祖,斗殴伤害皮肉,偷窃些许粮麦瓜果,赌博少许输赢,举凡游惰、赌博、酗酒、打架、好奢、抗粮、唆讼等,都成为"恶迹",且为终身之玷。朱元璋认为,这样的小罪过大多数是良善之人一时过误,如果使其成为终身之累,对他们来说,就没有自新之路了。所以要求礼部议定申明亭书写罪责的范围,要求给一些小罪过者以自新的机会。

洪武十五年(1382),礼部将新规定呈上,得到朱元璋的批准执行。礼部新规讲,申明亭仅将犯十恶、奸盗、诈伪、干名犯义、有伤风俗,及犯赃至徒者,书写罪状姓名,以示惩戒。至于那些户婚、田土、钱债、骂詈、斗殴、偷窃、赌博等杂犯小罪,以及因公失误,因私过错,只要是与风化无关,就不用书写在申明亭内,为的是给良民以自新之路。此外,对那些私毁亭舍,除所悬法令,及涂抹姓名者,都要予以治罪。按照《大明律·刑律·杂犯·拆毁申明亭》规定:"凡拆毁申明亭房屋及毁板榜者,杖一百、流三千里。"并且要求监察御史、按察司官,以时进行巡视,一旦发现有毁坏申明亭及亭内陈列者,立即按律予以治罪。

在朱元璋时期,这些里长、里老人、木铎老人、耆老等,专理本里的事情,其权力与知县不相上下,而在朱元璋号召民众捆送贪官污吏的情况下,这些乡里老人可以把持知县,对地方官有很大的监察作用,因此被尊为"方巾御史"。后来朱元璋扶植官威,地方官权力得以充分发挥,他们剥克老人如贱役,乡里老人的威风已经不在,虽然州县官对他们打骂是家常便饭,但是他们也借助州县官的权力胡作非为,成为地方上的恶势力。

与申明亭相对而立的旌善亭,是在稍晚时候建立起来,亭内设立红色封皮的"劝善簿",凡民间有孝子、顺孙、义夫、节妇者,便将他们的事迹书写成揭文,张挂在亭内。一年以后,若其善行始终如一,则向官府申请免去他们的徭役,或旌表其门闾。

申明、旌善亭制度在推行过程中,往往是申明亭内揭示"恶人"多,旌善亭中表彰"善人"少。在当时为国子监学正(正九品)的陈潜夫,曾经足迹所至大明帝国的南北府县及乡里,看到申明亭内所列姓名甚多,而旌善亭中却几乎没有列有姓名时,认为并不是没有善人,只不过人们不愿意称人之善,所以善人的事迹得不到传扬。比如说,他曾经到昆山县,在那里的旌善亭内揭有王姓节妇的事迹,而另有一名李氏节妇,其事迹同样非常感人,却不能够在旌善亭内揭示,仔细询问缘故,才知道王姓家里资产丰厚,李氏家里甚为贫寒,因此乡里不为李氏申请旌表,从而人们不知道李氏的事迹。从李氏不能得到表彰的情况来看,他认为类似这样的善人而默默无闻于世者多矣,因此感叹说:"是可伤也,是可伤也。"于是便为李节妇作传,该文的传播使一些公卿士大夫也随之感叹,作了许多诗词歌赋以颂扬李节妇,但李氏最终也没有得到旌表。看来要想进入旌善亭被揭示为"善人",必须有雄厚的资产;而申明亭所揭示的"恶人",则多是穷人,如果有钱,他们不会被列名于黑色"纠恶簿"的。

那位李节妇,名叫李惠,19 岁嫁给本县平民水德,两年以后守寡。其为人贤惠,又才 21 岁,所以要以礼聘其为妻者有数十人。李氏坚守礼教,拒绝所有的求婚者,于是就有人请来能说会道的媒婆相劝。媒婆向李惠讲明利害关系,认为夫人既然没有孩子,将来有谁为你养老呢? 更何况你婆家贫穷,你现在生活都难以维持了,不如找个可以托付终生的人家,生下五男二女,就可以受用无穷了。李惠则认为,夫者天也,岂能够有二天? 丈夫早死而没有儿子,这是我的命,我只知道守义,没有想到其它,你们如果逼迫我改嫁,我就自杀。这样坚决的态度使礼聘者无可奈何。洪武六年(1373),李氏宗族中有人犯罪,被押解到南京刑部大狱,按照当时的法律,凡是同产的宗亲都应该连坐。于是在昆山县主管此事的书吏,便以此要挟李惠说:"你如果肯嫁人,我就可以使你们李氏后人能够不受牵连,不然所有的人都不能够免祸。"李惠面对威胁,大义凛然地说:"如果礼义在危急的时候可以抛弃,还成什么礼义? 我已经决定遵从礼义了,虽然因此受到诛戮,我也不后悔。"有人劝说李惠,你就说自己寡居,与李氏没有关联,不就可以免祸了吗? 李惠不从,坚持说自己是李氏宗族。经过上官的审问,得知其是寡居,又对她的义行倍感钦佩,于是将其事迹奏闻,得以免受牵连。等到李惠回到家乡,李氏的所有财产都被没收,自己已是房无一间,地无一垄,只好借贷一些钱,租下三间破屋,靠自己纺织缝纫生活,还收养了李氏寡妇孤女数人。依靠自己的劳动生活,几名寡妇孤女聚在一起,"闺门雍睦",虽然生活清苦,但也怡然自得。

陈潜夫为其作传时,李惠已经守寡 24 年,旌善亭中却不表彰她的事迹,而且还有流言蜚语。当然,按照现代的标准,李惠的行为也许值得商榷,但按照朱元璋当时所提倡的道德,其行为不但应该表彰,而且可以树立为样板,在全王朝进行宣传。可就是因为她家穷苦,所以并没有乡里老人及地方官对之褒奖照顾,亦可见旌善亭非为穷人所设。那么,朱元璋在旌善亭中都褒奖什么善行呢?仅从《明太祖实录》所载旌表事例中选择几例,就可以看出朱元璋所认为的善行是什么。

就在李惠没有被旌表的洪武十八年(1385),朱元璋旌表了两名节妇,一名孝子。节妇是陕西华阴县民王德妻李氏,渭南县民王卜妻左氏。她们的事迹都是夫亡守节不易,还能够孝养公婆,于是旌表其门曰"贞节",还免去其家的赋税徭役。孝子是广西桂林府临桂县民李文选,他早年丧父,很孝顺其母亲莫氏,好吃的给母亲吃,好衣服给母亲穿,早晚侍候,从不懈怠。母亲高兴他高兴,母亲不高兴他便千方百计安慰母亲,直到母亲高兴为止。对兄弟也非常友爱,乡间宗族都夸奖他。朱元璋同意将他的事迹在全国旌善亭内予以揭示,号召全国学习。按照这样的标准,李惠也应该得到旌表,但却没有被旌表,所以当年陈潜夫上书言"奖直臣""简师儒""厉廉耻""审用人"四事,其第三事"厉廉耻以厚风俗"认为,如果人不知耻,则无所不为,虽然可以绳之以法,但还是不知改过;因此只有使他们知道廉耻,让他们都懂得惭愧和自省,才自然不会有犯法者,这样便可以有刑措而不用,民风也会淳厚了。对于这些,朱元璋也只不过是"嘉纳之",因为他自己有"厚风俗"的手段,不用臣下来开导。

朱元璋的旌表却是有些不人道之处。比如说他旌表那些残害自己的身体,剐肉割肝煮粥用来医疗尊亲疾病者,便足以让人指摘。如洪武二十四年(1391),旌表龙江卫卒丁歪头,应天府上元县徐真童。前者割肝和粥以治母病,后者割肝以食父母疗病。洪武二十五年(1392),旌表徐州民王僧儿,因其割肝和汤以进母食之,治愈母亲的病,朱元璋亲题"孝行之门"。洪武二十六年(1393),旌表广武卫卒陈礼关,因其割肝煮粥以啖母,母病得以好转。此外割肝疗母者,有济南府长山县民王德儿,应天府上元县民姚金土;割肝疗父者,有北平府昌平县民刘驴儿，松江府上海县民沈德，这些人都得到旌表，他们的事迹在全国旌善亭内予以揭示，使当时割肝治疗父母成风。此外，朱元璋还旌表过许多卧冰为父母祈祷疗病的孝行，也促使卧冰者比比皆是，地方官因习以为常，而不与申请旌表，以致卧冰者大闹地方衙门的事时有发生。

洪武二十七年（1394），山东青州府日照县民江伯儿，因为母亲有病，便割自己的肋肉给母亲疗病，见病没有转好，便杀掉自己3岁的儿子祭祀神灵，碰巧母亲的病痊愈了。地方官认为这种孝行太感人了，便申请旌表其门。想不到朱元璋居然大怒讲："父子天伦至重，礼父为长子三年服。今百姓无知贼杀其子，绝灭伦理，宜亟捕治之，勿使伤坏风化。"便下令将江伯儿杖一百，并充军谪罚于海南。为此，朱元璋要求礼部制定《旌表孝行事例》。礼部根据朱元璋的指令，勒定了《旌表孝行事例》，认为"割肝刲股或致丧生，卧冰或致冻死"。这种丧生的行为，会导致父母无人赡养，独子的还会使宗祀永绝，是大不孝的行为。为什么会出现这样多卧冰割肝现象呢？礼部认为，都是因为这些愚昧之徒希图以这种惊世骇俗的行为得到旌表，以逃避朝廷赋税徭役的心理所致。不过，礼部也不能够强制人们改变习俗，因此只禁止割肝与杀子，而对于割股卧冰的行为并不禁止，但已经不对这种行为进行旌表了。

◎ **案情评点**

从朱元璋节妇的事例来看，大凡是夫死以后，妻为之殉葬者，都可以得到旌表，因此当时社会勒逼未亡妇殉节的事情相当普遍。因为受到旌表的节妇可免除本家徭役，这在徭役负担颇重的当时，应该是相当优厚的奖赏。为了这些利益，一般在丈夫死后，亲属族人往往逼迫妻子自尽殉夫，以期得到旌表的优惠。按照当时的规定："凡妇人夫亡无子守志者，合承夫分，须凭族长择昭穆相当之人继嗣。其改嫁者，夫家财产及原妆奁并听前夫之家为主。"妇女没有财产处置权，连自己带过来的妆奁都无权处置，况且许多宗族不允许寡妇改嫁，而按照规定，寡妇必须守寡30年，到50岁以后才能够旌表。因此，逼寡妇殉夫是宗族和家族获得利益的最佳选择，因为只要是殉夫，就有旌表。守寡30年以后申请旌表，手续繁杂，成功可能性也小。于是逼迫寡妇殉夫，便成为家族的最佳选择。可怜殉节妇女魂，桑梓流芳为家人。当时大明帝国的城市与乡村，贞节牌坊如树林一般矗立在街市与村落，而每一座牌坊下，都有一段妇女的血泪史，家族的荣耀就是以妇女的牺牲换来的。

申明、旌善亭制度的实行效果其实并没有达到朱元璋的预期。洪武二十三年（1390），有人上书言，应该申明善恶以劝惩天下。朱元璋看到以后对廷臣说："夫旌善则善人劝，惩恶则恶人息。朕往令天下立申明、旌善亭，正为此也。数年以来，有司奉行不谨，致令废弛，甚失劝惩之意。今言者深合朕心，宜再申明使天下遵守。"申明、旌善亭制度实行数年，效果不佳，此后展开过新一轮的推广，但朱元璋去世以后，民间并未继续遵守，没有多少年，乡村申明亭和旌善亭已经所剩无几，而木铎老人朔望五鼓时鸣铃铎，各坊传呼太祖圣谕的声音也渐渐消失。这正是：

　　古来风化本家庭，习善须当自妙龄。老我迂踪如木铎，谩劳饶舌有谁听。（明·夏尚朴：《东岩诗集》卷五《木铎老人警众赋此示诸幼》）

朱元璋的乡村教化体系，在木铎老人有气无力的喊叫声中已经使人们厌烦了，谩劳饶舌地反复喊着"孝顺父母，尊敬长上，和睦乡里，教训子孙，各安生理，毋作非为"这24字，又有谁能够真正听得进去呢？朱元璋时代修建的申明、旌善亭在广大的乡村地区逐渐倾圮了，乡村教化也就没有人再重视了，但官府的威严却得以逐渐提高。

请看嗜血夹钱牛皮鞭 >>>>

160

嗜血夹钱牛皮鞭

自秦始皇创建皇帝制度以后，"天下事无大小皆决于上"，皇帝无论大小事，只要是他有精力，无不事必亲躬。正因为如此，历史上留下了许多皇帝批示的案件，称之为御批案。不过，御批案有大有小，大的可以惊动全国，甚至影响后世。如朱元璋时期的胡蓝党案，是"胡蓝狱起群喋血，几人卧榻逃斧戕"。"胡惟庸奸党案"辗转株连，有多达三万余人受到牵连；"蓝玉党案"株连近两万人，所有元功宿将几乎被一网打尽。这些都是家喻户晓的事，谈论者极多。

在一般人看来，只有大案、要案才能引起皇帝的关注，其实不然。按照古代制度规定，无论事情大小，只要皇帝知道，都要由他来决定，因此有些案件虽仅仅涉及一些低级官吏，乃至于平头百姓，看上去并不起眼，却有皇帝的批示。皇帝为什么会对这些不起眼的案件进行批示呢？

古代皇帝号称"以身为天下先",关心天下事,即便是民间小事,只要涉及王朝的大政方针,皇帝都不会置之不理。因此,皇帝批示的这些不起眼案件,不但能够反映出皇帝对不同案件的态度,还能够体现出王朝的施政原则,更会导致法律制度的变化,在很大程度还可以体现皇帝的所思所想。这些不起眼的案件虽然容易被人忽略,但仔细分析,这些案件不但具有重大的历史意义,还富有传奇色彩,更关乎广大人民的利益。

例如洪武二十九年(1396),朱元璋亲自判决了一个八品县丞的死刑。按照明代制度,官员分为正从九品18级,内外额定文官24600员,京官1944员,外官22709员,其余为侍卫杂官,官位八品的将近万名,即便是任命,皇帝也不接见。身为正七品的知县尚且被称为芝麻官,那么身为正八品的县丞,则连芝麻官都称不上。就这样一个小小官员的所作所为,居然能够惊动皇帝,这是什么原因呢?

这一年的春三月,朱元璋在接到监察御史王仲和弹劾湖南湘阴县丞刘英的奏章以后,当即写有御批云:

刑者,不得已而用之。故圣人常加钦恤,惟恐滥及无辜。

是什么原因导致朱元璋发出如此感慨呢? 事情还要从头说起。

湘阴县位于湖南省东北部,南临洞庭湖,明代隶属于长沙府,当时编户39里,1里110户,也就是4290户,每户按5口计,也不过2万多人口。可以看到,这位名叫刘英的县丞并不是什么高官,级别正八品,算是副县长。按照朱元璋的规定,知县不允许下乡,怕的是骚扰百姓。如果有什么事情需要本县所属各里甲办理的话,在知县不便下乡督催的情况下,只好委派副职的县丞或主簿前往乡下去督办。

刘县丞是吏员出身,好不容易才得到县丞的职位。什么是吏员呢? 吏员乃是当时在官府承办各种具体事务的人员,如州县之中的"六房书吏",在地位上属于"役",乃是一种劳役,没有俸禄,仅有工

食银。书吏可以通过考核甄选,取得做官的资格,经礼部铨选任命为官,其出身便是吏员了。吏员是从基层选拔上来的,每个考选期为六年,所以升大官的可能性不大。

那个时候当官,正途出身的前程最好。所谓正途,就是经过科举考试的进士、举人,以及从地方学校升贡到国子监的贡监生。这类正途出身的人,比较容易升官,吏员出身者称为杂途,如果没有大的建树,很难升到高官的行列。既然升官无望,所以吏员出身的人,对金钱的奢望要超过正途出身的人。

县丞的级别是正八品,对于吏员出身的刘县丞来说,似乎已经到达了顶点,要想再升上去,几乎是不可能的了。正八品的俸禄折合粮食是每年78石,如果按照当时的消费水平及物价指数,可以说是相当优厚。以正八品的78石粮食来计,当时可以折合成黄金15.6两,每两约37克,就是577克,按照现在金价每克约250元左右计算,则相当于人民币近15万元;如果以房地产为物价指数,正八品的俸禄在当时可以购土地三百余亩,房屋百余间;当然,要是按照大米为物价指数计算的话,也就不到两万元人民币了。因此,很难以当时的物价指数来衡量当时官员的俸禄是否充足。如果以当时的消费水平来说,则可以看到官员的俸禄远远高于一般民众的生活,所以朱元璋认为官员的俸禄不为不厚,但官员们却不知道感恩戴德,还额外向百姓勒索。

刘县丞眼看升官无望,就想凭借手中的权力多捞一些外快,以期为自己养老、为子孙留下钱财,所以借下乡催促公事之机横加勒索。

湘阴县物产富饶,境内河沟纵横,湖泊塘堰,星罗棋布,有丰富的水产品资源。当时湘阴县人烟稀少,人口才两万多人,丘陵地区森林密布,不但盛产木材,还盛产茶叶。对于刘县丞来说,这些都可以视作他的财富来源。

刘县丞奉知县之命,下乡去督促朝廷要大兴土木所需要的木材,当时被称为"皇木采办"。按照木材运送流程,有砍伐、加工、运输、存储等环节,每一环节都需要大量的人力物力,官员们也便于从中渔利。本来,朝廷采办皇木是有一定预算的,然而地方官往往打着"皇木"的名义,不但克扣砍伐、加工、运输等人的工钱,往往还让他们以"奉献"的名义,无偿地从事劳役,甚至要他们赞助钱财,以表达对皇帝的"忠心"。如果不同意,各种罪名便会随之而来,其中"大不敬"的罪名是属于十恶不赦,弄不好会株连九族的。刘县丞一方面要百姓毫无保留地显示"忠心",以"无私奉献"来收敛钱财;另一方面则大逞淫威,用生牛皮制成长三尺的皮鞭,百姓稍有不满,则鞭笞立至。

为什么要使用生牛皮来制造皮鞭呢?因为生牛皮是经过风干或盐干的,质地很硬,而经过熟制的牛皮则比较柔软。可以想象,用生牛皮编制的皮鞭打在人身上的疼痛。就这样,刘县丞还唯恐百姓不害怕,在编制皮鞭时,又把几枚铜钱镶了上去,这样一鞭下去就会带起几块肉来,没有几鞭子就会鲜血淋漓,皮开肉绽。因此,百姓惧他如虎,暗地里都叫他"刘老虎"。

有一天,刘县丞外出督运木材,途经一个小镇时便四下张望,无意中看见一名少妇。这位少妇乃是本地巡检的夫人。什么是巡检呢?巡检即元代建立的巡检司,是管辖人烟稀少地方的非常设组织,其功能以军事为主。明朝沿用巡检司制度,其职责在于盘查过往行人,稽查没有"路引"的外出之人,缉拿奸细,截获脱逃军人及囚犯,打击走私,维护正常的商旅往来等,所驻守的地方一般都是市镇。巡检相当于现代的派出所所长,为从九品文官。巡检官级虽然不高,但手下有额定的弓兵40名,即负责地方巡逻、缉捕之事的兵士,在驻守之地就是"土皇帝"。

凭借丈夫的权力,此巡检夫人才敢在本镇抛头露面地闲逛,镇上的人都以畏惧及艳羡的眼光看她。艳羡是因为她长得亭亭玉立,貌美如花;畏惧是因为她泼辣无比,仰仗丈夫的权势,无恶不作。她在街上买东西不是少给钱,就是白占,百姓因为她是巡检夫人也不敢和她计较。巡检夫人每天打扮得花枝招展在街头闲逛,本地人避之犹恐不及,那是畏惧巡检的权势。刘县丞是从外地来的,不知道她是巡检夫人,却只看到其妖媚之姿,所以顿时失态地说道:"想不到天底下竟然有如此漂亮的美人!"于是迎上前去搭讪说:"敢问夫人是谁家娘子?要到哪里去?本官在前面的饭铺请你喝酒如何?"一边说,一边色迷迷地看着对方。巡检夫人横行霸道惯了,但不熟悉官场,以为天底下就她丈夫官最大,如今见到一个身穿官服的人来调戏自己,岂能容忍,所以立即翻脸,开口便骂。

刘县丞已经外出两个多月了,沿途的里甲将之奉若神明,一直是好酒好菜招待,何尝有人敢说个"不"字?若想要个女人陪伴,里长们早就让乡村野妓前来伺候,冒称良家妇女,又有何人敢说"不从"?如今见这个少妇竟敢公然拒绝自己,并且还敢辱骂,一时恶向胆边生,呼令衙役将该少妇架住,并亲自用夹有铜钱的生牛皮鞭抽打。只见那少妇喊道:"朗朗乾坤,还没有王法了!小妇人虽然不是诰命夫人,但也是官员之妻,怎么能够让人随便侮辱呢?"

听到少妇的喊声,刘县丞停下手来,此时少妇身上已经挨了3鞭,鲜血从后背渗透了衣衫,显然伤势不轻。刘县丞问是何官员之妻?得知乃是本地巡检的妻子,就更加恼怒起来,喝令衙役必须打足20鞭。刘县丞为什么得知其是巡检的妻子,竟然还敢恼怒起来喝令再打呢?

原来,刘县丞级别正八品,而且是采办皇木,按理说巡检应该前来迎接护送才是。如今刘县丞从这个小镇路过,巡检没有来迎接他,已经令刘县丞心里不高兴,再见到少妇以官员之妻的身份拒绝自己,其气就更不打一处来,所以喝令衙役鞭打。少妇忍不住疼痛,拼命地喊叫。

衙役当街鞭打巡检夫人,惊动了整条街,早就有人飞报到巡检之处。巡检听罢大惊,急忙率领手下几名弓兵赶到现场。巡检见到刘县丞之后,深深地作了一揖,告知这是自己的内人,不懂事冲撞了刘县丞,求他手下留情,放过自己的内人。

刘县丞板着脸说道："皇木乃为朝廷之大事，你不前来迎接护送，已经是你的不是。本官没有拿你问罪，算是给你留个情面。你妻子打扮妖娆，招摇过市，有伤风化，我替你教训了一下，你也休要怪我无情。"

官大一级压死人，刘县丞比巡检高三级，巡检岂敢顶撞？只好陪着笑脸说："大人所讲极是，都怪在下管教不严，惹得大人动怒。在下这里给您赔不是了，且到我巡检司衙门一坐，我设酒席为大人压惊。"

刘县丞无缘无故地当街打了巡检夫人，又教训了巡检，此时见巡检不断地赔不是认错，也就借坡下驴说："本官有皇命在身，哪里敢耽搁？我还要押送皇木赶路，就不到你衙门去打扰了。"说罢便喝令手下起程。巡检也不好再说什么，只好带着弓兵，护送刘县丞出了小镇，然后才赶回家中安慰妻子。

一个官员之妻，竟然在丈夫的辖区受到如此的凌辱，这口气如何咽得下去？见到巡检回来，少妇便嚎啕大哭，千不是万不是地骂了起来，骂得巡检的脸一会儿红、一会儿白，恼恨得很。本来身为官员，手下还有40名弓兵可以指挥，如今连老婆都保护不了，还有何面目在老婆面前耍威风呢？在外受了刘县丞的气，回家又受老婆的气。巡检越想越生气，但也不好对老婆发火，只好陪着笑脸说："夫人息怒！这仇我们一定要报，绝不能够便宜那个狗县丞！我有个远房亲戚，如今在朝廷里当监察御史，我将此事告诉他，让他弹劾那厮，皇帝定会将他重处！"

巡检好不容易才把夫人安抚得不喊不叫了，便抽身出来到了自己的衙门，让文书帮助他写了封书信，派心腹弓兵，携带许多土仪（也就是土特产品）送往南京城，交给监察御史王仲和。

进士出身的王仲和，初次为官便当上了监察御史，拥有弹劾百官的权力，如今得知自己的亲戚受人凌辱，又得到许多土仪，岂能袖手旁观？身为御史，弹劾恶官属实，就是政绩；作为亲戚，也不能够不顾，更何况还送来许多礼物。所以王仲和连夜写好弹劾的奏章，次日便交给了皇帝。

此时的刘县丞还不知道有人弹劾自己，依然耀武扬威。巡检此时也一边安慰夫人，一边打探消息，期望王仲和能够为他们夫妇出气。王仲和不负所托，在弹劾的奏章里特别强调刘县丞违反制度，用生牛皮夹铜钱做鞭子打人，而且出行要地方竭力款待，正是因为巡检没有亲自迎接他，他居然将巡检之妻鞭挞，几乎将一个柔弱的妇人致死。朗朗乾坤，莫非王土？岂能够容此恶官横行霸道，恳请皇帝将恶官刘英治罪。

这时的皇帝便是朱元璋，是敢于重典治国，严惩贪官污吏，屠戮功臣，令行禁止的"英主"，当然不容许官员欺压百姓，所以当即传令将刘县丞押赴南京，交刑部严加问讯。

锦衣卫的缇骑来到湘阴县捉拿刘县丞，直到此时，刘县丞才知道自己鞭打巡检夫人的事被揭发了。虽然此时他后悔当时做事莽撞，但也没有想到后果会有这么严重，因为按照《大明律·刑律·断狱·决罚不如法》条规定，刘县丞这种行为，也只不过是按照减凡斗伤罪二等来量刑，最多也就是笞刑；如果将人殴打致死者，才会被处以杖一百、徒三年，追埋葬银十两的惩罚。刘县丞并没有将人打死，更何况巡检夫人招摇过市，横行霸道，全不知耻，惩处她也是整饬风化，所以心安理得地随同锦衣卫缇骑上路，却没有想到走上了黄泉路。刘县丞哪里知道朱元璋的批示已经将其定性。批示云：

> 英，一县丞耳，酷虐乃至于此，独不闻刘宽蒲鞭之事哉？且律载刑具，明有定制，乃弃不用，而残酷如是，是废吾法也，难论常律。

也就是说，刘英不过是一个小小的县丞，竟然敢使用这样酷虐的手段，连刘宽蒲鞭示辱的典故都不知道。什么是蒲鞭示辱呢？东汉延熹八年（165），刘宽任南阳太守时，手下的小吏及百姓犯有过错，就用蒲草叶当鞭子来责打，目的在使受责打的人感觉到耻辱，而并不在于使受责打的人受伤。蒲草叶就是生长在水中的菖蒲草叶，叶宽约3厘米，长约二三米多，打在人身上绝对不会受伤。蒲草行刑，蕴含古代"明刑弼教"的精神，即刑罚不是目的，教育才是根本。朱元璋责怪刘县丞不知道"明刑弼教"的大宗旨，还敢违反法律，不使用《大明律》规定的刑具责打人，不但是一种残酷的行为，更是一种公然违背法律的行为。既然敢于违背既定的法律，就不能够按照既定的法律来给刘县丞量刑，而应该加重处罚。这样便明确了对刘县丞处置的原则，刑部当然不敢违反，所以将刘县丞拟罪为斩首示众。

刘县丞此时还在为自己"哓哓"辩解，讲自己虽然有罪，但罪也不至于死，所以恳请刑部官员将自己的申诉报明皇帝，期望皇帝能够开恩，赦免他一死。他哪里知道这是皇帝定下来的基调，没有将他凌迟处死，已经是皇恩浩荡了。因为朱元璋认为："纪纲法度，朝廷所立。人臣非奉君命，不敢擅更。"为什么身为官员敢于公然藐视法律呢？岂不是知法犯法？所以朱元璋批示道：

究其所以，不得妄张威势，使人畏惧，纵肆奸贪而已，此岂人臣所为？

既然身为官员，敢于妄张威势，又纵肆奸贪，就不能够轻饶。官员假借权势，残忍地对待百姓，也就不能怪朱元璋残忍地杀戮贪官了；官员既然不按照法律规定办事，也就不能怪朱元璋不按照法律规定处置了。就这样，刘县丞被押赴市曹斩首示众。

◎ **案情评点**

在朱元璋眼里，那些敢于使用非法刑具殴打伤人者，就是奸贪之官，所以通令全国清查类似的官员。结果，浙江黄岩县县丞余琳、松江府华亭县知县王纪用、陕西白水县知县罗新等人被清查出来，他们分别使用尖刀铁钩、檀木刑杖、生牛皮鞭等《大明律》没有规定的刑具惩治犯人，因此最终都被斩首示众。为了限制官员使用非法刑具，朱元璋还申明，即便是衙役皂隶等人，如果听从官长使用非法刑具进行刑讯者，衙役皂隶等人也要"一体处死"。这正是：

> 蔑法之人思律例，岂知君主在原情。

在朱元璋看来，这些贪官污吏害吾良民多矣！如果不让这些贪官污吏"家破人亡"，死无葬身之地，就是违反了顺乎天、应乎人的大道。朱元璋认为法律应该根据民情来实施，在需要争取民心的时候，就必须向贪官污吏开刀。朱元璋没有追究刘县丞责打巡检之妻的罪责，就是因为巡检之妻打扮妖娆，招摇过市，有伤风化，由此可见朱元璋处理一般案件的基本原则。

请看狠心杀子无人道 >>>>

狠心杀子无人道

>>>> 案情回放

旌表是古代统治者所提倡表彰的一种德行，就是对义夫、节妇、孝子、贤人、隐逸、急公好义、累世同居等大加推崇，一般由地方官申报朝廷，由朝廷赐以匾额，或者批给银两建造牌坊，此外还要免去被旌表者的家庭的赋税。这种制度，历代奉行不替。

洪武二十七年（1394）八月，朱元璋接到礼部申请旌表的奏章，翻阅几页以后，便勃然大怒，拿起笔来批道：

> 父子，天伦至重。《礼》父为长子三年服。今百姓无知，贼杀其子，绝天伦理，宜亟捕治之，勿使伤坏风化。

"父为长子三年服"是《仪礼·丧服》中的文字，认为在嫡长子继承制度之下，嫡长子肩负着宗族延续的重任，因此嫡长子先于父亲死去，父亲要为其服三年之丧，这是丧服的最高等级。那么，这段文字中所说的是哪个父亲杀死了儿子呢？身为父亲为什么要杀死儿子呢？朱元璋又为什么大发雷霆呢？

事情发生在青州府日照县，有个名叫江伯儿的人，其人极为孝顺，一直事无巨细地侍奉母亲。有一天，母亲得了重病，江伯儿四处求医，但仍旧治不好。俗话说：病急乱投医，江伯儿找到了一个仙姑来跳大神。

"跳大神"在古代是一种职业，从事此职业者，活人与死人邪祟沟通的方式称为请神，充满了神秘的民间荒诞。其中有一些假借驱鬼，而伴以针灸及施药，为人治病，可以称之为巫医。前者多用于占卜，偶而言中，就会被称为大仙，或者半仙，因为是言人祸福，所以常常被朝廷目为邪术；后者常常能够治愈一些病人，因此被称为神医，朝廷对此则不严加禁止。《大明律·礼律·祭祀·禁止师巫邪术》条规定：凡是用左道异端之术煽惑人民者，其"为首者，绞。为从者，各杖一百、流三千里"。不过，此条还规定："其民间春秋义社，不在此限。"也就是说如果左道异端之术仅仅限于民间及村落范围聚会，朝廷并不禁止，因此有许多从事跳神的职业者活跃在城镇，人们也都并不见怪。

虽然说跳神的人都是骗子，因为假借神灵，再施以针灸医药，在现代科学中称之为心理疗法，其疗效也是被认可的，但可以说跳神者大多数是骗子，因为他们以此谋生，其主要目的是赚钱，也未免为钱而忘义。

江伯儿所请的仙姑号称是何仙姑。何仙姑为道教八仙之一，其身世有多种说法。《仙佛奇踪》说："何仙姑为广州增城何泰的女儿。"而广西、福建、浙江、安徽、湖南等地也多有传说，正因为说法的不一，则可见历史上从事神职的人相当普遍。

这位何仙姑并不是传说中的青春少女，因为吃了云母粉，不但身轻如燕，而且健行如飞，能够驾云驱雨，而是一位五十余岁的老太婆。

时人描写道：

> 一身卷曲恰如弓，白发萧疏霜里蓬，两耳轰雷惊不醒，双眸时怯晓来风。

老巫婆在假装昏迷之后，讲到必须心诚才能够治好老太太的病。江伯儿跪求仙姑，让她指示如何才能够表示出心诚。仙姑给他讲了几个故事。故事说的是东汉时期有个名叫李妙宇的女子，因为公公得病，就从自己的腿上割下三块肉，熬成汤给公公吃，最后公公的病痊愈了，一家生活和和美美。现如今的《百孝图》不是讲割肉疗亲是孝行吗？朝廷表彰孝行，一旦得到旌表，不但给予银两建牌坊，还免去赋税，这可是流芳千古且能够得利于眼前的事。

江伯儿听到仙姑代表神灵的指示，不由得心动，当即在自己的左肋上割下一块肉，放在药罐里煎熬。江伯儿的妻子大惊失色，急忙为之敷药，并且撕破床单赶紧为其包裹。因为血流不止，江伯儿昏死过去。仙姑见状，怕承担人命官司，收拾一下法器就逃之夭夭了。

江伯儿许久才苏醒过来，醒来的第一件事就是问药熬好没有？妻子见状，便劝他好好休息，说自己已经伺候婆婆吃了药。江伯儿如何答应？忍住疼痛，亲自将带有血肉的药喂母亲吃下，看到母亲服药以后的神情好转，心里暗自高兴，而母亲却不知道药中有儿子的肉。

一个久病的人，身体本来就虚弱，如今吃了带有油腻的热药，刚开始还感觉肚里有些温暖，所以神情见好，但肠胃却不适应，没有多久，母亲便呕吐起来，不但把服入的药全吐出来，而且更加面无人色，不久便昏死过去。江伯儿大惊失色，割肉不仅没有治好母亲的病，反而导致母亲病情加剧，一时间不知道如何是好。幸亏妻子懂事，急忙掐人中，按摩后背，总算把母亲救醒，然后叫江伯儿去找医生来看。

为了母亲的病，江伯儿几乎把青州所有的医生都请过了，但都没能治好母亲，所以来到泰山东岳大帝庙来祈祷上苍。

泰山为历代帝王封禅之地,早在秦汉时就有了集市,到了唐宋时期则演变为规模很大的东岳庙会,至明代更为热闹。据《岱史·香税志》记载,凡来泰山进香者都收香税,朝廷派山东布政司的参政,也就是副省级官来提点泰山,另有千户带领兵丁来往稽查,先要收入山香税,每名香客须缴纳入山门票的金额,如果是山东人,要缴银5分4厘;如果不是山东人士,则要缴银9分4厘。到了岱顶灵应宫,还必须施舍"香钱",这些收入都归官府所有。明人谢肇浙《五杂组》讲:"今泰山四、九二月之终,藩省辄遣一正官,至殿中亲自检阅,籍登其数,从者二人,出入搜索,如防盗然,谓之扫殿。而袍帐、化生、俚亵之物,皆折作官俸,殊不雅也。"也就是说,在山东布政司参政的督促下,严查入山香水及香钱,以贴补官用。而泰山脚下的东岳庙会可以说热闹非常。《水浒传》中的燕青打擂,其场地就是在东岳庙会上。

东岳庙会非常热闹,可以说三教九流云集。江伯儿来到庙会,俗话说:"穷算卦,富烧香,不穷不富讲阴阳。"江伯儿找到一个挂摊来算卦,这位算命先生虽然不能说才富五车,却也熟知历史典故,得知情况之后,便振振有词地讲起历史典故来。这位算命先生能言会道,得知江伯儿是为了治疗母病,竟然割股救亲,便说:"割股疗亲,乃是为人之子的至诚,所以能够不顾自己的性命,乃是一种至孝。说实在的,割骨疗亲,固然是履行孝道,但不足以感动上苍,因为而今,朝廷旌表孝道,凡是割骨疗亲者,多能够得到旌表。你想啊,一旦得到旌表,能够免去赋税不说,这朝廷敕建的牌坊不但能光宗耀祖,而且能福荫后世,这是多么大的荣耀呀!可是,割股者多,又有什么稀奇的,不但上苍难以感动,就是当今圣上也觉得不足为奇了。若要救娘亲于重病之中,感动上苍,使圣上为之动容,就要有新奇的办法,绝不能够步别人之后尘。"

江伯儿听到以后,便问如何才能够治愈母亲的疾病,又不步别人的后尘呢?算命先生说:"自古以来,总是说忠孝不能两全,比如那些为官者,或是身死疆场,断头刎颈;或是身死谏诤,糜骨碎身;他们都会名传千古,这是尽忠而不能够尽孝,如今也被人们称颂不已。说实在的,古往今来,割股救亲的可以说多不胜数,谁人记住他们的姓名,史书也不记载其事迹,疗效当然也不显著了。你随世俗,听从跳神者说,就是大错而特错。你想啊,跳神者有什么学问?不但害了你,也害了你娘亲,这都是无知者所为。本先生博通古今,绝不会出此下策。"说吧,算命先生闭上双眼,就等江伯儿送上卦资,追问下文。

江伯儿明白算命先生的用意,便递过去 50 文钱,请求他为自己出谋划策。算命先生睁眼一看,觉得钱少,又闭上双眼,江伯儿只好再拿出 50 文钱,然后不断恳求。算命先生觉得卦资合适了,便说:"在南朝刘宋的时候,有名叫郭世通者,是会稽永兴人(今浙江萧山)。在他 14 岁那年,死了父亲,在服丧期间可以说是杖而复起,哀痛异于常人。更令人钦佩的是,他的家境贫苦,只能够靠帮人做工得钱来赡养继母。后来他娶妻生子,这个贫困之家便更难生活,郭世通夫妇唯恐不能侍养继母,便流着眼泪把孩子活埋了。继母死后,他们夫妻负土成墓。有些亲戚资助他们一些钱物,帮助料理丧事,亲情难以推却,只好接受了一些,等到安葬已毕,又去做工,偿还亲戚们的资助。郭世通乃至孝之人,自从父母去世,其孝衣孝帽一直未换,被时人称为仁孝而流传于乡里,也为当地人所尊重。刘宋元嘉四年(427),朝廷派遣使臣巡行天下,散骑常侍袁愉得知其事迹,便上表陈述。宋文帝得知,为之动容,下旨嘉奖,亲写敕书榜文,旌表其门间,免除其家的租调,改所居"独枫里"为"孝行里"。郡太守孟颛察举他为孝廉,他没有接受,如果接受,肯定会成为显宦。你想一想,没有了儿子,还可以再生,而免去租税,还能够当官,这可是机会难得的事情。这个郭世通是有些迂腐,给官不当,但也名垂青史。不是在下胡诌,《南史·孝义传》还有他的传记呢!你知道许多地方都有郭巨庙吗?那个郭巨乃是东汉时人,因为家里贫困,父亲又早逝,供养母亲艰难,再养活其 3 岁之子,就更不容易了,所以他与妻商量,想把儿子埋了,以便节省食粮供养母亲。妻子无奈,只好答应,等郭巨挖坑埋儿子的时候,挖到了一大瓮黄金,人们都说这是孝行所致。有了黄金,既不用埋儿子,供养母亲也不难了,如今在庙宇供奉金身,你说神奇不神奇呢?这天底下,最重是孝,有了孝行,就可以感天动地。在下说到这里,你应该是很明白了吧?如何治疗你母亲的病,这就要看你的诚意了。"

江伯儿听完算命先生的话,已经打定主意,又来到岱岳祠祈祷,并且发誓说:"如果母亲的病能够痊愈,就将自己3岁的儿子杀了,祭祀神灵。"江伯儿回到日照县,把从岱岳祠带回来的香灰与药共煮,给母亲服用几剂药之后,也可能是凑巧,居然痊愈了。

母亲病好,江伯儿此时却乐不起来,因为他曾经许愿,要杀自己的儿子祭祀神灵。毕竟这孩子是自己的亲生骨肉,如何下得了手呢?看到自己那家徒四壁的家,为了给母亲治病,已经快揭不开锅了;又想到算命先生的话,郭巨杀子能够得到黄金,而今朝廷旌表孝行,即便得不到黄金,也可以免除赋税,旌表家门。何况自己现在还年轻,还可以再生孩子。就这样江伯儿思量了许久,不断地权衡利弊,最终带着孩子,再次来到泰山。父子跪在神像前,江伯儿祈祷完毕,忽然拔出剑来,在儿子颈上一抹。三岁小儿能够有什么气力,所以连喊一声都没有,便倒在地上。

东岳庙总是人山人海,青天白日,又在神像前杀人,足以让人们目瞪口呆,杀人者又口口声声地说是杀自己的儿子来还愿,便更让人难以理解。熙熙攘攘的民众,早就惊动了官府,所以当即将江伯儿拿下,押解到济南府审讯。知府审讯得知江伯儿是杀子以治疗其母,而历史上又有郭世通入孝义传,并曾得到刘宋文帝的旌表,而如今近千年,还没有杀子以为母亲的事迹,因此大喜,急忙将此事上奏给皇帝,期望能够给予江伯儿旌表,这样自己也有政绩,升官有望。却不想朱元璋得知此事,勃然大怒,下旨将江伯儿治罪。

按照《大明律·刑律·人命·杀子孙及奴婢图赖人》条规定:"凡祖父母、父母故杀子孙,及家长故杀奴婢,图赖人者,杖七十、徒一年半。"如果没有图赖人的行为，仅仅是杖一百。因为这是皇帝批示的案件，应该从重量刑，所以地方官将江伯儿拟为杖一百，流放到海南岛。

孟子认为不孝有三种行为：一是对父母一味顺从，即便看到父母有过错，也不上前劝说，这是陷父母于不义；二是家境贫穷，但自己不努力挣钱来供养父母；三是没有子孙后代去光宗耀祖，所谓"不孝有三，无后为大"。且不论心狠的父亲是如何想的，仅以孩子的奶奶而言，得知孙子被杀，乃是为了给自己治病，她会如何想呢？以常情而言，不但不忍，更无颜活于世上。果不其然，江伯儿的母亲得知之后，便上吊自杀了，而江伯儿之妻痛子死，又眼睁睁看到婆婆上吊，丈夫被流放，也上吊自杀了。一个本来应该和睦的家庭，就这样被毁了。

◎ **案情评点**

江伯儿被判了刑，朱元璋认为这种事情关系民间风气，更关乎如何看待孝道的问题，如果不进行政策上的修订，恐怕百姓还会做出这种伤生而违反人道的事情，所以命令礼部重新修订旌表孝行事例，以颁行全国。

根据皇帝的指令，礼部修订了旌表孝行事例，其重点当然是禁止以残害身体，实施所谓的治疗尊长的愚昧行为。礼部认为，作为子女奉行孝道，就在于尊敬父母，使父母得以过上幸福生活，因此父母有病就应该请良医治疗，至于到神前呼告保佑，陈词恳切，也是为人子之至诚之心的体现，这些都是正常的孝道。至于有些人以卧冰割股的方式来奉养、医治父母，虽然在汉代曾经出现过，但也不是常见的行为。至于割肝疗亲，对人的伤害更大，如果父母仅有一个儿子，这种割肝剖股及卧冰的行为，往往会使人致死，儿子死了，父母依靠谁呢？宗嗣也会永远断绝了，这就是最大的不孝了，因为"不孝有三，无后为大"嘛。是什么原因导致民间出现这种割肝剖股，甚至杀生的行为呢？礼部分析认为，乃是一些愚昧之徒专门以诡异的行为想惊世骇俗,其最终目的就是为了得到旌表,以逃避赋税及差役,于是乎,割股、割肝,乃至于杀子,而杀子的行为是最违反人道的。基于这种现象,礼部提出:

> 自今,人子遇父母有疾医治弗愈,无所控诉,不得已而割股卧冰,亦听其所为,不在旌表之例。

也就是说,以后再出现割股卧冰的行为,朝廷不再予以旌表了。朱元璋同意了该事例,确定了残害身体的行为将不会得到旌表的原则,但是没有以法律的形式予以禁止。有研究者统计,明王朝曾经有619名女子割肉为长辈或丈夫治病,割肉的部位有大腿、胳膊、手指、耳朵、肝脏、乳房、肋骨、腰、膝、腹等。这种鲜血淋漓的自残行为,虽然按照制度不应给予旌表,但事例中一句"亦听其所为",也就默许了这种行为的合法性,而地方官倡导、士绅出资表彰,也使这种行为有很大的市场。有明一代出现如此众多残害身体的现象,未尝不是朱元璋没有严厉禁止所致。这正是:

> 移风易俗应倡导,民间自残该法禁。

明代人对于朱元璋不再给予割股、割肝等自残身体治疗尊长的行为予以旌表,大多数是持赞扬的态度,是"太祖之识,所以立教于天下者高矣"!但也有人认为其对于割股卧冰等行为的默许有些不妥,而对于残杀儿子以孝双亲的行为仅仅处以杖流,也是有所非议。如明代大儒方孝孺在《逊志斋集·郭巨》中论述刘宋文帝敕榜表彰郭世通的孝行不可以为后世仿效,有如韩愈所讲:"不腰(斩)于市而已幸,况复旌其门!"对于这种恶劣的行为如不加以严惩,不但败坏社会风气,也有失人道,是"无辜之赤子不复生矣"!对于这种违反人道的行为,朱元璋之所以默许,就是认为:"养生送死,人子之至情",既然子女以至情孝顺父母，也就没有必要强行要求他们不要割股卧冰。殊不知天地之间，人道为重，用损坏身体的做法慰藉父母，不但有悖常理，而且没有人道，更谈不上什么至情了。

请看有贤妻必有贤官 >>>>

有贤妻必有贤官

千里姻缘一线牵,古代传说月下老人将红绳系于男女足下,从此以后,男女即便走到天涯海角,也不离不弃,这是夫妻两足赤绳羁。

不过夫妻是否能够达到恩怨不相离,虽没有什么传说,却有不少故事。这些夫爱妻者,视妻如珍宝,言听计从,百依百顺;而那些妻爱夫者,敬夫如父母,解衣推食,你恩我爱。这些都被认为是夫妻恩爱,是人之常情,但有贤妻必有贤官的认识,在历史上却不多见。

常言道:近朱者赤,近墨者黑。要是男人当官在外,家里有个贤妻,其官做的如何? 要是有个贪婪的妻子,甚至怂恿丈夫利用职权来谋取私利,其官又会做的如何? 即便不是贪婪的妻子,面对丈夫以权谋私而不闻不问,其官又是如何? 现代政府要求官员严格约束亲属,不能够以权谋私,滥用职权。早在六百多年前,朱元璋就关注过此问题,不但关心官员妻子贤良与否,还关心官员娶妻问题,早在洪武元年(1368)就制定"品官婚礼"制度。朱元璋有贤妻必有贤官的认识，与关注官员娶妻问题，并且制定官员娶妻制度，实在值得关注。

洪武元年(1368)，广东纳入大明王朝的版图，在战乱之后，百废待兴。广州府番禺县在当时号称"繁剧"，也就是事务极为繁重，不但人口比别的县多，而且地方豪强势力雄厚，官府很难管理。最难对付的是当地驻守的卫所军队，他们平定广东有功，而且正在乱世。俗话说："乱世兵横行，治世诗文兴。"这些当兵的，凭借刀枪在手，横行无忌，再加上统领军队的军官们纵容，因此他们明目张胆地为非作歹，不但欺压百姓，就是身为朝廷命官的州县官，他们也敢横加凌辱。洪武初年担任番禺知县的几个人，都是因为不能够忍受军人们的凌辱，被迫弃官还乡。

这些军人为什么敢于强横呢？就是因为他们的统帅是永嘉侯朱亮祖。朱亮祖，庐州府六安县人，元朝末年曾率兵反抗官府，后被朱元璋俘虏，便归降了，之后参与攻灭陈友谅、张士诚等战役。洪武元年(1368)，以副将军之职随征南将军廖永忠平定两广，因功封为永嘉侯，后出镇广东，为都指挥使。这位投降而复叛，叛而复投降的朱亮祖，因为朱元璋"喜其勇悍"，才保全其性命，他也知恩图报，"从军四征，所向克捷"。如今天下平定，他不仅不知道收敛一些，居然在广东还"所为多不法"。番禺县有位罗姓富豪，见到朱亮祖很有势力，就把自己的女儿送给他当妾。攀上这门亲戚，罗家感到荣耀还不算，还借朱亮祖的势力凌虐乡里、欺行霸市，尤其是小妾罗氏的兄弟，依仗自己的姐妹，竟然敢胡作非为，杀人越货。小妾更是依宠，怂恿朱亮祖接受贿赂，扶植当地豪强，欺压乡里，横行于市，更纵容军士欺凌地方官吏，却没有想到来了一个不惧势力的强项令道同。

道同，蒙古族，洪武三年(1370)，以才干被荐举为太常寺赞礼郎，任满之后，被任命为广东番禺知县，史称其为强项令。所谓强项令，就是东汉光武帝时的洛阳令董宣，当湖阳公主奴仆杀人以后，他不能够进入公主府缉捕，便在公主出行的时候，拦住公主的车，用

刀指着公主,数落其不是,然后将奴仆就地格杀。湖阳公主向光武帝哭诉,帝大怒,欲当场棰杀董宣,却没有料到董宣在廷上高呼:"陛下圣德中兴,而纵奴杀良人,将何以理天下乎!"然后便一头撞向庭柱,被光武帝喝令制止,仅让他向湖阳公主叩头赔不是。董宣不从,光武帝令人强按其头,他两手据地,终不肯叩头,光武帝称其为"强项令",而将其释放。自此以后,"强项令"就成为不畏惧强横的州县官的一个褒义词了。

道同不但有不畏惧强横势力的气质,而且家有贤妻,丈夫交给她的俸禄,如果多了一文,必定要问从何而来,还千叮咛万嘱咐,要丈夫一定奉公守法,不能够得分外之财。有贤妻支持,道同就能够坚执公法,对于豪强、军官的求索,只要违反制度规定,就绝不允许;对于欺压百姓者,坚决绳之以法。道同的行为,能够使"民赖以安",但得罪了许多当权的要人。既然得罪了权要,势必会遭到他们的反抗。

道同是县太爷,代表官府,地方强横势力反对官府很难取得优势,但官府有层级,官大一级压死人。地方强横势力深明此理,所以到永嘉侯朱亮祖那里去进谗言,并且贿赂小妾罗氏,让她吹枕边风。朱亮祖此时志得意满,深得朱元璋的信任,再加上小妾罗氏妩媚蛊惑,岂能够让一个小小的知县管束自己的亲信?所以亲自来到番禺县,向道同施压,却没有想到"道同不为惧"。朱亮祖已经不快了,但也找不到弹劾他的理由,只好嘱咐亲信及豪强们小心行事,不要招惹他。朱亮祖很贪财,亲信及豪强们都要向他及小妾行贿,如果小心行事,又如何生财呢?所以依然我行我素。

当时实行钞法,朱元璋让天下的百姓都使用"大明宝钞",而将市面上的金银逐渐收回。洪武八年(1375)发行的大明宝钞,面额有1贯、500文、400文、300文、200文、100文6种,可以与铜钱并用,禁止民间以金银物货交易,违者罪之。不过朱元璋并没有按照货币发行经济规律办事,没有以金银物货为钞本,不控制发行量,滥发纸币,自然导致纸币贬值,再加上宝钞印刷不精,容易造假,其信用降低,以致人们不愿意使用宝钞交易，即便是使用，也不能够按照钞额来进行结算。正因为禁止使用金银交易，就给一切豪强无赖敲诈他人带来机会。当时番禺县有豪强数十人，他们看到市面上有价值的货物就共同压低价格强买，然后用金银交易，在付钱的时候，再将卖货人抓获，声称违反了"钞法"要送官法办，借机敲诈勒索，以至于"人莫敢谁何"。道同经过详细调查，了解到实际情况，当机立断，将这些豪强及同伙全部抓获，然后在城门口及各交通要道予以枷号，以儆效尤。其他没有被抓获的豪强，也怕受到牵连，便纷纷求朱亮祖出面解救。拿人钱财为人消灾，朱亮祖只好发出请帖，请道同前来赴宴，以便在酒席之间，徐徐地谈及释放豪强之事。没有想到道同一听朱亮祖为豪强说情，便声色俱厉地说："公为大臣，不当为小人所使！"也就是说，作为朝廷重要大臣，不应该为这些豪强说情，听他们的指使。道同说罢，转身离去，这令朱亮祖很是难堪。道同走后，朱亮祖身边的人纷纷进谗言，以至于朱亮祖更加气愤，晚上小妾罗氏更是梨花带雨要朱亮祖为她报仇，因为她的兄弟也牵连在案。第二天，朱亮祖亲自出马，带领亲兵卫队，来到城门口及各交通要道，强行将这些豪强释放。道同前来制止，朱亮祖以妨碍军务为名，竟然将道同施以军棍，当街殴打。知县属于文官序列，即便是犯法，也应该由行政系统按照法律程序进行量刑定罪，不应该施以军法。当然，如果知县随军出征，或者在战时，受到领兵将帅节制，又当别论。当时的广东已经稳定，民安于生，不属于军事管制时期，朱亮祖根本无权将一个文官知县施以军棍处罚，但他为什么敢于这样做呢？其原因就在于其小妾罗氏。

严峻刚正的知县道同，不讲情面，居然将罗氏的一兄一弟绳之以法，斩首示众。罗氏失去亲兄弟，如何肯甘心？不断向朱亮祖哭诉，怂恿他为自己的兄弟报仇，所以朱亮祖才敢于不顾法度，当街殴打道同。

道同遭到朱亮祖的无理殴打，岂能甘心？便将朱亮祖在广东的数十条不法行为写成奏疏,派遣亲信送往京城通政使司,呈递皇帝。亲信走了一日,朱亮祖得知消息,急忙写了控告道同罪行的奏疏,派军校星夜兼程送往京城,又派出一队人马追杀道同的亲信。因为军校所骑的是军马,所以朱亮祖的奏疏率先呈递到皇帝手中。朱元璋览奏,得知一个小小的知县,居然敢克扣军粮、强占良民为奴、非法用刑、贪赃枉法、毁坏卷宗、挪用官钱、淹禁良民、霸占民女,凡此多种罪行,都难以让朱元璋容忍,所以一时气愤,当即派出锦衣卫传旨,将道同于番禺县就地斩首示众。

却说道同的亲信,携带奏疏离开番禺县,知道朱亮祖不能够善罢甘休,便乔装打扮,躲过朱亮祖人马的追杀,星夜兼程地赶赴京城。无奈是两条腿走路,如何比得上军校们的战马,等将奏疏送到京城时,朱元璋派出传旨的侍从已经出发两日了。朱元璋看到道同的奏疏,得知其中必有原因,当即再派侍从追赶前派的信使,等后派的信使追赶到番禺县时,道同的头颅已经悬挂在城门上了。

朱元璋命人核实番禺知县道同揭发朱亮祖的各项事情,结果是件件属实。于是下令夺取朱亮祖兵权并押解进京。洪武十三年(1380)九月初三,朱元璋将朱亮祖及其长子朱暹一起鞭死在锦衣卫里。朱亮祖毕竟是功臣,就这样鞭打致死,未免有损圣德,所以《明太祖实录》讲朱元璋没有惩处朱亮祖,只是将他罢职还乡,死了以后还以诸侯之礼安葬,其子朱暹也仅仅讲其在朱亮祖之前死去,并没有讲到被鞭打致死之事。道同也不能够说是被枉杀,乃写成"卒于官",也就是说死于任上。正史与笔记都是史料,研究者应该正确看待,采取"尽信史不如无史,尽信档不如无档,尽信书不如无书"的态度,本着去伪存真的态度,进行深入研究,才有可能还原真正的历史。

却说朱元璋自从这个案件发生之后,对于有贤妻必有贤官的认识更加深刻了。朱亮祖之妾罗氏,不知道劝说丈夫遵纪守法,反而助纣为虐,怂恿丈夫袒护娘家兄弟为非作歹,要丈夫殴打诬陷朝廷命官,这样的妻子难以称为贤,既然妻不贤,丈夫也难以成为贤官。如果官员的妻子都不贤,官员们就很难成为贤官。朱元璋认为身为官员,能够"扬祖宗、显父母、荣妻子、贵本身"。如今一些官员"酷虐吾民"、贪赃枉法,收取不义之财,往往也是以养父母、抚妻子为名,殊不知贪赃枉法罪难逃。朝廷重视孝道,不孝父母者可以治以重罪,而宠爱惑溺妻妾者,听信她们进谗言者却难以查访。即便制定了品官婚礼,也只能够保证官员迎娶的是良家妇女,却不能够保证个个都是贤妻,这确实也是令人头疼的事情。

道同则不然,所娶之妻,不但恪尽妇道,相夫教子,还侍奉双亲。道同虽然为知县,但俸禄并不高,在当时还没有众多补贴、公费、陋规等收入的时候,基本上是依靠薪俸,因此生活并不富裕。在这种情况下,道同与妻子每天以粗茶淡饭果腹,却以精细的菜肴专门孝敬母亲。妻子见婆婆每日进用美食,丝毫没有怨言,而且十年如一日。她不是完全对丈夫言听计从,而是善者听,恶者劝。比如说,有一次道同拿回俸禄交到家中,妻子发现比往日多了十贯钞,便质问丈夫从何而来,并说不义之财万万不能收取。如果贪污受贿,固然是国法不容,但也是家门的不幸,所以非要道同讲清楚。当她得知这是道同先期完成赋税的征收,并且及时缴纳到布政使司,布政使以十贯钞作为奖赏时,才放心地收下。似这样的妻子,就应该称为贤妻,不但能够使家庭和睦,而且不会怂恿丈夫贪赃枉法,胡作非为。如果天下的官员,都能够娶到像道同这样的妻子,天下何忧不治!官员又如何不廉洁奉公!真是有贤妻必有贤官!

如何使官员都能够娶到贤妻,朱元璋早有考虑。在洪武元年(1368)就制定"品官婚礼",规定品官婚娶必须按照"六礼",即履行纳采、问名、纳吉、纳征、请期、亲迎六个步骤,并且规定官员所娶应该是良家妇女,需要经过官媒进行验看。

官媒可以说古已有之,《周礼·地官·媒氏》云:"媒氏掌万民之判",也就是管理婚配事务,令男子三十而娶,女子二十二嫁。这一个"令"字,则可见媒氏是可以督促适龄男女结婚的。《管子·入国篇》

也讲到"合独"的问题，让鳏夫与寡妇重新组成家庭，则可见那时的官媒管理事务之多，其目的在于保证赋役的来源。明代官媒所管的事务更多，因为涉及男女之事，所以有妇女参与其中，便称之为"官媒婆"。明代各府州县都设有官媒，她们不在职官的编制，官府也没有财政的支持，但其要听命于地方官，因此官媒除了办理婚姻介绍和登记之外，在地方官的指令下，还参与看管女犯，拍卖犯罪人口等事务。

除了关注官员婚姻之外，朱元璋还关注官员储备的国子生们的婚姻问题。如洪武八年（1375），他让到朝廷各衙门历事的国子生，凡是没有娶妻者，帮助他们婚配，并且赏赐婚礼钱，还给妇女衣服，每月给米一石。洪武十六年（1383），他又允许没有婚娶的国子生还家完婚，还给予婚假。对于一些喜爱的官员，往往还送去礼物。如洪武十三年（1380），给事中张纯要回老家河南屯留县娶妻，朱元璋乃遣内使刘清前往赐钞，迫使张纯结婚之后回到京城履职。

官员应该娶什么样的妻子呢？《大诰续编·妇娶第八十六》曾经有原则性的指导意见。在朱元璋看来，最初他任命一些老成的人为官员，以为他们年纪大，阅历丰富，能够努力办理政务，"不期皆系老奸巨猾，造罪无厌"，所以大加惩治，免的免，杀的杀，几乎把那些老年官员清除干净。既然老年官员老奸巨猾，所以朱元璋开始大规模任用青年后生，乃是"年壮英俊"。朱元璋认为这些年壮之官，"公私作为，无有不可"，只身在任，又有很丰厚的俸禄，白天上班，晚上回家，寒暑衣服、饭菜伙食、医病汤药，都要自己打理。这些年轻的官员，许多都没有娶妻，在有权有势的情况下，难免"淫欲之情横作"。在朱元璋看来，饱暖思淫欲乃是人之常情，如果这些年轻官员与不贤良的女人在一起，不但丧失工作精神，而且会浪费财物。没有精神就很难办事，缺少财物就会想捞财之道，最终导致官贪民怨，政治败坏。所以他要求在京官员的父母，及早给儿子娶妻，其标准就是不能够娶倡优之家及无知村妇。

　　朱元璋有感于道同的家有慈母、贤妻、孝子,而且本人"气宇魁岸",特命将道同之塑像送入贤良祠,而《大明一统志》将其列入本朝名宦。因道同受到民众的爱戴,当时就有人刻木做成牌位在家中祭祀,所问卜事情也总是应验,"人或以其为神云"。后来县民专门给其建立祠堂,且将其妻子的塑像也供奉在内,可谓有贤妻必有贤官吧。这正是:

今古人情常不一,孰将天道与心筹。

　　这是朱元璋的七律《擒禽兽伏》中的两句诗,可见其在建设大明王朝的时候,便已考虑到今古的差别,思考如何能够恢复古圣贤王的理想社会,既有天道,又有人的筹划。朱元璋的理想是让百官都能成为三代时期的贤能之臣,要群臣常常自省,以修身、齐家、治国、平天下之道严格要求自己,以确保大明王朝治理国家之道能够畅行无阻。筹划是构建一系列政治法律制度,以管束天下臣民,让他们按照自己的政治设计来生活。朱元璋偏听偏信误杀了道同,但经事后调查,处死了朱亮祖父子,算是更正自己的错误。通过此案,朱元璋感悟到有贤妻必有贤官的道理,意识到贤妻的重要性,不但在制度上保证官员娶到良家妇女,而且清醒地认识到官员与情妇苟合不但会影响政务,而且贪财之心也会因此而起,所以语重心长地对官员们讲:"天生之诚实之性,因而散乱。"当失去诚实之性的时候,即便是智人君子,用法律制度及道德规范来约束,也不能使其恢复诚实的本性,这也是朱元璋为什么关注官员娶妻这样看似与治理国家无关的事情的用意所在吧!

请看善恶同源必有报 >>>>

善恶同源必有报

>>>> 案情回放

　　洪武二十四年（1391），朱元璋亲自批示处理一件官员之间的诬告案件，并且律外用刑，将诬告人凌迟处死，到底是因为什么呢？

　　这年广东南雄府同知吉原，被逮捕到南京锦衣卫诏狱，这是专门审问文武百官的部门，无论什么样的官员，一旦进入诏狱，基本上是九死一生。因为诏狱在审讯过程中经常使用酷刑，将人犯打得皮开肉绽是常事，人犯被折磨得求生不得，求死不能，使人犯受到肉体与精神上的双重打击，最后崩溃，乱咬他人，往往酿成牵连多人的大案，诛连无辜。

　　朱元璋最恨官吏贪污，只要官吏与贪污之事有关，很少能够逃脱惩处的，重者处死，往往还采取极刑，枭首示众，将罪犯头颅送往全国各地展示；轻者也往往还附带肉刑，刺字、断趾、断足，令其受辱终身。在这种情况下，如果以贪污罪名控告，一般官员都会魂飞魄散的。吉

190

原之所以被逮捕到锦衣卫诏狱，也少不了是贪污的罪名。

吉原，淮安山阳（今淮安市淮安区）人，并没有什么显赫的出身，文化水平也不高，其最初不过是山阳县的一个富户，就是因为他做人厚道，办事公道，才被本里百姓选举为里老人，也就是受理一里之诉讼。里老人一般都由地方上年高德劭的人充当，官府通过他们的威望以及行政管理能力，理断民间诉讼，引导社会风气，稳定地方社会，以达到国家权力的向下延伸。当然明太祖朱元璋的这种设计，意图是依靠地方已有的社会权力结构，以确保王朝的权力延伸到基层社会中。里老人算不上官，充其量也就是有声望的地主。

朱元璋用人从来都是不拘一格的，无论官员级别有多低，只要他认为其才足以胜任，便可以超授其职。比如说原任安庆府怀宁县丞的陈希文，面对军卫指挥的图赖民地，知府袒护说情，居然敢于执法不阿，因得到朱元璋的赞许，特将其破格升为青州知府，从正八品的县丞升到正四品的知府，等于连升八级。原任宜兴县主簿的王复春，因控告上级常州知府差人下县下乡扰害官民，扣留孤老月粮，索取木材细米等事，得到朱元璋的嘉奖，除了赏赐牛酒等物品外，还破格将他升为常州府同知，从正九品的县主簿升为正五品的府同知，也是连升八级。作为民选的里老人吉原，因为办事公道，不但能够平息本里的各种纠纷，还力行教化，所以在数年之间，本里没有一起到官府诉讼的案件，以至于里民讲究礼让，民安其生，而且是"五教畅行"。所谓的五教，就是君臣有义、父子有亲、夫妇有别、长幼有序、朋友有信。正因为吉原事迹突出，所以被朱元璋破格授南雄府同知。一个没有任何官职的里老人就被任命为正五品府同知，可见朱元璋用人的不拘一格。

府同知负责分掌地方盐、粮、捕盗、江防、海疆、河工、水利以及清理军籍、抚绥民夷等事务。府同知也有独立的办事衙署，称之为"厅"。吉原上任之后，所面临的重要事务就是清理军籍，在明代被称为"清军"或"清戎"。

朱元璋所建立的卫所兵制,凡是军人都要纳入军籍,而且是世袭的。为了防范、解决军伍空虚和军籍管理淆乱的问题,必须时常对军伍实行清理,勾补军人,即"清军"之制。顾炎武认为明代清军之制乃是弊政,因为按照明代的规定,军士的逃亡要在其原籍勾补军人,而军户子孙必须要官至兵部尚书才可以除去军籍。军户法律地位低下,其子弟出任官吏、考充生员都有严格的限制,其地位往往与罪犯之家是同义语,因为充军之罪仅仅比死囚低一等。军户的人身自由也有许多限制,如军户弟侄子孙不许过继他人,不许随便入赘,不许学唱,不许下棋打双陆,不许做买卖等。

明初卫所的兵士来源于元朝的军户和从征、归附、谪发、垛集五种途径。元朝的军户是世袭的,也就是世代为军。从征是追随太祖朱元璋南征北战,建立了赫赫战功的军人;归附是各处投降的军人;谪发是因罪发配从军之人;垛集是召集民户为军。这五种军籍中从征是自愿的,但要他们世代为军籍,则不是自愿的,所以说都具有强迫性。既然不是自愿的,当然会有军士逃亡的隐患。特别是当承平日久,谁都不愿意为军人,再加上军户地位低下,民户都不愿意将女儿嫁给军人,所以逃离军户成风。因此,在洪武十六年、二十一年、二十三年,曾经展开了三次大规模的清军行动。清军乃是文武官员的生财之道,也难免对军户任意敲诈。吉原身为府同知,清军是其主要职责,这次受委任,与军卫镇抚陈艺一起办理清军事务。

南雄府小梅关乡民曾双山,夫妻两口,勤俭持家,拥有一片山林,栽种杉树,种植竹林。竹木收入可观,家道还算富有。曾双山一切都好,就是有一个毛病,乃是个吝啬鬼,不管你是他的至亲骨肉,平日对他有多么恭顺,一到该出钱银的时候,无论是周贫济无,还是礼上该用的,他都一毛不拔,实在躲不过去,他也会临时推托事故,假装事忙,躲入自家的山林里不出来。被人撞个正着,不得不出钱,也一定要缺斤短两,非要省下几文钱,方才称心如意。这样吝啬的财主,能不招人嫉恨吗?因此,也难免有人要寻他是非。

曾双山原本是军户出身，因为腿上受了伤，便向军官行贿，脱离了军籍。不明不白地脱离了军籍，在清军运动的时候，自然是个短处。他的邻居陈潘，是个大财主，混名叫做陈一百，就是因为他与人交往一旦不顺心，便说："我拼上一百两银子，与你打官司，让官府打得你屁股开花。"因此得到"陈一百"的诨号。陈一百看上了曾双山那座山林，便提出购买，而曾双山爱财如命，如何舍得，因此不同意，惹得陈一百发怒，声称定让曾双山家破人亡。

　　陈一百认字不多，生性粗鲁，虽然有钱，但与官府并没有什么瓜葛，全靠身边的谋士、他家请来的教书先生焦顺出谋划策。焦顺是本府生员，家道一般，只是靠教书养家，看到陈一百有钱，便时常挑唆他告状，凭借自己的才能和秀才身份，总能够让官府将被告治罪，因此陈一百奉他为神明。陈一百在曾双山那里受了一肚子气，回到家中，自然要对焦秀才讲。

　　焦秀才本来就好事生风，专门教唆词讼从中赚些钱财，如今见买卖来了，岂能够放过？朝廷清军，大张旗鼓，山林百姓并不知道，而身为秀才，却能够知晓这些，实乃"秀才不出门，全知天下事"，是靠读书看告示而得知的。曾双山以前是军户，焦秀才好打探别人的是非，早就将此事记在心里，时刻准备敲诈其钱财。如今陈一百肯出钱，官府又鼓励人们揭发检举，这一百两银子，加上五两的佣金，也是不少的数目，于是洋洋洒洒地写了诉状，让陈一百出头控告。其实，当时的军户甚多，以洪武二十六年（1393）为例，当时全国总人户是1065万，军户就有两百余万，可以说有五分之一都是军户。南雄一直没有战争，许多人户都是从外地迁徙而来，这些人是否是军户，曾经在何处为军人，调查起来很困难，所以官府鼓励相互揭发检举。

　　诉状是由府同知吉原与卫镇抚陈艺与共同受理的。卫镇抚虽然仅仅是从五品的官，但专门办理本卫的司法事务，还管军容军纪，类似现代的宪兵及军事法庭。这次清军是地方官与卫所共同负责，所以也必须共同审理，如今有人揭发，当然不能不管，当下发出牌票，拘捕曾双山到案。事情已到了生死关头，但曾双山还是不肯出钱，结果捕役将他上身捆成个粽子，一路敲打送到清军衙门，却只受了内伤。为什么一路敲打却只是受了内伤呢？因为捕役一旦将嫌疑人打出伤痕，官府要治捕役私刑之罪，所以捕役下手，总不能让官府看出痕迹。

吉原与陈艺审讯曾双山，得知其从前跟随燕王朱棣出征过蒙古，后来被派往陕西驻守，按理说应该发文陕西都指挥使司和北平都指挥使司查核。吉原认为先发文书到陕西及北平，等核实以后再行论处。看到吉原不肯马上处置曾双山，陈一百有些不高兴，毕竟他花了一百多两银子。陈一百一边埋怨焦顺状纸写的不好，一边声称官府拿钱不办事，要把此事让全南雄府的人都知道。

焦顺本来将一百两银子据为己有，如今见陈一百非要声张，唯恐自己私吞银两的事情暴露，所以安慰陈一百以后，便来到官府行贿。吉原是有名的清官，要想行贿他，不是一件容易的事情，而陈艺是个军官，爱财如命，便于下手，因此焦顺找到陈艺。无事不登门，陈艺见有人来找，知道必有所求，所以在寒暄几句之后，直奔主题，得知焦顺让他严惩曾双山，这乃是他职权范围之事，但也不能够轻易答应，所以一再讲事情难办，焦顺再三恳求，并且送上礼金，一直加到50两，陈艺才答应帮忙。得到陈艺的首肯，焦顺告知陈一百，让他等待好消息，一旦曾双山被定为军籍，那座山林不也就是陈家的了吗。

陈艺受了财，就将曾双山定为军籍，责令他如期赶赴陕西军卫报到。按照规定，府同知与卫镇抚共同办理清军事务，判决要双方一致同意，并且共同签署才能够有效。吉原之所以被朱元璋破格提拔为府同知，就是因为他办事认真。看到陈艺没有进行调查就作出判决，当即提出给陕西、北平的行文刚刚发出，还没有得到回复，不能够无凭无据地就裁判曾双山是军籍，所以不签署，不签署也就无法判决。拿人钱财为人消灾，陈艺受了财，不能不给人办事，便与吉原争吵起来，但吉原不为所动，坚持己见。

府同知与镇抚分属文武两个系统，各自有上司。陈艺见吉原执意不签字，便告知自己的上司都指挥使，说吉原袒护曾双山，而且收受了贿赂，不让其恢复军籍。都指挥使是从一品大员，有权直接上奏皇帝，便将此事上奏。朱元璋最恨官员贪污受贿，当即派锦衣卫前往，将吉原及一干人证都带到南京审讯。

锦衣卫诏狱拷问人的技巧高超，发明了许多酷刑，诸如挺棍、夹棍、脑箍、烙铁、一封书、鼠弹筝、拦马棍、燕儿飞、灌鼻、钉指、鞭脊背、夹两踝等，很难有人能熬过这些刑讯。在重刑之下，陈一百招出焦顺教唆词讼之事，焦顺则招出向陈艺行贿之事，陈艺也招出诬告之事。锦衣卫上奏，朱元璋再派刑部尚书、大理寺卿、都察院左都御史等官员共同会审，最终确定陈艺诬告及受贿的罪名，然后由刑部尚书杨靖领衔奏报给皇帝。针对此案，朱元璋不无感慨，所以对刑部尚书杨靖讲：

> 善与恶异趋，廉者必不同贪，公者必不济私，然恶或证善，事虽可白，不免受辱，宜严禁之，使有所劝惩。继今犯法者，不许证引良善，违者所证虽轻，亦坐以重罪。

也就是说，善与恶的趋向不同，凡是廉洁者必然不会与贪贿者同流合污，致力于公事者也不会假公济私。不过，邪恶诬陷良善，虽然最终也会真相大白，但被诬陷者也未免要受到牵连而身受刑讯之苦，所以应该严禁，使良善者得到激励，邪恶者受到严惩。这乃是朱元璋常常强调的奖善惩恶之道，所以他要求从今以后，凡是犯法者，不许诬陷牵引良善，如果违反，即便诬告的是轻罪，也要从重拟罪。

根据朱元璋的指示，刑部张榜通告全国，发出榜文如下：

> 为钦依禁约证指正人事。钦奉圣旨：如今内外大小官员，贪赃坏法的固多，中间亦有守法度做好勾当的。因是平日不肯同他为非，事发之后，所以被他证指。比及辨明出来，正人君子

已被其辱。今后若是诬指正人的,本身虽犯笞罪,也废他;但证指人笞罪,也一般废他。本身已得人死罪,又证指人,凌迟,都家迁化外。

这个榜文讲得很明白,只要是诬告正人,即便所犯是笞罪,也就是笞五十以下的罪,也要废了他。这里的"废"并不是现代意义上的将之弄成残废,或者是罢免其官职,而是死刑的意思。"一般"是"一样"的意思,"都家"就是"全家"。

按照《大明律·刑律·诉讼·诬告》条规定:"凡诬告人笞罪者,加所诬罪二等。"朱元璋却要将之废了,也就是杀了。该条还规定:诬告至死罪,"未决者,杖一百、流三千里,加徒役三年"。陈艺诬告吉原受贿,按照《大明律·刑律·受赃·官吏受财》条规定:"凡官吏受财者,计赃科断,无禄人,各减一等;官追夺除名,吏罢役,俱不叙用。"官是有禄人,如果受贿是枉法贪赃,只要达 80 两以上,就是绞刑。很显然陈艺诬告吉原贪赃枉法,就是死罪,因为吉原没有被处决,按照法律规定,陈艺是不可能被判处死刑的,而如今却要将其凌迟,还要将其全家发往云南充军。焦顺的处置则比较容易,先打手心 10 板,算是惩罚不听话的学生,再革去其生员功名使他失去前程。陈一百出了钱,虽然没有亲自行贿,但其出钱的目的是行贿,而且出头诬告,因此按照"不应"重罪予以杖八十,杖刑本来可以赎免,因其有钱,属于有力,所以不准赎免,折杖发落。曾双山最后经过核实,是因为受伤,自己又无子,不能够为军,故被免除军籍,无罪释放,但经历这一场官司,也是倾家荡产了,算是吝啬一生的报应。

◎ **案情评点**

朱元璋是善恶分明的人,所以任命吉原为南雄知府,并赐钞百锭,还让礼部设宴欢送其上任。古人认为衣锦还乡是最大的荣耀,吉原从南雄府同知任上被诬告,是锦衣卫将其捆缚京城的,如今荣升知

府,又是锦衣卫护送入府城的,可以让本府人民目睹其荣归南雄。这正是:

明刑弼教伸王政,化俗惩贪明主威。

　　此案涉及官员之间诬告、官员受贿、当事人行贿等问题,这些行为在律例里都有明白的处罚规定。朱元璋不按照法律规定处置,对不法官员采取律外用刑,是有他的理由的。朱元璋认为官员贪赃枉法的行为必须严惩,而这种严惩也会得到百姓的拥护,但诬告正人君子使他们受到牵连,最终使正人君子也不得不与贪官污吏同流合污,那才是最可怕的事情。在众人皆醉的时候,连一个清醒的人都没有,官场岂不是成为藏污纳垢的场所,吏治如何整治?如果不能够使良善得到激励,邪恶受到惩罚,政治腐败也就得不到遏制。朱元璋对于诬告正人君子者采取极刑也是从政治统治的角度出发,既具有很强的功利主义味道,又有扶植正气、打击邪恶的寓意。整治吏治,严刑峻法是一种手段,但在惩恶的时候注重扬善,往往比单纯的惩恶更能够收到效果。一个社会的正气如果得不到弘扬,实际上是助长歪风邪气弥散于社会,不但会导致官府威信下降,更会促成社会的不稳定。

　　请看不为身家只为民 >>>>

197

不为身家只为民

>>>> 案情回放

洪武二十四年(1391)十月,朱元璋阅读江西建昌府南丰县典史冯坚的"言九事"上书,即一曰颐养圣躬,二曰择老成之臣,三曰攘夷狄,四曰精选有司,五曰褒封祀典,六曰减省宦官,七曰调易边将,八曰采访廉能,九曰增置关防。这九件事涉及王朝的内外事务,所以朱元璋阅读以后,发出"(冯)坚所言知时务,达事变"的感慨。

按照明代制度规定,文武官员必须达到三品以上才能够有资格上书言事,为什么一个未入流的典史也能够上书呢?原因还要从五个月之前所发生的事情谈起。

洪武二十四年(1391)五月初一日,忽然有一个人来到京城通政使司衙门,不顾守卫的拦阻,冲到登闻鼓之前,在狂击一通鼓之后,拔刀自刎于登闻鼓下。守卫登闻鼓的官员报告通政使,知照刑部派仵作来检验尸体,在其发髻之中发现三封奏疏,翻开一看,便确定了死者的身份,乃是湖广常德府龙阳县(今湖南汉寿县)典史青文胜,时年32岁。

典史虽然未入流,但也是官员,如今在通政使司衙门自杀,通政使不敢隐瞒,急忙奏闻皇帝。朱元璋阅读奏疏,见其中写道:"地本弹丸,赋同大邑",说龙阳县的赋税太重,又遇上水灾,而地方官不上报灾情,却拼命征税,以至于"民难堪命"。自己身为典史,官职卑微,没有上书言事的资格,所以恳请上司代为转奏,却不想被上司指斥多事,非但没有替其转奏,还将其处以罚俸一年的处分。在万般无奈的情况下,只好擅离职守来到京城,但无由面见皇帝,只好以死明志,为民请命,如果能够得到"天鉴为聪",死也值得。

朱元璋看罢奏疏,不由得心情沉重。因为朱元璋非常关注民生,所以在平日阅读奏章时,得知某地遭受水旱蝗灾,总是减免赋税,发仓粮以赈济灾民,并且多次派遣使者前往赈济,还特别允许官员在灾荒的时候,可以先斩后奏,直接以官仓粮食赈灾。如洪武四年(1371),陕西汉中府知府费震,因本府遭受旱灾,又遇上平定四川的大军经过,实乃天灾加人祸,百姓难以生活,所以"乡民多聚为盗"。费震得知本府仓储粮有十余万石,便开仓借贷给灾民。按照《大明律·户律·仓库·私借钱粮》条规定:"凡监临主守,将系官钱粮等物,私自借用或转借与人者,虽有文字,并计赃,以监守自盗论"。监守自盗价值银40两就是斩刑,这十余万石粮食,足以将汉中府所有知情的官员全部问斩。布政使不敢承担责任,将此事奏报给皇帝。朱元璋得知其挪用了府仓的粮食,便派锦衣卫将费震逮捕到京城审讯,而当年秋天,汉中府大丰收,借贷的人们都把粮食还了回来。朱元璋得知费震是因为救济灾民才挪用府仓粮食的,所以说:"震,良吏也,释之,以为牧民者劝。"非但没有将之定罪,还将其重用,官至户部尚书。再如,洪武九年(1376),直隶苏州、湖州、嘉兴、松江、常州、太平、宁国、杭州、荆州、黄州诸府水灾,朱元璋立刻派遣户部主事赵乾等前往赈济灾民,而赵乾等人不念民艰,坐视迁延,拖了半年才开

始赈济,以至于饿死许多人。朱元璋非常生气,发下敕命说:"夫民饥而上不恤,其咎在上;吏受命不能宣上之意,视民死而不救,罪不胜诛,其斩之,以戒不恤吾民者。"所以朱元璋在颁布《大诰》时声称:"敢有不务公而务私,在外赃贪,虐害吾民者,穷其原而搜罪之。"如今龙阳县、常德府、湖广布政使司,都没有报知该地有灾荒,显然有"虐害吾民"之嫌疑。为此,朱元璋派出锦衣卫前往微服私访。

锦衣卫,全称锦衣卫亲军指挥使司,是洪武十五年(1382)将亲军都尉府与仪鸾司裁撤后改置的。锦衣卫作为皇帝侍卫的军事机构,在皇帝的授权下,有掌管刑狱及巡察缉捕之权,下设南北镇抚司,从事侦察、逮捕、审问等活动。明代实行卫所制度,一般的卫统辖5个所,定额5600人,锦衣卫则辖有17个所,在籍人数一度超过6万。一般卫的指挥使是正三品官,锦衣卫指挥使往往指派勋臣贵戚或都督兼任,官职最高可以是正一品。锦衣卫的经历司掌管收发公文;南镇抚司掌管本卫的刑法事务并兼理军匠;北镇抚司专掌诏狱,从事侦察、逮捕、审问等活动。朱元璋时期,锦衣卫的刑讯范围只针对官员士大夫,所以一般不会审讯以及捉拿普通百姓。一般的刑事、民事案件只通过正常的司法进行处理。因为锦衣卫地位特殊,常常非法凌虐罪囚,于是朱元璋发布谕旨云:

> 讯鞫者,法司事也,凡负重罪来者,或令锦衣卫审之,欲先付其情耳,岂令其锻炼耶? 而万非法如是。

因此,命取锦衣卫刑具悉焚之,以所系囚送刑部审理,但锦衣卫依然还有侦察、逮捕、审问等权,所以洪武二十六年(1393)六月,"申明锦衣卫鞫刑之禁,凡所逮者俱属法司理之"。没有量刑定罪的权力,并不意味着没有刑讯的权力。

锦衣卫的缇骑出动可是非同小可的事情。如洪武十九年(1386),浙江处州丽水县有一位算命先生,来到京城控告本县大姓陈公望等 57 人聚众谋乱。聚众谋反,这是关系王朝安危的大事,所以朱元璋当即命锦衣卫千户周原率领旗校前往缉捕,若不是丽水知县倪孟贤事先得知算命先生的诬告,前往该地微服私访,见当地男女耕织如故,急忙具疏上闻,并派出耆老 40 人诣阙陈诉算命先生是因敲诈不遂而妄行诬告的,便险些造成重大冤案。不过,这次朱元璋并没有让锦衣卫去龙阳县捕人,而是让他们微服私访,调查典史青文胜的奏疏所言是否属实,因此没有钦差的威风。

龙阳县(今汉寿县)位于湖南省北部的洞庭湖西滨,为常德府的属县,北濒洞庭湖,境内沅水、澧水通江达海。虽然水资源丰富,但县城西南高峻而易遭干旱,东北低洼又有连年洪患,再加上刚刚经过改朝换代的战乱,许多田地都荒芜了。如今汉寿县被国家命名为"中国甲鱼之乡""中国黑杨之乡""中华诗词之乡""中国珍珠之乡""中国苎麻之乡""洞庭鱼米之乡",还有林业为支柱产业,但在元末明初,这里是很萧条的。根据《大明一统志》记载,洪武九年(1376)的编户29 里,也就是 3190 户,如果按每户 10 人来计算,也不过 3 万余人,而元代所规定的赋税额是 37000 石,几乎每人要交一石(60 千克)多。元代的赋税额被明代所因循,因为朱元璋重绳贪吏,置之严典,所以"一时守令畏法,洁己爱民,以当上指,吏治焕然丕变矣"。所谓的"以当上指",就是要严格遵守朱元璋所制定的法度,而王朝的赋税又是考核的重点,如果完不成,轻则免官,重则身家性命难保,所以地方官都以催科为首务,对不交税的百姓进行威逼,打的打,关的关,百姓不堪其苦,胆大的逃走他乡,胆小的卖儿卖女以交赋税,而老弱病残活活饿死者也不在少数。

即便地方官加紧勒索,可是穷人能够榨出几两油水?所以他们依然不能完成朝廷规定征收的赋税额。到了洪武二十四年(1391),仅龙阳县就已经累计拖欠了田赋至数十万石。眼见就要到地方官朝觐考课之年了,赋税征收还没有完成数额,地方官如何不着急?

什么是朝觐考课呢?这是朱元璋勒定的制度,最初是每年全国地方官的正官，也就是长官，在年末都要来到京城，接受吏部和都察院的考核。洪武十八年（1385）则改为三年一朝觐，洪武二十九年（1396）则确定为丑、辰、未、戌年赴京朝觐。朝觐是吏部会同都察院对全国地方正官进行考察，而后分为三等，即称职、平常、不称。洪武十一年（1378）制定了朝觐宴赏制度，凡是称职者赐坐而宴，平常者站立而宴，不称者则在宴会厅门外站立，看着别人吃宴席，等参加赐宴者全部离去，他们才能够离开。看着别人吃宴席仅仅是耻辱，而不称者是要受到处分的，轻则勒令致仕，也就是退休，被勒令退休的不给予正常退休的待遇；中则黜免其官职，即黜者降职，免者罢官；重则以身家性命相抵，往往是个人被处死不说，还要全家充军，财产抄没。赋税如果不能完成，就有丢掉身家性命的可能，地方官们如何不心急火燎呢？

目睹府县官派出差役四处催逼赋税，身为龙阳县典史的青文胜，实在有些不忍，便请求知县、知府要他们为百姓着想，向朝廷申请减免赋税，拯救属民于水火之中。典史是微末之官，人微言轻，府县官根本听不进他的劝谏，依然我行我素。青文胜无奈，便草写了一封奏疏，要府县官替自己呈递到朝廷，却没有想到遭到上司的白眼。青文胜不甘心，又草写了一封奏疏，借出公差之便，到布政使处去呈递。一个未入流的典史要想见到从二品的布政使，谈何容易？没有地方长官的文书，连布政使衙门都进不去，更别提布政使也为赋税不能够足额缴纳而心焦了，如何肯替一个典史呈递奏疏呢？青文胜实在是想不出什么好的办法，就写了第三封奏疏，私自来到京城。连布政使衙门都进不去，又如何能够进入九重深宫呢？青文胜思前想后，认为登闻鼓可以利用。什么是登闻鼓呢？

"登闻鼓"源于《周礼·夏官·太仆》的"建路鼓于大寝之门外，而掌其政，以待达穷者与遽令，闻鼓声，则速逆御仆与御庶子"。这是建在宫殿门外便于人们投诉的鼓，还有专人看管。晋武帝年间，始悬鼓于朝堂和都城内，百姓可以击鼓鸣冤，有司闻而上奏，名为登闻鼓。

自此以后，登闻鼓遂成为历代直诉的一种重要方式。登闻鼓制度在明代，属于都察院管辖的称为"院鼓"，属于通政使司管辖的称为"通鼓"，清代则仅有通政使司管辖的"通鼓"。挝登闻鼓是有严格限制的，《大明律·刑律·诉讼·越诉》条规定："若迎车驾及击登闻鼓申诉而不实者，杖一百；事重者，从重论；得实者，免罪。"朱元璋时期，鼓励民众到京城陈诉贪官污吏的不法行为，也曾经有捉拿贪官污吏的热潮，不过在这个热潮时，虽然有许多民众捆绑贪官污吏送到京城，但也有高举歌功颂德牌匾为地方官所利用者，甚至出现许多以歌功颂德或故意报复的手段乘机诬陷他人者，可谓鱼龙混杂。在各色人物显现的当时，不但贪官污吏犹如野草，刈而复生，而且政务几乎陷于瘫痪。在不得已的情况下，朱元璋又开始严格限制，凡是到京城申诉的人，不问缘由，都发往云南充军，因此挝登闻鼓也是相当危险的事情。青文胜知道自己是擅离职守，属于有罪之人，一旦挝登闻鼓，被看管的官员查出身份，非但不能够将奏疏送到皇帝手中，而且要先治其罪。按照《大明律·吏律·职制·擅离职役》条规定："凡官吏无故擅离职役者，笞四十。若避难因而在逃者，杖一百，罢职役不叙。所避事重者，各从重论。"说起来罪责并不太严重，但有罪治罪，奏疏还是不能够呈递到皇帝手中。思量几日，青文胜决定以死明志，因此才出现了在登闻鼓前自杀的一幕。

锦衣卫将调查结果报告上来，朱元璋非常生气，先后将布政使、常德知府、龙阳知县都撤职查办，然后让户部查明赋役清册，下诏减免龙阳赋税，从37000石减为13000石，并且永为定额，之后将青文胜以礼安葬，并且在该县建立贤良祠，以接受县民的祭祀。

青文胜的为民献身精神，实在值得赞扬。明代嘉靖年间任工部尚书的甘为霖，曾经到过龙阳县青文胜的祠堂拜谒，写下《题惠烈祠》诗云："水乡伤重赋，三疏未回天。公以死而谏，君方悟且怜。岁蠲二万石，今历百余年。过此犹无算，还期扩祭田。"在甘为霖看来，青文胜这种为民请命的精神应该永远值得后人纪念，所以要扩大祭祀的规模。然而纪念逝去者,不应该仅仅颂扬逝去者,而是应该以激励来者为主要目的。这位工部尚书要扩大祭祀规模,却从来没有想到激励他人而教育自己,所以他依附严嵩,虽然没有什么恶迹,却也没有什么政绩,这可能是《明史》没有为其立传的缘由。

◎ **案情评点**

一个身份低微的典史,居然能够不惜一死而为民请命,所写奏疏也言词恳切,使朱元璋意识到在微末之员中也有人才,所以通令全国,允许典史这样的微员上书言事,才会出现江西建昌府南丰县典史冯坚"言九事"而得到朱元璋赞赏的事情。既然得到皇帝的赞赏,当然也会受到重用,朱元璋特命吏部破格升迁冯坚为都察院左佥都御史。一个未入流的典史一下就升为正四品的左佥都御史,等于连升13级,这在明代是绝无仅有的。这正是:

> 不为身家只为民,誓将一死感吾君。寸诚真切弥天地,散作龙阳百里春。

这是明代弘治十二年(1499)进士,时任辰沅兵备道的南昌府进贤县人朱廷声所作的《青尉祠》诗。一句"不为身家只为民",足以道出人民所期待的是什么官员,既有激励他人之感受,也有教育自己之含义,所以《国朝献徵录》称朱廷声"忠勤廉介",在辰沅兵备道任内"明刑弼教而黉校安业",也就是能够力行教化,使学校的学生安心读书。朱元璋一直强调官员必须爱民,对于酷虐吾民者严惩不贷,但民众没有申诉渠道,一个未入流的典史还属于官员系列,也只有以自杀的方式将意见表达上去,亦可见朱元璋政治法律制度设计的缺失,但在君主专制政体之下,又有多少不为身家只为民的官员呢?

请看宗亲屏藩皇太孙 >>>>

宗亲屏藩皇太孙

朱元璋的亲生子有 26 人，其中夭折者 2 人，在历代帝王中，可以说是多子多孙。朱元璋的儿子均取单名，各带有木字，长子标，次子樉，三子棡，四子棣，五子橚，都是马皇后所生及抚养，被称为嫡子。

朱元璋做事大多模仿汉高祖刘邦，尤其是参照汉、晋、元的成例，设计了以亲亲谊谊为基础的独特的封建制度。这套封建制度既不是汉代"吴楚七国之乱"、晋代"八王之乱"的模式，也不是对于宗室厚给其禄而不给其权，而是二者兼有之。一方面，朱元璋有计划地培养能力出众的接班人，但对这位接班人又想有几个强藩来屏卫皇室。于是在洪武三年（1370），封第二子朱樉为秦王，镇关中；封第三子朱棡为晋王，镇河东；封第四子朱棣为燕王，镇燕京。这三个地方，不但自古以来是成王称霸的形胜之地，也是边防要地，用此强藩来抗御外来势力，正是朱元璋所期待的。

洪武十年(1377)，太子朱标已经23岁了，学业也多完成，但没有实际为政经验，所以朱元璋开始让其办理一部分政务。朱元璋下令："自今政事，并启太子处分，然后奏闻。"也就是说，所有的政事都要太子先处分，然后由皇帝裁决。太子朱标可不轻松，除了要熟悉政事之外，还要学习经史典籍。也可能是过分劳累和惧怕严父督责，太子朱标的身体并不太好，"屡疾"在身，也就是身体非常虚弱。

　　太子朱标因为自幼接受传统儒家教育，再加上生性仁厚、孝友仁慈，与乃父性格截然不同。乃父要重典治国，崇尚严刑峻法，喜欢玩弄权术。太子却要仁义治国，崇尚礼制仁慈，喜欢孝友笃厚。乃父要太子处理政事，太子便自作主张，竟然"于刑狱多所减省"。父子之间因性格及执政方针上的差异，冲突也不可避免，彼此之间的矛盾冲突也时有显见。

　　据说，太子老师宋濂因子孙涉入胡惟庸案，应该连坐，太子为了保护宋濂，曾经哭求朱元璋免宋濂一死。没有想到乃父不准，还指斥他说："待汝为帝时可以赦免宋濂。"在乃父盛怒之下，太子当时便惶恐无措，以为乃父恨其欲夺大权，居然投水自尽，幸亏被左右救起，才幸免于难。后来马皇后去世，朱元璋常因此闷闷不乐，动辄杀人，太子陪着万分小心，进行劝谏，没有想到乃父拿来一根带刺的荆条扔在地上，要他拾起来。太子看到布满尖刺的荆条无从下手，不敢去拾。朱元璋说："汝弗能执与，使我润琢以遗汝，岂不美哉？今所诛者皆天下之险人也，除以燕汝，福莫大焉！"告诉太子说，你不能够拿起带刺的荆条，我替你把刺全部除掉再给你，这不是好事吗？我现在所杀的都是奸险之徒，把这些坏人都除掉，再把大好河山交给你，这就是你莫大的福气呀！没有想到，太子没有感激之情，却说："上有尧、舜之君，下有尧、舜之民。"朱元璋也没有料到太子骂自己不如尧舜，一时火冒三丈，举起椅子就砸过来，吓得太子赶紧逃走。

　　按照儒家的政治理论，"立嫡以长不以贤，立子以贵不以长"。这种原则与宗法制度紧密结合，便确立了嫡长子继承制。历代王朝基

207

本上接受了这项原则,即在皇帝正妻皇后所生诸子中,选立长子为继承人;如果嫡长子早殇而有子,则立长子之子;长子无子则由嫡次子顺序继承;在皇后无子的情况下,选择庶子中的长子为继承人;皇帝无子,则依照亲疏昭穆顺序选立继承人。当时朝野上下都认为这样可以避免纠纷,能够保持继承顺序的稳定。朱元璋再恨太子不争气,也不可能打破这种相沿已久的继承制度,因此还是耐心教育太子成才,以便顺利交替。

洪武二十四年(1391),第二子秦王朱樉因为有过失被召回京师,正好又有迁都西安的建议,朱元璋便派太子巡视关中,既考查关中形势,又调查秦王的过错。就在那年金秋送爽的八月,太子朱标在文武百官恭送下,在长江码头登上龙船,沿运河北上到徐州,再折而向西到洛阳,再向西经潼关进入西安。太子朱标果然仁慈孝友,对于秦王朱樉的罪责也仅以过失搪塞,使其没有受到什么处罚,次年被礼送回藩。

秦王朱樉荒诞败德,残害人的手段令人发指。如他非法刑诸宫人,有割去舌者,有绑缚身体埋于深雪内冻死者,有绑于树上饿杀者,有用火烧死者。此外,居母丧而略无忧戚;听信偏妃邓氏而将正妃王氏囚禁;喜欢淫亵之乐而将军民之家寡妇陆续作践身死;偏妃邓氏穿着王后服饰;掳番人七八岁幼女 150 余名,阉割 7 至 9 岁幼男 155 名;偏妃邓氏嫉妒被责自缢身死宫女不计其数等。如果太子朱标如实反映情况,朱元璋对秦王朱樉是不会轻饶的。太子的孝友使秦王朱樉免罪,自己的身体却因路途劳顿一发不振,至洪武二十五年(1392)四月,终于不治身死,时年 38 岁,谥号为"懿文太子"。按照这个谥号的意思,太子朱标是温柔贤善而慈惠爱民的人,既有爱人的资质,又有道德博闻的学识,是非常理想的善人,但其柔不能克刚的特点也很明显。

太子朱标死了,朱元璋白发人送黑发人,心情沉重是可以想象的。继承人不在了,这个继承人虽然不是自己满意的人,但毕竟是嫡长子,朱元璋能不痛哭流涕,伤心欲绝吗?

按照儒家的继承理论,太子早逝,应该另择贤子为储,但朱元璋坚持立嫡以长的原则,期望的是嫡亲相传。就在这时,一位善于窥测君上意图的御用文人刘三吾扛起儒家的旗帜,力主立太子朱标的儿子朱允炆为皇太孙,得到朱元璋的赞赏,于洪武二十五年(1392)九月,布告天下,令朱允炆入主东宫。

太子朱标的太子妃是常平王常遇春的女儿,他们的第一个儿子名朱照雄,早早就夭折了。朱允炆是第二个儿子,却不是嫡出,为吕妃所生。也可能是早婚早孕,或者是近亲结婚,朱允炆生来便有缺陷,头盖骨有些偏歪。据说孩子出生时,朱元璋摸着朱允炆的头,不无感叹地说:"半边儿月",心里也不大高兴,但毕竟是将来的嫡传,也没有过多的不满。

在重点教育太子的时候,这位孙辈也常常能够见到祖父,想不到其天资聪明,不但书读得好,而且在判断是非方面,屡屡正确。据说在大明宝钞发行的时候,民间有许多人进行伪造,一般人断定不出来真伪,但只要朱允炆一看,便能够真伪立辨,其对大明宝钞的防伪标志有独特的理解,常人所不及。因为学习好,朱允炆渐渐地引了起朱元璋的关注,所以当太子朱标去世,臣下提出立皇太孙时,朱元璋欣然接受了。

在立皇太孙的时候,朱元璋的九个儿子被封到东北到西北的边境上,他们都是皇太孙的叔叔辈,而且拥有重兵。九个王分别是:辽王朱植,宁王朱权,燕王朱棣,谷王朱橞,代王朱桂,晋王朱棡,秦王朱樉,庆王朱㮵,肃王朱楧。朱元璋当时为了备边,不但有精锐的王府护卫军,还对王朝的军队有指挥权,每年还按例进行军事演习,可以说是强藩在外。

对于这种安排,朱元璋颇为得意,对皇太孙说:"朕将御外的责任都交给了诸王,边疆安宁无事,你可以做太平天子了。"

朱允炆对乃祖的设计并不以为然,居然说:"敌国入侵,由诸王抵御,那么诸王有异心,由谁来抵御?"皇太孙的反问确实难倒了朱元璋,朱元璋沉吟许久才发话说:"依着你的意思,应该如何处置呢?"

朱允炆沉思许久,最终回答说:"以道德争取他们的心,以礼法制约他们的行为。如果道德礼法没有效果,就削他们的属地。再没有效果,就将他们改封别处。道德礼法都不能够使他们改悔,也只好六师加之,兴王师进行讨伐了。"对于皇太孙的回答,朱元璋颇为满意,认为:"没有比你所说的办法更好了。"

一个刚刚十五六岁的孩子,说出这种血气方刚的话,朱元璋并没有认为有何不妥,以为道德礼法的力量是无穷的,所以让御用文人们纂成《永鉴录》,训诫诸王要笃亲亲之义,为皇太孙将来以道德礼法来约束诸王张本,但却没有为皇太孙将来与诸王兵戎相见奠定基础。

朱元璋笃厚"亲亲之谊"和"屏藩王室"的政治设计,使他信任血缘关系,而为了顺利将权力交替给皇太孙,他内剪功臣,外设强藩,但还是不放心女主专权、外戚与政。洪武三十年(1397)底,朱元璋又生一场大病,已经70岁的老人,知道自己可能会不久于人世,对于皇太孙今后的事情考虑更多。想来想去,屏藩王室已经完成,这些藩王在亲亲之谊的情况下足以藩卫皇室;功臣也清理的差不多了,但"女祸""外戚之祸"尚没有消除。于是,朱元璋想到皇太孙的祖母李淑妃,这个女人精明能干,四面逢源,皇太孙对她言听计从,如果自己"万岁"之后,这位淑妃效仿武则天专起权来,外戚的势力必然削弱朱氏力量,万一出现国祚倾移,岂不是大明江山易主? 于是,朱元璋将李淑妃及其两个哥哥招到便殿赐宴,对李淑妃说:"你跟随我已经12年了,早晚伺候在我的身边,也够辛苦的了。今天我把你两个哥哥请来,你与他们尽尽同胞之谊吧。"李淑妃是何许人,听完朱元璋的话,也就明白安排这次宴会的用意并不是为了什么同胞之谊,而是让她殉葬,于是泫然泪下,跪倒在地说:"妾知道了,既然要死,又何必再见兄长呢?"李淑妃辞别朱元璋,回到自己的宫中,便以一条白练而自尽身亡。此时,朱元璋抚尸痛哭,对李淑妃的哥哥们说:"朕知道你们妹妹贤惠有德,就是担心她日后会演出武后之祸,只是想叫她节制自己,没有想到她竟然自尽身亡,你们千万不要以朕为寡恩薄情之人。"安抚了李淑妃的哥哥后将她以礼安葬。

对于女主干政的禁止,魏文帝曹丕曾下诏曰:"夫妇人与政,乱之本也。自今以后,群臣不得奏事太后,后族之家不得当辅政之任,又不得横受茅土之爵。以此诏传后世,若有背违,天下共诛之。"以后各代皇帝虽然都承认这项原则,并表示遵守,但由于各该时期不同的历史背景,也由于母强子弱,或企图依靠外戚以制衡权臣等原因,后世母后和外戚干政的事件仍然不断发生,于是有些皇帝曾经采取过极端的措施。如汉武帝刘彻立幼子刘弗陵为太子,又怕"主少母壮,女主骄蹇,淫乱自恣,莫能禁",而先将其母赐死。北魏道武帝拓跋珪效法汉武帝,立子嗣必先杀其生母,他认为"昔汉武帝将立其子而杀其母,不令妇人后与国政,使外家为乱"的做法是"为长久之计"。为杜绝母后擅权,采取杀戮嗣君生母的残忍手段,原来是以一套奠安社稷、消除隐患于未然的政治理论为依据的。这种做法虽然在中国历史上比较罕见,但却反映出统治者对女主干政的高度警惕和不惜采取极端手段加以限制的思想,朱元璋则是统治者中比较罕见者之一。

◎ 案情评点

朱元璋为了自己大明江山的万世一系,诛戮功臣,限制宦官,消除女主,建立屏藩,可谓是用心良苦,期望将一个太平天下传给这位皇太孙。当皇太孙已经感觉到诸位叔叔的威胁,对祖父展现出自己将来不惜以兵戎相见的态度时,朱元璋虽然默许其表态,却没有采取措施保证乃孙能够实施这种行为,更没有像为皇太子除去荆棘之刺那样去为皇太孙除去威胁。是朱元璋不明白?还是他年事已高而来不及为皇太孙除刺呢?这些都已成为谜,后人无尽的遐想也就随之而来。

洪武三十一年(1398)闰五月初十,朱元璋在西宫自己的卧榻上停止呼吸,临死前最后一道执法令,竟然是让他的妃嫔们都为之殉葬,只留下一个张美人让她抚养 4 岁的宝庆公主成人。

朱元璋的遗诏颁布了,这是他自己所写,还是皇太孙的谋士所为,已经成为历史上的一个谜团。一般来说,在位的皇帝都想万寿无疆,即便是奄奄一息,也仰望上苍保佑。从《明太祖实录》来看,直到朱元璋生命垂危的时候,他还在祈祷皇天,这个遗诏很难说是朱元璋自做。

无论如何,朱元璋为了大明江山万世一系,设计了一整套制度,他以为是成功的,所以在《祖训》中信誓旦旦地讲:"凡我子孙,钦承朕命,无作聪明,乱我已成之法,一字不可改易,非但不负朕垂法之意,而天地、祖宗,亦将孚佑于无穷矣。"孰料其尸骨未寒,皇太孙便否决乃祖的治国方针,改年号为"建文",削诸叔之权,不到一年,周、齐、湘、代、岷 5 王被削废,燕王朱棣也扛起《祖训》的旗帜,要清君侧,"靖难之役"战火燃烧起来。朱元璋所依赖的血缘关系,在权力欲望面前变得更加凶残。

说起朱元璋葬于"孝陵",却很蹊跷。"孝"的陵号在历史上有北周武帝宇文邕、明太祖朱元璋、清世祖爱新觉罗·福临。如果说福临的陵号仿照明制,具有开国皇帝的寓意,但朱元璋的陵号则在宇文邕已有陵号的基础上确定的,究竟是以何为本呢?史载宇文邕"沉毅有智谋",没有即位时"常自晦迹,人莫测其深浅",即位以后"克己励精,听览不息"。以性格而言,宇文邕"性既明察,少于恩惠",与朱元璋有类似之处;以志气而言,宇文邕"必使天下一统",也与朱元璋相同;宇文邕"用法严整,多所罪杀,号令恳恻,唯属意于政,群下畏服,莫不肃然",与朱元璋也有相同之处,可见建文帝群臣对朱元璋既有褒也有贬的用意所在。

更为可疑的是,开国皇帝一般称"长陵",以后的皇帝则要参照其生前事迹和世系来命名,但也有违反常规的。以"长陵"来说,历史上有汉高祖刘邦、魏孝文帝拓跋宏、明成祖朱棣 3 人称之。按照

"长"(音 zhǎng)的内涵是"教诲不倦,以道教之也",于排行也是第一,因此有开国的意义。汉高祖刘邦为"长陵",其名实相当,北魏孝文帝拓跋宏改姓氏为"元",也具有开创的意义,问题是明成祖朱棣的陵号为什么定为"长陵"。这位原本为燕王的朱棣,在夺嫡称帝之后,就把乃兄朱标原来的"孝康皇帝"的谥号改为"懿文皇太子",把朱标的"兴宗"庙号也取消了,陵号也剥夺了,实际上是确立自己的正统地位。朱棣俨然以正统自居,其后人又把他的陵寝号定为"长陵",一百多年以后又被追认为"成祖",其具有开创的寓意当中,还蕴藏着许多现实和历史的政治背景,值得深思。这正是:

> 崛起何嫌本做僧,汉高同杰又多能。每当巡省临华里,必致勤虔谒孝陵。一代规模颇称树,百年礼乐未遑兴。独怜复古非通变,翻使燕兵衅可乘。(《乾隆御制诗集三集》卷四十九《谒明太祖陵》)

乾隆皇帝多次谒拜朱元璋的孝陵,与臣下评论朱元璋的政治得失。他所说的"复古非通变"是指朱元璋既立皇太孙,又分封诸子,认为乃是复古得祸,如果他择贤而立朱棣为继承人,不实行分封制,怎么会有靖难之事呢?千秋功罪自有后人评说,那么对于朱元璋的执法行为如何评说呢?

请看盖棺岂能成定论 >>>>

盖棺岂能成定论

有关朱元璋的评价，现在史学界已经讲得很多了。无非是从他的生活经历来讲其构建大明帝国的经过，对其成为明帝国开国皇帝以后的表现进行分析。至于分析的重点，则集中在防止人民群众的反抗斗争，调整地主阶级内部矛盾，"以猛治国"的方针，建立专制主义中央集权制度等方面。在功绩上，对其推翻元王朝的统治，构建大明帝国，形成统一的多民族国家，加强中央集权，整肃吏治，打击不法豪强，恢复和发展生产等方面予以肯定。在局限与过失方面，对其高度扩张皇权和残暴统治，坚持厚本抑末而阻碍商品经济发展，严酷的文化专制等方面予以批评。至于朱元璋在法律方面的建树，以《大明律》修成而创建明代法律制度为"常经"之法，以《大诰》《榜文》的权宜措置而刑用重典为"非常"之法，从"常经"之法与"非常"之法并行评价朱元璋在法制方面的功过是非，既肯定其在法制方面的历史贡献，也分析其失误和过错。总之，无论从什么角度来评价朱元璋，总是毁誉参半。综合起来，无非以下三种：

第一，褒扬盛赞。这类的评价多是赞美歌颂，有的说朱元璋是历史上最伟大的民族英雄、解放者，认为他复汉官之威仪，兴民族之文化，振民族之精神，在历史上没有出于其右者。也有的说朱元璋是最成功的农民阶级起义者，是有为的君主，伟大的英雄，有眼光的政治家，是个军事和政治上的天才，为千古第一帝。还有的说朱元璋是充满传奇色彩的千古圣君，是从赤贫登上帝位的真龙天子，创一代制度，因此应该为至尊、圣君、奇才，是有雄才伟略的一代雄主。

第二，贬低咒骂。这类评价多是充满仇恨，说朱元璋是暴君，因为他多疑、残忍、好杀。也有的说朱元璋昏庸、残暴无情，既不是什么明君，更不是什么民族解放者，是十足的流氓，罄南山之竹不足以蔽其辜，其在历史上的出现是中华民族的悲哀。还有的说朱元璋限制言论自由，迫害百姓，实行恐怖统治，而海禁、阻止工商业发展、思想文化专制等政策，更使中国逐渐落后于世界，因此应该对其口诛笔伐，不值得后世称赞。

第三，折中评价。这类评价既不是过分的赞扬，也不是竭力的贬低，多是两分法的说法。比如说朱元璋的"暴虐"，只是针对贪官污吏和居功自傲的宿将，而不是针对老百姓；畏惧严刑峻法的是贪官、赃官、大地主、大官僚，而不是百姓，因为朱元璋对百姓是仁慈的，保护百姓，休养生息，因此他既是英雄，又是暴君，两者并不矛盾。也有的说朱元璋处死了那么多贪官，应该是个不忘本的好皇帝，但屠戮功臣，六亲不认，杀了很多人，做错了很多事，也是一位残忍的君主。还有的说朱元璋全面复兴中华制度与文化，其功德足以照耀千古，但其废除丞相制度而实行极端君主专制制度，使政治失去活力，实行思想文化专制，使思想文化缺少了生机，因此可以毁誉参半，但以其所处的时代来说，还是功大于过。还有的说不应该将朱元璋个人业绩和历史功罪混为一谈，个人业绩突出，未必能够对整个国家有利，因此朱元璋就是朱元璋，社会发展就是社会发展，甚至可以假设如果没有朱元璋，社会是如何演变的。

除了上述三方面的评价，一些调侃的说法可以说是别出心裁。

例如说朱元璋具备雄才大略、审时度势、能屈能伸、高超权谋、心狠手辣等特点，所以想成不了大事都难。有的说朱元璋是个军事天才，同时代的张士诚、陈友谅、方国珍、王保保等枭雄之辈难以成为其对手；朱元璋是个诗人，既有书卷气，又有明白俭朴的文风，更显示出帝王气象；朱元璋是个劳动模范，不要丞相而一切事务都由自己承担；朱元璋是先进分子，因为明朝的科技在当时世界领先。还有的说朱元璋为了明帝国付出了自己的青春、精力，牺牲了爱人、朋友和属下，最终是一个孤独的老人守护着一个宠大的帝国，成为孤家寡人。更有人认为，在贪官眼里的朱元璋是无耻的，因为他将贪污60两以上的官员剥皮实草，连贪污的女婿也杀了；允许百姓直接告御状，官员扰民因老百姓告发被腰斩了，阻挡百姓告御状的诛了九族，只有皇帝可以审判告御状的百姓，所以他是贪官污吏痛恨的人，是百姓爱戴的人。至于朱元璋杀了几个大臣，这是开国皇帝的通病，东汉光武帝、晋武帝、宋太祖没有大杀功臣，不是说他们能够容忍功臣，为什么单单要指责朱元璋呢？

总之，各种评价来自各方面的人群，既有历史著作，也有文学著作，更有网络民众的评议，还有所谓现代派流行调侃的著作。可以说既有明史学者吴晗的《朱元璋传》，又有历史学者的多种大传及难以统计的学术论文，还有毛泽东这样领袖人物的评价与意见。至于影视剧、评书小说、通俗著作，更是以朱元璋为题材而广为宣传，使朱元璋几乎成为家喻户晓的人物。清代史学家赵翼认为，朱元璋一身兼有圣贤、豪杰、盗贼之性，所以朱元璋到底是怎样的一个人物，至今也没有可以令所有人信服的评价，贬低者有之，赞誉者有之，毁誉参半者有之，嘲笑者有之，歌颂者有之，神化者有之，丑化者有之，可以说嬉笑怒骂皆成文章。正因为如此，朱元璋去世六百多年，却还能成为公众关注的人物。人们无法忽略朱元璋的历史存在，也缘于深厚的历史情结，于是根据历史记载与传说，再假设一些主观的臆测，就使朱元璋本来就具有的独特传奇的一生，更加具有神话传说的色彩，正不知还会吸引多少人的好奇,引起人们什么样的思考。

那么如何从执法角度来评价朱元璋呢?其执法又有什么特色呢?在执法过程中又如何反映出其圣贤、豪杰、盗贼之性呢?这是谈朱元璋执法不能回避的问题,也有必要进行分析,更不是盖棺定论的问题。

说起执法,就不得不谈起司法。所谓的司法,即国家司法机关及其司法人员依照法定职权和法定程序,具体运用法律处理案件的专门活动,是将法律付诸于实践。而所谓的执法,亦称法律执行,是指国家行政机关依照法定职权和法定程序,行使行政管理职权、履行职责、贯彻和实施法律的活动。广义上的执法是指国家行政机关、司法机关及其公职人员依照法定程序实施法律的活动。狭义上的执法是指法的执行,即专指国家行政机关的公职人员依法行使管理职权、履行职责、实施法律的活动。司法与执法都属于法律的实践,但二者还是有很大区别:(1)司法必须独立,公正至上,主要为被统治者服务,活动范围狭窄;执法不能独立,效率至上,主要为统治者服务,活动范围广泛。(2)执法不过是严格依法办事,执行法律;司法职能广泛,如司法审查职能、造法职能等。(3)执法实行首长负责制,司法实行法官负责制。(4)二者适用的法律程序区别很大。(5)司法是被动的,执法是主动的。当然,这些都是西方法律概念的传入而形成的现代观点,很难概括中国传统的法律活动,但掌管法律和手持法律办事的执法定义,还是可以用来描述中国传统法律活动的。

执法的特点是遵照和执行既定的法律,是为统治者服务。那么朱元璋集立法、司法、行政诸权于一体,因此很难按照现代意义上的"执法"去概括,但执法主动性及首长负责制,却可以适用于分析朱元璋的执法。

在中国传统的理念中,执法一直与"情、理、法"这三个字纠缠在一起。按照儒家的解释,情、理、法为人情、天理、王法。所谓的人情是尊、亲、贤等人伦之本;所谓的天理是时、月、日等自然事物;所谓的王法是讥、贬、绝等制度规范。认为古圣王应该上本天理,中用王法,下理人情。具体到法律方面,则要求圣人立法要顺人情,司法要循天理,执法要遵王法。如果能够遵循这种原则去构建法律制度,应该会建成人类最理想的法律制度,但三者很难有机地结合在一起,其顺序也经常会颠倒,在具体实施过程中,常常是偏重一方,于是乎出现许多变数。

第一,重法而轻情、理,便会出现"霸道",用强力的刑法去规范社会,使人们生活在恐怖之中。

第二,重情而轻理、法,便会出现情大于法,情胜于理,不但法律得不到尊重,社会也难有公正。

第三,重理而轻情、法,便会出现空谈道理而失去人心,法律就成为被批评指摘的对象而不会为人所信服。

第四,重情、理而轻法,就会去追求无得罪天下后世的"至当"政策,法治则会荡然无存。

第五,重理、法而轻情,就会出现符合道理天理,追求至当的法律,而得不到人们的信服。

第六,重情、法而轻理,就会循人情而立法,造成人民的暴政,出现古希腊哲学家柏拉图所讲:"平民这个大而有力的野兽",他们不但摧毁法律,也丝毫不讲道理;重情重法,则会出现法国启蒙思想家、文学家、哲学家伏尔泰所讲:"荒谬和野兽一般残忍的法律,是老虎的法律,而且,这种法律更加可怕,因为老虎是为了糊口而把人撕碎,而我们却是为了僵死的法律而把别人判处死刑。"

情、理、法与立法、司法、执法的关系是不能随意改变的,如果改变就会出现许多难以预料的变化,其法律制度的弊端就会更加凸显出来。

第一,立法以天理而失去人情,就会出现人心向背,再符合天理的法律也难以实施;立法尊王法,统治者的主观意识强加于内,既难符合天理,也难得人心,欲图长久则无异于缘木求鱼。

219

第二,司法以人情而失去天理,就会败坏社会风气,造成是非不分,公道难行,社会混乱也是难以避免的;司法以王法而失去天理,就会使长官意志强加于社会,唯上是从,就不会管社会效益和民生疾苦,唯上马首是瞻,贪污受贿,营私舞弊也在所难免。

第三,执法以人情而失去王法,不但会破坏既定的法律,也缺乏天理,如果只知利害关系而不管是非,那么世间的公道就会在各种人情关系下消失了,法律也没有尊严,更谈不上什么法治了;执法以天理而失去王法,就会使人们对法律任意批评,指摘其缺陷,不但没有了法律的尊严,更会失去人心。

如何理顺"情""理""法"的关系,既是先贤们孜孜不倦的追求,也是现代社会需要进一步深入探讨的问题。

人情、天理、王法应用到执法上来,也会出现多种组合方式,这就使执法的变数增加了。纵观朱元璋的执法,他常常称自己"揆情准理",有"情理之平"的追求,认为自己执法顺人情,也时常讲自己"辨理推情",有"讼平理直"的明辨是非之能力,认为自己执法循天理。朱元璋不时说自己"于刑法尤所关心",有"执法务平"的慎刑之心,因为自己执法遵王法。从朱元璋冠冕堂皇的话语中可以看出,他执法根本不是遵王法,因为他常常采取律外用刑。那么执法顺人情、循天理,就违背了立法顺人情、司法循天理、执法遵王法的原则,执法的变数就增大了。朱元璋天威叵测,凭借权势在执法方面为所欲为,这就为评价他的执法平增了许多困难,也很难给其一个准确的定位。那么按照执法必须遵王法的原则,对朱元璋违反该原则的执法行为进行分析,应该是深入理解其执法理念的一个途径。

首先,朱元璋执法以人情的问题。由于朱元璋生活经历的原因,小农意识被深深地烙印,一方面愤世嫉俗的情绪经常流露出来,一方面朴素农民的感情也时常溢于言表,因此在他执法的过程中,便不时地将这些情感流露出来,而根本就不顾什么既定的法律。如洪武十六年(1383),有人犯法,论罪应该是死刑,该人的父亲想救儿子一命，便向法司行贿以求免儿子一死，没有想到被监察御史察觉，按照法律，行贿者也应该问罪。朱元璋看到奏章认为，父子是至亲，父亲因爱儿子才不顾法律而行贿，这是人之常情，于情可恕，便赦免了父亲的罪。依照朱元璋的认识，儿子为父亲，父亲为儿子，妻子为丈夫，丈夫为妻子，即便是犯法，也是情有可原，为他们屈法则是顺人情而循天理的事，却不想因此失去法律的公正。在《大诰·谕官生身之恩第二十四》中，福建道御史于敏因犯法理应受刑，但其妻击鼓救援，朱元璋两次屈法赦罪，认为是为了"全贞良之妇"，结果于敏不知改悔，又第三次犯法，妻子再救护则仍不免于死。因情而废法，最终也没有因情而使于敏妻子承受夫亡之苦，如果当初就按照法律处置，于敏也不至于死，虽然丢去官职，但还可以夫妻相爱度余生，看似爱之，实是害之，而法律在朱元璋的任意裁断下，显得那样无关紧要。

朱元璋早在领兵打仗时，就网罗士人进入自己的幕府，而随着势力的扩大，攻占的地方越多，被其礼贤下士聘请来的士人越多，宋濂、章溢、刘基、叶琛"四先生"参与文学及军事秘密，朱升有"高筑墙，广积粮，缓称王"的九字诀等。这些士人为缔建大明王朝出谋划策，正是士人们的启迪开导使朱元璋学习到各种知识，在政治上逐渐成熟起来，因此他非常尊重士人，敬佩之情溢于言表。然而随着自己的权力膨胀以及文化水平的提高，朱元璋也了解到士人们的短处，文人相轻，乃至相倾，所以他时常为自己的文化成就而沾沾自喜，敕纂与御制许多书籍，也时常对士人们的恶习进行批评，对士人们的猜忌和防范之意也时而见于言论。在与士人们的交往过程中，朱元璋在学术文化方面有强烈的自我表现欲望，当与士人们唱和诗文时，对他们赏识提拔；在相处中又痛恨士人们奚落和窃笑自己知识有限，因此常常对他们进行羞辱与摧残。尊重知识文化与学而知不足的知识贫乏，使朱元璋对待士人们有多种情感，当痛恨之情出现，他严厉打击士人，兴文字狱，对不愿意为王朝效力的士人们采取血腥屠杀。以情来执法，既缺乏理智，又破坏成法。以情执法在于心，如果心里有鬼，心

221

加鬼便是愧；如果心要斩人，心加斩便是惭。朱元璋在实施文字狱过程中，应该是有愧又有惭，所以他在杀掉苏州知府魏观以后，便有"帝亦寻悔，命归葬"的举动，不但将之埋葬，还让人编纂魏观的文集。

其次，朱元璋执法以天理的问题。朱元璋在军中的时候就喜欢读经书，这些被传统儒家认为是帝王大经大法的经书，不但是传统王朝的指导思想，也是王朝立制定法的根本，更是君主专制主义中央集权制度赖以建立的理论支撑，属于"天理"范畴。朱元璋在执法过程中，常常以经书内的理论来为自己的裁断作注脚。例如洪武二十三年（1390），朱元璋将所有杂犯的死罪全部赦免，让他们送粮食到北部边疆以赎罪。翰林学士刘三吾奉承说："圣心如此，垂念及此，罪人受更生之恩矣。"朱元璋也不无得意地说："用饶恕的办法推行我的仁慈，而仁慈可以济生。"刘三吾进一步奉承说："三代而上，刑罚常简，本仁恕也。三代而下，刑罚常滥，以严刻也。"意思是说朱元璋可以与三代圣王相媲美，夸大的奉承，露骨的吹捧，使朱元璋飘飘然，不无得意地说："善于治理国家者，只有生道树德，不是以刑杀立威。"孰不知他崇尚重典，此时受刑人群相望于道，连穿鞋与官靴相似的人都枭首示众，全家人发配云南，有何仁恕？与其说刘三吾是无耻奉承，还不如说他指桑骂槐，只是朱元璋当时没有明白，还以为自己就是三代圣王。三代圣王崇尚的"明刑弼教"便是朱元璋在执法过程中最大的天理。

在"明刑弼教"的天理下，朱元璋给自己大搞律外用刑不断找依据。按照《大明律》的规定，两姨姑舅为婚是被禁止的，如果发现，要杖八十以后离异，而朱元璋认为这是"胡元"恶习，便明令将这些人全部处死；《大明律》规定和奸男女各杖八十，但朱元璋认为这有伤风化，便不问情由将男女全部问斩；《大明律》规定偷窃财物要计赃定罪，最重也仅仅是杖一百、流三千里，而朱元璋认为这是无籍之徒不务生理，也就不问偷窃多少，全部予以枭首示众；《大明律》规定使用官定斛斗称尺而作弊增减，要杖六十，而朱元璋认为这是奸顽骗诈,也不问骗诈多少,全都予以枭首示众;《大明律》规定略人为奴婢者,要杖一百、流三千里,而朱元璋认为这是富豪之家欺压良善,便将略人者凌迟处死,还将其妻子并一家人脸上刺字而全部入官为奴。类似这样的执法多不胜数,很少是按照法律来裁断,法律在他眼里仅是律人不律己的工具,而使用这个工具则在于教化。

再次,朱元璋执法不遵王法的问题。在法律制定的过程中,朱元璋多次申明立法应该"贵从中道",要能够服人心而传后世,因此上稽天理,下揆人情,多次修订《大明律》,不希望法律成为奸吏出入他人生死之资,更不允许官吏超出法律规定而任意胡为,而他自己却从来不受法律的约束,在执法过程中全凭自己的意志与直觉。比如按照当时法律,在刑讯与决罪时,必须使用刑部颁发的刑具样式,依照法定的行刑部位施刑,如应该用笞杖而用刑杖,应该用刑杖而用讯杖,应该打臀部而打腰,应该打大腿而打后背等,都属于决罚不如法,司法者不如法要承担刑事责任,使用非法刑具将人致死也不过是杖一百、徒三年,追埋葬银10两而已。在朱元璋重典治吏的时候,对于官吏使用法律规定以外的刑具,如浙江黄岩县丞余琳用尖刀锥铁垢,松江府华亭知县王纪用在杖上加檀木头,陕西白水知县罗新用两层生牛皮鞭,湖南湘阴县丞刘英在生牛皮鞭上夹铜钱,都被朱元璋严惩不贷地凌迟处死,而听命行刑的皂隶狱卒等也被处死。对于官吏使用非法刑具不能够容忍,但朱元璋自己却不断地使用非法刑具。为了羞辱和惩处不法官吏,他经常将文武百官召集在一起,在太平门前当众施行刑讯,如洪武十九年(1386),刑部官吏胡宁、童伯俊等受贿,朱元璋让五军断事官、大理寺、刑部、都察院、十二道监察御史等部门的官吏都来观看刑讯,数十名犯人,有的被砍去双足,有的用皮鞭抽打脊背,连朱元璋自己也感觉到毛骨悚然。这些都属于法律规定以外的刑具,而且不到半天就打死数人。自己制定的法律,自己却率先破坏之,法律何在? 当然,在皇权专制制度下,皇帝的权力被宣称是无限的。在通常的情况下,一切行政、军事、立法、司法、文教等大权,无不由皇帝掌握运用;对一切文武官员和勋贵人等的任免、赏罚、生杀予夺大权,也无不取决于皇帝。因此,法律可以由皇帝来定,没有法律可以创造法律,所以朱元璋开创了"廷杖"制度,其亲侄朱文正于殿陛上杖死,永嘉侯朱亮祖父子当廷杖死,工部尚书夏祥、薛祥在太平门前廷杖而死,这种"廷杖"也便成为法律,不但朱元璋可以实施,其子孙也以之为法宝。"刑不上大夫"传统消失了,大臣可以被皇帝任意凌辱,即便是杖死也只有逆来顺受。

执法直接影响法律的效果,如果不按照既定法律去执法,就会使法律成为"具文",法律也很难发挥作用。如果在执法过程中再加上人情,官官相护,玩法弄法,法律更不会使人们信服。朱元璋在执法过程中的任意使执法便不再遵法,轻重在于自己的爱憎。于是圣心垂顾便成为心加圣而为"怪";皇恩浩荡,便成为心加皇而为"惶";上心难测,下心窥测,便成为心加上下而为"忐忑";真心则为"慎",缺点良心则为"恨"。凡此与意念有关的字出现在执法过程中,各种千奇百怪的现象也就会出现,法律也就形同虚设,一切都要取决于"人治",法治的理念也不会在那个社会生根发芽。这正是:

国家应该尊重人情,然而情胜则人心俚;国家应该崇天理,然而理胜则人心背;国家应该贵王法,然而法胜则人心离。

朱元璋在位 31 年,苦心构建了大明帝国的诸种制度,要求其子孙永远遵守。在法律实践中,他既注重"常经"之法的建设,又采用"权宜"的措置,奠定了"律诰"体系,要求后代子孙只能够依据律与大诰议罪。朱元璋留下祖训,要求子孙对自己所制定的"已成之法,一字不可改易";对于臣僚于"后世敢有改更祖法者,即以奸臣论无赦"。那么,朱元璋的子孙们真的能谨遵祖训,对其制定的制度不敢改易吗?其辛苦经营的"万世之法"真的能为子孙所世守吗?后世臣僚议论祖法能够成为奸臣吗?朱元璋以后的各个皇帝从乃祖、乃父身上学习到了什么？他们的执法又与乃祖、乃父有什么区别？请继续关注后续的明代皇帝御案系列。

用酷刑耸人听闻

　　提起朱元璋,人们就会将之与酷刑联系在一起,说他剥皮囊草（也称剥皮实草）建立"皮场庙",动用族诛之刑大开杀戒,实施凌迟之刑场面惨烈,什么铲头、刷洗、钩背、抽肠等,无所不用其极。那么朱元璋到底有没有使用过酷刑？所谓的剥皮、铲头、刷洗、钩背、抽肠等骇人听闻的酷刑到底是什么？为何又都将之算在朱元璋头上？朱元璋又为什么使用律外酷刑？这些律外酷刑都用于何种罪犯身上？凡此种种疑问,还必须从明代的法律谈起,再按照出现的前因后果进行分析,才能够揭开众多谜底。

　　明朝的法定刑罚为笞、杖、流、徒、死五刑。五刑之外,又有赎刑、迁徙、充军和对"大恶"罪的凌迟刑。朱元璋为惩治奸顽,达到"使人知所警惧,不敢轻易犯法"的目的,特令对于情节恶劣、罪犯深重者律外加刑,不但有夏商周三代通行的墨、劓、荆、宫、辟旧五刑,还有前代暴君酷吏所使用过的非刑,更有自己独创的刑罚。

　　朱元璋在文人的帮助下,努力学习历史,于历史典故也非常熟悉,经常借古以讽。如洪武二十五年（1392）,右都御史袁泰弹劾御史胡昌龄"心怀谲诈"，朱元璋就指斥他们"此何异张汤腹非之法"。据《汉书·食货志》载，御史大夫张汤，"奏当异九卿见令不便，不入言而腹非，论死。自是后有腹非之法比，而公卿大夫多诎谀取容"。也就是说，即便是不说话，也可以断定腹中不满，就是"腹诽"。此处的"非"就是"诽"，而诽就是小声说话。朱元璋借这个典故来指斥御史们诎谀取容，虽然没有将他们论死，但也不无威胁。朱元璋好读书，认为："读书穷理，于日用事务之间，自然见得道理分明，所行不至差缪，书之所以有益於人也"（《明太祖实录》卷一百五十，洪武十五年十一月壬戌条）。读书使他明习历史典故，因此所采用的律外用刑也是多有所本，而他又不是死读书，总要学以致用，所以又有所创新。从《大诰》四编中，可以看到朱元璋先后使用了多种法外酷刑。其中有族诛、凌迟、极刑、枭令、斩、死罪、墨面文身挑筋去指、墨面文身挑筋去膝盖、剁指、断手、刖足、阉割为奴、斩趾枷令、常枷号令、枷项游历、重刑、免死发广西拿象、人口迁化外、迁、充军、徒、籍没全家、戴罪还职、戴罪充书吏、戴罪读书、免罪工役及砌城准工、家财入官、人口流移三十余种，许多并不见于《大明律》，因此可以称为律外用刑。

那么这三十余种称得上酷刑的刑罚，哪些是朱元璋独创的？哪些又是朱元璋承袭前代的？其施行的目的又是什么？朱元璋又是如何认识酷刑的效用的？现试举几种，来分析朱元璋的所作所为及刑罚理念。

第一，族诛，即平除其族。据说商纣王有诛及九族之条，但从《尚书·甘誓》"用命赏于祖，弗用命戮于社，予则孥戮汝"来看，族诛应该出现得更早。孥，是指妻子和儿女，"孥戮汝"就是家属或处死，或罚为奴隶，也就是族诛，可见夏王朝就已有族诛之刑。而《尚书·汤誓》："尔不从誓言，予则孥戮汝，罔有攸赦"，也讲到"孥戮汝"，说明商汤也施行过族诛之刑。《尚书·盘庚》："乃有不吉不迪，颠越不恭，暂遇奸宄，我乃劓殄灭之，无遗育，无俾易种于兹新邑。"劓是割的意思，为割鼻之刑；殄是尽绝的意思，即对所谓的"奸宄"要将之灭

绝,使其不能够遗存后代,不让他们的种类来到新邑,也就是殷地(今河南安阳),由此可见盘庚也施行过族诛。

诛九族后来成为秦的"夷三族法",即父族、母族、妻族,由此延伸为九族。九族有不同的说法:①自高祖至玄孙,从本身上数四代,即上为高祖、曾祖、祖、父,下为孙、曾孙、玄孙、来孙。②从本身上数八代,即鼻祖、远祖、太祖、烈祖、高祖、曾祖、祖、父。③从本身下数八代,即孙、曾孙、玄孙、来孙、晜孙、仍孙、云孙、耳孙。④父族四:姑之子(姑姑的子女)、姊妹之子(外甥)、女儿之子(外孙)、己之同族(父母、兄弟、姐妹、儿女);母族三:母之父(外祖父)、母之母(外祖母)、从母子(娘舅);妻族二:岳父、岳母。无论如何,株连九族都是非常残酷的刑罚。

朱元璋对经书情有独钟,对《尚书》更是脱口而出,在与大臣谈论国家各种事情的时候,经常予以援引。族诛之刑,曾经在古代称得上明君的夏启、商汤、盘庚都采用过,因此在经书为历代王朝所尊奉的年代,援引经书上明君的做法便有了强硬的理论支撑。如《大诰续编·有司滥设吏卒第十六》,对有司官员违法录用无籍之徒充当的当人、管干人、干办人,虐害良民者,无籍之徒及有司官员全部族诛,因为他们使"良民受害",族诛的理由很充分,就是因为他们害民;《大诰续编·民拿经该不解物第五十五》,对违例科敛百姓,虚买实收的官吏,采取族诛,因为他们"重复害吾良民";《大诰续编·闲民同恶第六十二》,对闲民冒称官府,与官吏同恶相济者族诛,也是因为"虐害吾民";《大诰续编·断指诽谤第七十九》,福建沙县民罗辅等13人,因为断指"朋奸诽谤朝廷",均被族诛,理由是断指残害身体为不孝,捏词诽谤朝廷为不忠,是不忠不孝之徒;《大诰续编·如诰擒恶受赏第十》,对常熟县民陈寿六将作恶县吏拿往京城进行褒奖,提出如果敢有迫害陈寿六者族诛;《大诰三编·民拿害民官吏第三十四》,对阻挡人民拿送害民官吏的府州县正官、首领官等施行族诛。朱元璋认为:"若民从朕命,不一年间,贪官污吏尽化为贤矣。"由此可见,朱元璋施行族诛主要是针对虐害良民及不忠不孝者,其以重刑除贪官污吏,改变社会风貌的目的跃然纸上。

第二,凌迟,也称陵迟,即剐也,谓碎脔肢体身首异处。陵迟原来指山陵的坡度是慢慢降低的,用于刑罚则指将人身上的肉一刀刀割去。正式定为刑名为辽代,此后都是律外刑,在条例内有规定。凌迟并没有列入《大明律》,在条例及《大诰》中仅适用于特殊情况的个别案件,凡是被认为十恶不赦,犯了天条,特别是威胁到皇权统治利益的叛逆罪犯,才会被判处这种刑罚。怎样执行凌迟呢?即行刑时将犯人的头脖、腰身和四肢都紧紧捆绑在法柱之上。行刑刽子手要使用专门的短柄薄刃锋利的法刀,先割下犯人的两眉眼帘,盖住犯人双目,让犯人不辨黑白,不知宰割自己的刀刃将从何处下手,再逐处剐割犯人的肢体。凌迟之法又可分为两种:一种是先剐头面,次切手足,然后胸腹;另一种是先剐四肢,然后胸腹,再割头面。采取哪一种做法,执刑的人可斟酌定夺。

朱元璋为什么会采用凌迟之刑呢?《大诰·沉匿卷宗第六十》中讲,金吾后卫知事靳谦沉匿该卫卷宗,被凌迟处死,因为该卫有军八千余人,沉匿卷宗就意味着"盗卖仓粮数多,克落月支并赏赐,其数亦浩大"。《大诰续编·闲民同恶第六十二》中说,如果有闲民祸害良民之事,被害人告发以后,便应将不能够清除闲民的有司官吏凌迟处死,因为他们是"同恶相济"来"虐害吾民"。《大诰续编·不对关防勘合第六十三》中所谓的"关防",是在"空印案"事发之后,朱元璋改用半印(犹如现代的介绍信),分成上下两个部分,分别写明事由,在中间盖印,这样上下各有半印,也便于拼合验对,取其"关防严密"的意思,后来关防成为临时差遣官员的印信,其型制是长方形,与额定职官的正方形官印用红印泥不同,所用印泥是紫色,俗称"紫花大印"。所谓的勘合,即是符契文书上盖印信,分为两半,当事双方各执一半,用时将二符契相并,验对合契及骑缝,方可凭证,有征调勘合、调军勘合、军籍勘合等。关防勘合属于官文书,代表官府的权力,朱元璋认为如果有人持有官文书,就会出现"诈称差使,骗诈钱财,扰害吾民"的现象,所以严令实施半印勘合,而苏州知府张亨等居然没有核对半印勘合,就将假冒千户的沈仪所带来的伪造文书公开宣布,并按文书写明的事宜办理,结果被查出。假冒千户的沈仪及 4 名随从,因为假冒职官,伪造官文书,均被凌迟处死了,苏州知府张亨等则被枭令。按照《大明律·刑律·诈伪·诈为制书》条规定,这样的罪是要被处斩的,朱元璋加重为凌迟,是因为"贪官污吏财利迷其心"。在《大诰》中被断以凌迟处死者,共有 12 例,其中因为贪污受贿被处以此刑的有 5 例,可见朱元璋对贪官污吏的痛恨。其余则涉及官文书、诬告、交结内侍、奸党、谋反,也可见朱元璋使用凌迟之刑的态度,总不能让贪官污吏虐害良民,更不能容忍其结党营私、反抗朝廷。

第三,戴罪,也就是头上戴各种罪名,允许其继续工作,给予其自赎的机会,一般称为"戴罪立功"。朱元璋对一些官吏,给予戴罪还职、戴罪充书吏、戴罪读书等处罚,虽然说不是他首创,但广泛地将其应用到刑罚中,却堪称第一人。在什么情况下才可以戴罪呢?朱元璋所认为的戴罪意义又是什么呢?戴罪的效果又如何呢?试举例来分析。

朱元璋的戴罪还职,可不是简单的头上戴有罪名,而是要戴着刑罚去还职。《大诰三编·进士监生不悛第二》中,列有进士、监生出身的官吏 364 人,其中有 212 人是戴刑还职的,所戴之刑有死罪、斩罪、绞罪、流罪、徒罪、杖罪,有些戴罪者还被施以断指、带枷、带锁等刑罚,让他们带着伤痕及刑具还职办公,借以凌辱还职者,并试图儆诫其同僚,也让人民看到犯罪官吏受罪的惨状。

明代的进士取得非常不容易,三年才考一次,所以有明一代共开科 83 次,每科仅取二三百名。考试首先要通过由州县长官主持的童试,均称"童生",童试中试之后称为"生员",通称"秀才"或"秀士",也就是取得府、州、县学的学生资格;然后再参加由"提调学校官"主持的"院试",才能够取得进一步参加考试的资格,也就是参加省一级三年一考的"乡试",称为"大比",因在八月中旬举行,又称为"秋闱"。乡试要考三场,全部中试者才能够成为"举人",按照名额,每省多者百余人,少者仅数十人,因此能够合格者,至少是百里挑一。乡试第一名为"解元",第二名为"亚元",第三至五名为"经魁",第六名为"亚魁",其余称"文魁",都有资格参加礼部考试,也就是会试。会试在乡试后的第二年春天于京城举行,由礼部主持,故称"礼闱",因为是在春季以及礼部号称春官,所以也称"春闱"。会试亦考三场,三场中试称为"贡士"。会试录取名额有限,约占参考人数的8%,故称十里挑一。会试第一名称"会元",俗称"会魁"。会试中试者要由皇帝亲策于廷,称为"殿试",表明选拔权由天子掌握和天子对人才的重视,是"皇恩浩荡",由此所录取者都称为"天子门生"。殿试后分为三甲,一甲只有三人,称为状元、榜眼、探花,加名"赐进士及第"。二甲无定额,称"赐进士出身"。余为三甲,称"赐同进士出身"。二三甲第一名称"传胪",与状元、榜眼、探花一起参加皇帝亲赐的"琼林宴"。十年寒窗苦,实际上很少有学子十年便能获得成功,而且要过五关斩六将,才能取得进士,其功名来之不易,所以朱元璋认为,如果他们是因为犯罪,使之"不数月一时丧尽",实在可惜,所以让他们戴罪还职、戴罪充书吏、戴罪读书,给予自新的机会。

监生也不容易,要由府、州、县学递次选拔到中央国子监,学业期满,才能够取得做官的资格。国子监学生通称"监生",其来源有官生和民生两种。官生是品官子弟和土司、外国学生,民生是通过贡、举两途而来的。贡生有举贡、岁贡、选贡、恩贡、纳贡,称为"五贡生"。举贡是举人会试落榜,择优者送入监就读之人;岁贡是府、州、县学每年按定额送诸生入监;选贡是三年或五年考选各地生员中"学行兼优"者充贡入监;恩贡是国有大庆大典时所增加的上贡名额,属于恩典入生者;纳贡是生员出赀入监的,也称例监。当然明代中叶以后,出钱买监生出身的人很多,以至于监生贬值,不为时人所重视,但在朱元璋时期,监生是非常受人重视的出身,朱元璋对他们常常破格重用。监生身份的取得也要"数十年磨一剑",正是"显扬祖宗,丰奉父母"之时,如果因为犯罪而丢失一切,颇为可惜,所以朱元璋也给了这些人以戴罪还职的机会。

朱元璋除了因袭前代的酷刑,并有所创新之外,还有什么独创的刑罚呢? 这些刑罚是否真的存在? 清官修《续通典·刑典》讲:"明太祖开国之初,惩元季贪冒,重绳赃吏,其法至剥皮囊草。"这"剥皮囊草"又是什么刑罚呢? 在此还是应该予以解析。

2001 年,美籍华人、香港中文大学陈学霖教授,将在台湾地区发现的《明兴野记》(即《纪实录》)整理,于大陆中国友谊出版公司出版。据陈学霖教授的研究,《明兴野记》的作者俞本,15 岁参加元末大起义,20 岁成为朱元璋亲兵都指挥使冯国兴麾下的"帐前黄旗先锋",直到洪武三十年(1397)才退职,是元末明初历史的亲历者和见证人。《明兴野记》有朱元璋实行剥皮实草的记载,中央民族大学教授、《洪武皇帝大传》(河南人民出版社,1993 年)的作者陈梧桐先生,根据这些记载,便认为朱元璋实行剥皮实草是铁证如山,无可辩驳的。这正是:

> 山行寻鹿亦寻诗,妙合而凝巧构思。得失非他千古事,文章假我寸心知。(《乾隆皇帝御制诗集三集》卷二十五《山行》)

号称"十全老人"的乾隆皇帝,好写诗,其《御制诗集》共有 5 集,共计 41863 首,堪称第一高产诗作者(《全唐诗》收录 2200 余位诗人的作品,总计也不过 48000 余首)。上引《山行》一诗之"得失非他千古事,文章假我寸心知",实际上是在唐诗人杜甫《偶题》:"文章千古事,得失寸心知"的基础上的发挥,其创意也不惊人,更有抄袭之嫌。不管乾隆皇帝的诗是否业余,但其诗评论古今,却不是一般人所敢言的。"得失非他千古事",无论是他随口而来,还是有所比喻,都告诉人们,对于千古事的得失评论要"假我寸心知",也就是要实事求是。

因此,对朱元璋的评价,也是寸心知的事情。那么为什么《明兴野记》(《纪实录》)在明末才能刊刻出版呢?朱元璋到底使用过剥皮囊草之刑吗?比《明兴野记》出版更早的图书有讲过朱元璋剥皮实草的事情吗?剥皮实草的说法具体出现在何时呢?剥皮实草是否是朱元璋独创的呢?

剥皮囊草的传说

　　《明史·海瑞传》讲海瑞(1514—1587)72 岁时,也就是万历十三年(1585),愿比古人尸谏之义,因此上疏,"举太祖法剥皮囊草及洪武三十年定律枉法八十贯论绞,谓今当用此惩贪"。这就使剥皮囊草成为朱元璋的发明,而且是正史凿凿有言。清官修《续通典》,也认为是朱元璋所创,看来应该是没有什么疑义了。但是海瑞是在 1585 年提出的太祖法剥皮囊草,《续通典》成于乾隆三十二年(1767),前者离朱元璋去世已经 187 年,后者离朱元璋去世也已 369 年。清代著名史学家赵翼(1727—1814),在考据学上很是有名,其名著《廿二史札记》成书在乾隆六十年(1795),距朱元璋去世 397 年。他们所讲朱元璋使用剥皮囊草之刑,离朱元璋时代很遥远,因此其真实性是值得怀疑的。要确认朱元璋曾经是否使用过剥皮囊草之刑,离朱元璋时代越近的文献,其可信度就越高。那么什么是剥皮囊草之刑呢? 有没有离朱元璋时代相近的文献呢? 即使有相近的文献,其真伪又是如何辨别呢? 许多疑问,必须悉心研究,才有可能解析一二。

剥皮囊草亦作"剥皮实草"，也就是剥下人皮，用草填充之，犹如动物标本一样。朱元璋重惩贪官污吏，是否使用过剥皮实草之刑呢？论者多引用清代史学家赵翼《廿二史札记》卷三十三《重惩贪吏》以为证明。赵翼考证是元末明初叶子奇《草木子》中所讲："明祖严于吏治，凡守令贪酷者，许民赴京陈诉。赃至六十两以上者，枭首示众，仍剥皮实草。府州县卫之左，特立一庙，以祀土地，为剥皮之场，名曰皮场庙。官府公座旁，各悬一剥皮实草之袋，使之触目警心。"问题是现在由中华书局标点出版的《草木子》没有这个记载，而其书是正德十一年（1516）才由叶氏后裔刊行，中间难免有散佚。据《正德刻本序》记载：该书原有22篇，刊印刻本时省略为8篇4卷，以后有嘉靖、万历、天启、乾隆、同治等重刻本，点校者将各版本对照，予以断句，是现在通行的本子，该本并没有剥皮实草的内容。那么，赵翼是否曾经见过正德以前的手抄本？或者是曾经有22篇本问世？这些已很难予以考证，但从现在可以见到的，讲朱元璋使用剥皮实草的典籍，基本上都是以赵翼所讲为本，也就是说，在赵翼以前，还没有人引用或讲《草木子》有剥皮实草和皮场庙的事情，那么在朱元璋去世397年以后所讲的事情就值得怀疑了。

此外，赵翼讲海瑞上疏有"国初尚有剥皮囊草"，以证实朱元璋确实实行过剥皮囊草之刑。海瑞有《备忘集》收录他的奏疏、申文，示谕等，由陈义钟（程毅中）编校，改名《海瑞集》，由中华书局在1962年出版。该书将现存的明刻本相互校对，其中有与海瑞最为接近的万历二十二年（1594）阮尚宾刻《海刚峰先生文集》，因此《海瑞集》成为现在通行的版本，全文收录海瑞要恢复国初剥皮囊草之制以惩贪官的奏疏。从现在所见的资料来看，是海瑞最早在公开场合说朱元璋施行过剥皮囊草之刑。在笔者所能查到的典籍中，有明代伍袁萃撰，成书于万历时期的《林居漫录》；明代吴亮严辑，万历间刊刻的《万历疏钞》；明代尹守衡著，刊刻于崇祯时期的《皇明史窃》；清代夏燮撰《明通鉴》；清代阮元等编《道光广东通志》；清代陈鹤《明纪》；

清刻本的《集义轩咏史诗钞》;清代汪师韩撰《韩门缀学》;清代严遂成撰《明史杂咏》;徐世昌辑《将吏法言》等,都是引用海瑞奏疏,也就是说海瑞是朱元璋使用剥皮囊草之刑的最早提出者。那么海瑞所言是否有凭有据呢? 他提出国初有剥皮囊草之制以后,在当时又产生了什么影响呢?

离海瑞比较近的沈德符(1578—1642),在他的《万历野获编》卷十一《堂官答属官》中讲海瑞:"上疏请惩贪官,复国初剥皮囊草之制,时情尤恨之。御史梅鹍祚,因劾(海)瑞导上法外淫刑。得旨亦云:(海)瑞偶失言,仍留供职。"也就是说,海瑞上疏以后,便引起朝臣不满,御史们纷纷弹劾,万历皇帝并没有治海瑞失言之罪。到底朱元璋有没有施行过剥皮囊草呢? 沈德符认为:"太祖初制,亦偶一行耳。所谓古有之,而不可行于今者,此类是也。"也是持不肯定之词,为此他还引用当时文坛领袖王世贞(1526—1590)评价海瑞的看法:"不怕死,不爱钱,不结党,是其所长。不虚心,不晓事,不读书,是其所短。"说海瑞不读书,未免过分,但从海瑞的文章中,可以看到他杂采民间传闻的痕迹,因此海瑞讲朱元璋有剥皮囊草之制,很有可能也是来自当时的传闻。为此《万历野获编》卷十八《法外用刑》讲:"太祖开国时,亦有赃官剥皮囊草之令。遭此刑者,即于所治之地,留贮其皮,以示继至之官,闻今郡县库中尚有之,而内官娶妇者亦用此刑。末年悉除此等严法,且训戒后圣,其词危切。"似乎朱元璋确实颁过剥皮囊草之令,但从文字中看,还是用"闻"字,并没有真凭实据。不过其讲正德皇帝,"剥流贼皮以饰马镫,出入必乘踏之"的事情却是接近事实。所谓的"剥流贼皮",即北直隶(今河北)文安人刘六、刘七,于正德五年(1510)十月在霸州造反,正德七年(1512)七月,明军才在江苏狼山(今南通市南郊)将之完全剿灭。刘六、刘七率众数万人,横行数省,正德皇帝对他们的愤恨溢于言表,以其个性,将刘六、刘七剥皮饰马镫,也不足为奇。正是因为正德皇帝的行为,"剥皮"才成为当时人们谈论的话题,而关于朱元璋剥皮囊草的事情,也正是在这时出现的。因为《草木子》是正德十一年（1516）问世的，离朱元璋去世已经118年了，即便有赵翼所引用的文字，也有应时之嫌，何况现在的版本还没有此事。

如果要证实朱元璋确实颁过剥皮囊草之令，就必须有离朱元璋最近的文献，而陈学霖教授整理的《明兴野记》（即《纪实录》），作者俞本，是洪武三十年（1397）退职的，如果真是俞本所著，他便是剥皮囊草之刑的亲历者和见证人，其可信度则毋庸置疑。但据陈学霖教授讲，《明兴野记》题为明俞本撰，天启（1621—1627）张大同删定，是明刊本，并且认为删定本未做刻意改动，大致保存了原貌，但问题也就在这里。天启离朱元璋时代已经久远，再加上明初的文字狱，这种有损朱元璋形象的书，能否存留下来，本身就是问题；即便存留，也不能够保证其子孙没有修订，更何况明末出版书籍多在猎奇，以畅销为目的。张大同应该是天启元年（1621）任兵部尚书张鹤鸣的侄子，崇祯八年（1635），于家乡颍州（今安徽阜阳），与张鹤鸣一起被"流贼"所杀害，事迹可考者不多，其可信度也就成疑了，更何况所讲的事情多与离朱元璋时代最近的《明太祖实录》不相符。野史是可以补正史之不足，但其内容多奇闻异事，闾巷风俗，君王秘事，其可信之处在于与事发时间较近，而所述之事必须有所依凭。

据《明兴野记》讲，洪武六年（1373）五月，中书省右丞杨希武（即杨宪，字希武）因为"奸党"一事败露，被锁在天界寺山门前，沿身刺上"奸党杨希武"，然后"剥皮作交床"，即把皮放在交椅上，放置于省府台堂之上，让后人来坐，以示警诫，还连坐五百余人。而按照《明太祖实录》记载，杨宪为中书省左丞，被杀是在洪武三年（1370）七月，首先是时间上不对；其次，被锁的地点对不上。南京天界寺，原是元文宗图帖睦尔在南京做藩王时的宅邸，后来因为当了皇帝，便将之改为龙翔集庆寺，该寺于洪武二十一年（1388）遭火焚，之后才重新修建，由朱元璋赐名为"天界善世寺"，也就是说"天界寺"的名称是洪武二十一年（1388）以后才出现的，这样杨希武被锁的地点也就不对

238

了。再次，该书记载洪武十年（1377）六月，都督毛骧因为收受贿赂，败坏法制，被胸背刺上"奸党毛骧"四个字，然后"剥皮贮草"，放在都府大堂之上，警示后任官员，并且"剐心肺示众"。毛骧在《明太祖实录》中出现过6次，一是洪武元年（1368）为指挥，随从大将军徐达北征；二是洪武四年（1371），升任羽林右卫指挥使；三是洪武五年（1372），命其带兵逐捕浙东倭寇；四是同年有败倭寇于温州的功绩，获倭船12艘以及倭弓等器，生擒一百三十余人；五是同年因功升为大都督府佥都督；六是洪武十三年（1380）令其参与胡惟庸案的事务时已经为都督，掌锦衣卫事，典诏狱。当然，毛骧也是因为胡惟庸奸党案受到牵连，最终被处死，但从洪武十三年（1380）他还参与胡惟庸奸党案处理来看，他不可能是洪武十年（1377）被剥皮贮草的，更何况"奸党毛骧"，明明是胡惟庸奸党案以后的事。因此，《明太祖实录》所讲也有可疑之处，也不应该以此就认定朱元璋施行过剥皮实草之刑。那么剥皮究竟何时见于史籍？朱元璋剥皮实草的传说又是何时开始盛行起来的呢？这还是要从赵翼《廿二史札记》卷三十三《重惩贪吏》谈起。

赵翼在讲完"皮场庙"之后，说元世祖忽必烈在籍没奸臣阿合马家的时候，发现他家有人皮一张，所以后来在杀阿合马之子阿散的时候，便将其皮剥下，因此认为剥皮是元代已经有的非法之刑。阿合马（？—1282），色目人，为元世祖忽必烈的近臣，至元元年（1264），官至中书平章政事，主政十多年，史称其在位日久，益肆贪横，援引奸党，专事蒙蔽，内通货贿，外示威刑，廷中相视，无敢论列，当然也为人所恨。至元十九年（1282）三月，高和尚及益都千户王著，使人假扮太子，得以见到阿合马，王著即从袖中拿出铜槌，击阿合马脑部，立即毙命。王著、高和尚被处以极刑，"皆醢之"，即烹成肉酱。王著临刑大呼曰："王著为天下除害，今死矣，异日必有为我书其事者。"后人尊他为"大元义士"。当然，阿合马的奸恶终于被查出，忽必烈将其发墓剖棺，戮尸于通玄门外，籍没其所有资产，罢黜阿合马党人740

人。在穷治阿合马党的圣谕下，阿合马四子当然也不能够免于一死。

据《北史·西域女国传》记载，西域女国的风俗是"贵人死，剥皮，以金屑和骨肉置瓶中，埋之。经一年，又以其皮纳铁器埋之"。阿合马是色目人，有可能受这种风俗的影响，其家有人皮一张，到底是为用具？还是存留一年再埋葬呢？史料没有交代，也不好推测。那么最早说朱元璋使用剥皮囊草之刑的文献见于何时呢？又是如何叙述此事的呢？

明代涂山撰，万历四十三年（1615）刻本的《明政统宗》卷六引《龙飞纪略》说朱元璋建造皮场庙。此后，明代陈建撰，明末刻本的《皇明从信录》卷十引《龙飞纪略》；清代王棠辑，清康熙五十六年（1717）刻本的《燕在阁知新录》卷十七《皮场庙》，也是引《龙飞纪略》，其文字恰恰与赵翼所称《草木子》的说法略同，可见《龙飞纪略》是最先提出朱元璋建造皮场庙的。

《龙飞纪略》为明代吴朴撰，初刊于嘉靖二十三年（1544），关于朱元璋建造皮场庙的记载："帝严于吏治，凡有贪酷县令，许里老解至京师，剥皮问罪，每年各州县选有德行里老二人赴京陈说政务，或庶民受害，许赴御前陈诉，官赃至十六两以上者枭首示众，仍剥皮贯草，以为将来之戒。于府州县卫所之左，特立一庙以祀土地，为剥皮之场，名曰皮场庙，于公座傍各置一剥皮贯草之袋，欲使其常接于目，而警于心。"这就是各家以之为本的说法，其最早也就是见于此，而此时离朱元璋去世已经 146 年了。另外，明嘉靖不著撰人的《秘阁元龟政要》卷十四，也讲此事，所说大致相同，只是在公座陈列之处略有区别，认为："其府州县卫所公座之后，及左右两傍，各立棋子木柜，以架剥皮实草之袋，欲俾军卫有司，接目警心。"至于清人龙文彬所撰《明会要》，以及嘉靖以后的笔记小说，大多都是以此为本，但赃银有10 两、16 两、60 两等不同的说法。

由上可见，传说朱元璋使用剥皮囊草之刑，最早可能出现在全本的《草木子》中，但其问世在朱元璋去世的 118 年以后，何况有无记载尚且存疑。《龙飞纪略》是在朱元璋去世146年以后出版的,海瑞则是在朱元璋去世187年以后提出的。至于俞本的《明兴野记》,其面世至少在朱元璋去世223年以上了,因此将朱元璋使用剥皮囊草之刑定位于传说,应该是可以成立的。

那么,还有什么证据可以辨明朱元璋使用剥皮囊草之刑是传说呢?这些证据又从哪些方面反映出是传说?再举例而剖之。

祝允明(1460—1527),字希哲,号枝山,与唐寅、文徵明、徐祯卿并称为"吴中四才子",因为有"唐伯虎点秋香"的传说,所以他们都是为人们所熟知的人物。在祝允明的著述中,有《野记》4卷,小叙称完笔在辛未八月,即正德六年(1511),最早有抄本,其刻本被怀疑为于正德、嘉靖年间所刻。无论如何,该书至少是在朱元璋去世113年以后才成书的,他所讲朱元璋使用酷刑的故事,应该早于之前所述各书,更何况他活跃的时代离朱元璋去世不足百年。

祝允明《野记》讲朱元璋平乱国用重典,曾经有"铲头会"之说。据其讲,有"顽民"因为避罪出家当和尚,便"聚犯者数十人,掘地埋其躯,十五并列,特露其顶,用大斧削之,一削去数颗头"。除此之外,祝允明还说:"国初重辟,凌迟处死外,有刷洗,裸置铁床,沃以沸汤,以铁帚刷去皮肉。有枭,令以钩钩脊悬之。有称竿,缚置竿杪,彼末悬石称之。有抽肠,亦挂架上,以钩入谷道钩肠出,却放彼端石,尸起肠出。有剥皮,剥赃酷吏皮置公座,令代者坐警。以惩有数重者,有挑膝盖,有锡蛇游等,凡以止大憝之辟也"。这里不但讲到朱元璋使用剥皮之刑,还有刷洗、枭、称竿、抽肠、挑膝盖、锡蛇游(将熔化的锡水灌进人口,直到灌满腹腔)等酷刑。还有一则讲,朱元璋出行,听见路人说其刑罚太繁,有不恭敬的话语,于是便召兵3000名赶到,"使兵自东而西诛之,当时顿灭数千家"。朱元璋在祝允明的笔下犹如一个残暴的活阎罗。正因为如此,《明兴野记》讲洪武二十九年(1396),朱元璋将文武官员被籍没的女眷,被罚在浣衣局洗衣,由宦官看守,其中有一名妇女在局内生了个孩子,于是宦官将此事告诉朱元璋,结果是"将妇女五千余人俱剥皮贮草以示众,守门宦者如之"。这诛灭数千家,剥皮五千余人的行为,无论如何是不可能不在当时引起轰动效应的,即便是畏惧朱元璋的淫威,也应有所著录。反过来说,一直与明王朝关系密切的朝鲜人应该没有什么顾忌,这样重大的事件,他们不可能没有一点听闻,如今朝鲜的《李朝实录》也没有片语记载这些事,这就使他们所说的事情没有什么可信度了。

祝允明在其所著《前闻录·欧阳都尉》中,还讲到朱元璋女婿欧阳伦的轶事。驸马欧阳伦走私茶叶案,发生在洪武三十年(1397)。安庆公主的丈夫,驸马爷欧阳伦走私茶叶被揭发出来以后,朱元璋不管什么皇亲国戚,一番痛斥之后,要欧阳伦自裁。此时马皇后已经去世,安庆公主虽为朱元璋与马皇后的亲生女,但在朱元璋的盛怒下,也不敢为自己的丈夫说情,结果欧阳伦只有自裁了。为什么安庆公主不给丈夫讲情呢?其夫妻生活美满吗?这些都是谜团,因此祝允明找到契机,便编造欧阳伦嫖妓的事情。说欧阳伦与4名妓女饮酒,被朱元璋知道,命令将4名妓女抓来审讯。妓女以为被抓一定会被处死,便想到毁容。这时候有一名老胥吏听说之后,便索要千金,说能够救她们,经过讨价还价,妓女给了500金。老胥吏让妓女们浓妆艳抹,将全身都用香脂涂抹,穿上当时最华丽的衣服,连内衣也不例外,目的是"夺目荡志"。妓女们被抓去面见朱元璋,没有问什么,便叫人把妓女们杀了。妓女们只有解衣就缚,"自外及内,备极华烂绘采,珍贝堆积满地,照耀左右。至裸体,妆束不减,而肤肉如玉,香闻近远"。看到这种情况,朱元璋说:"这小妮子,使我见也当惑了,那厮可知哩。"结果不但饶了驸马欧阳伦,连妓女们被释放了。故事讲的头头是道,但仔细分析,已经近70高龄的朱元璋,一直以圣人为师,以明君而自居,如何可能让妓女当堂脱衣呢?按照当时的法律,即便是妇女受杖,如果不是奸盗重罪,是不能够脱衣服受杖的,最多是单衣受杖,亦可见祝允明所追求的是猎奇,想使自己的书畅销,获得声名又赚取钱财,全无文人之行。这正是:

洪武间，秀才做官吃多少辛苦，受多少惊怕，与朝廷出多少力？到头来，小有过犯，轻则充军，重则刑戮。善终者十二三耳。其时士大夫无负国家，国家负天下士大夫多矣。这便是还债的。近来圣恩宽大，法网疏阔。秀才做官，饮食衣服，舆马宫室，子女妻妾，多少好受用，干的几许好事来？到头全无一些罪过。今日国家无负士大夫，天下士大夫负国家多矣。这便是讨债者。（明·陆容：《菽园杂记》卷二，中华书局，1985年，第16页。）

陆容（1436—1494），字文量，江苏太仓人，成化二年（1466）进士，官至浙江右参政，所著《菽园杂记》十五卷，于明代朝野史实叙述颇详，可参证历史以补正史之不足。陆容认为："今日士大夫负朝廷。"的确，在"洪宣之治"（1425—1435）以后，社会发展进入稳定期，士大夫们不但生活有所改善，思想也有所解放，许多禁忌也解除了，是"今士大夫以禁网疏阔，全不避讳"。正因为如此，在商品经济已经很发达的明代中叶，一些士大夫编出一些奇闻轶事，刊印成书传播，显然也是出于经济原因，他们并不关心所写是否符合历史。当时朝廷给予这些士大夫很高的待遇，不但免去他们个人的赋役，举人以上还免除家族的赋役，给予他们食粮及生活用品，确实有国家无负士大夫的感受，但他们一方面享受着国家的优厚待遇，一方面肆意品评国家，给人以士大夫负国家多矣的感受。

参考文献

【明】抱瓮老人:《古今奇观》,冯赏标校,上海古籍出版社出版,1982年。

【明】边贡:《华泉集》,文渊阁四库全书本。

【明】不著撰人:《初仕要览》,《官箴书集成》,黄山书社,1995年。

【明】不著撰人:《新官轨范》,《官箴书集成》,黄山书社,1995年。

【明】陈龙正:《几亭全书》,东京内阁文库藏清刊本。

【明】陈全之:《蓬窗日录》,上海书店影印嘉靖刊本,1985年。

【明】陈仁锡:《皇明世法录》,台湾学生书局影印明刊清印本,1965年。

【明】陈子龙:《陈子龙文集》,华东师范大学出版社标点本,1988年。

【明】陈子龙等:《明经世文编》,中华书局影印本,1987年。

【明】邓球:《皇明咏化类编》,台湾国风出版社影印隆庆刊钞本,

244

1965 年。

【明】方良永:《方简肃文集》,台湾商务印书馆景印文渊阁四库本,第 1260 册,1986 年。

【明】方孝孺:《逊志斋集》,台湾商务印书馆景印文渊阁四库本,第 1235 册,1986 年。

【明】方震孺:《方孩末先生集》,清树德堂刊本,1868 年。

【明】冯应京:《皇明经世实用编》,台湾成文出版社影印明万历刊本,1973 年。

【明】高岱撰,孙正容、单锦珩点校:《鸿猷录》,上海古籍出版社,1992 年。

【明】高拱:《掌铨题稿》,日本内阁文库藏明刊本影印,1572 年。

【明】高攀龙:《高子遗书》,台湾商务印书馆景印文渊阁四库本,第 1292 册,1986 年。

【明】高叔嗣:《苏门集》,台湾商务印书馆景印文渊阁四库本,第 1273 册,1986 年。

【明】顾璘:《山中集》,台湾商务印书馆景印文渊阁四库本,第 1263 册,1986 年。

【明】顾璘:《息园存稿文》,台湾商务印书馆景印文渊阁四库本,第 1263 册,1986 年。

【明】顾起元:《客座赘语》,中华书局点校本,1987 年。

【明】官修:《万历起居注》,北京大学出版社影印本,1988 年。

【明】归有光:《震川集》,台湾商务印书馆景印文渊阁四库本,1289 册,1986 年。

【明】归有光著,熊本淳校点:《震川先生集》,中华书局,1981 年。

【明】归庄:《归庄集》,中华书局,1984 年。

【明】海瑞:《备忘集》,台湾商务印书馆景印文渊阁四库本,第 1286 册,1986 年。

【明】海瑞撰,陈义钟编校:《海瑞集》,中华书局,1962 年。

【明】何良俊:《四友斋丛说》,中华书局点校本,1959 年。

【明】胡宗宪:《三巡奏议》,日本古典研究会影印德山毛利家藏本,1964 年。

【明】皇甫汸:《皇甫司勋集》,台湾商务印书馆景印文渊阁四库本,第 1275 册,1986 年。

【明】皇甫涍:《皇甫少玄集》,台湾商务印书馆景印文渊阁四库本,第 1276 册,1986 年。

【明】黄训:《名臣经济录》,台湾商务印书馆景印文渊阁四库本,第 201 册,1986 年。

【明】黄佐:《南雍志》,上海古籍出版社,2002 年。

【明】姜南:《风月堂杂识》,上海文明书局说库本,1915 年。

【明】焦竑:《国朝献征录》,台湾学生书局影印本,1965 年。

【明】焦竑:《焦氏笔乘》,中华书局点校本,1986 年。

【明】雷礼:《国朝列卿纪》,明万历年间徐临刻本,上海古籍出版社,2002 年。

【明】李东阳等撰:《明会典》,清文渊阁四库全书本。

【明】李乐:《见闻杂记》,上海古籍出版社影印瓜蒂庵藏本,1986 年。

【明】李攀龙:《沧溟集》,台湾商务印书馆景印文渊阁四库本,第 1278 册,1986 年。

【明】李清撰,顾思点校:《三垣笔记》,中华书局,1982 年。

【明】李贤 等:《大明一统志》,三秦出版社影印天顺原刻本,1985 年。

【明】李诩:《戒庵老人漫笔》,中华书局点校本,1984 年。

【明】李贽:《续藏书》,中华书局,1959 年。

【明】李中馥:《原李耳载》,中华书局点校本,1987 年。

【明】吏部考功司:《吏部考功司题稿》,台北伟文图书出版有限公司影印明抄本,1977 年。

【明】廖道南:《殿阁词林记》,台湾商务印书馆景印文渊阁四库全书本,1986 年。

【明】林弼:《林登州集》,文渊阁四库全书本。

【明】林文俊:《方斋存稿》,台湾商务印书馆景印文渊阁四库本,第 1271 册,1986 年。

【明】林希元:《林次崖先生文集》,日本东京内阁文库藏明刊本影印,1965 年。

【明】刘辰:《国初事迹》,载【明】邓士龙辑:《国朝典故》,北京大学出版社,1993 年。

【明】刘基:《诚意伯文集》,台湾商务印书馆景印文渊阁四库本,第 1225 册,1986 年。

【明】刘敏宽、龙膺:《西宁卫志》,青海人民出版社,1993 年。

【明】刘嵩:《槎翁诗集》,台湾商务印书馆景印文渊阁四库本,第 1127 册,1986 年。

【明】刘惟谦撰:《大明律》,明嘉靖范永銮刻本。

【明】刘宗周:《刘子全书》,中文出版社,1981 年。

【明】刘宗周:《刘子全书及遗编》,中文出版社影印本,1981 年。

【明】刘宗周:《刘子文编》,清求是斋乾坤正气集,1875 年。

【明】娄坚:《学古绪言》,文渊阁四库全书本。

【明】卢柟:《蠛蠓集》,台湾商务印书馆景印文渊阁四库本,第 1289 册,1986 年。

【明】陆粲:《庚巳编》,中华书局点校本,1987 年。

【明】陆容撰,佚之点校:《菽园杂记》,中华书局,1985 年。

【明】罗洪先:《念庵文集》,台湾商务印书馆景印文渊阁四库本,第 1275 册,1986 年。

【明】罗玘:《圭峰集》,文渊阁四库全书本。

【明】吕坤:《呻吟语》,台湾商务印书馆景印文渊阁四库本,第

717 册,1986 年。

【明】吕坤:《实政录》,台湾文史哲出版社影印本,1971 年。

【明】祁彪佳:《祁彪佳文稿》,书目文献出版社抄本影印本,1991 年。

【明】祁彪佳:《宜焚全稿》,续修四库全书本,上海古籍出版社,2002 年。

【明】丘濬撰:《大学衍义补》,清文渊阁四库全书本。

【明】瞿九思:《万历武功录》,中华书局影印本,1962 年。

【明】任环:《山海漫谈》,台湾商务印书馆景印文渊阁四库本,第 1278 册,1986 年。

【明】佘自强:《治谱》,《官箴书集成》,黄山书社,1995 年。

【明】申时行等编:《明会典》,中华书局,1988 年。

【明】沈榜:《宛署杂记》,北京古籍出版社标点本,1980 年。

【明】沈德符:《万历野获编》,中华书局点校本,1959 年。

【明】沈节甫编:《纪录汇编》,中华全国图书馆缩微复制中心,1994 年。

【明】沈鲤:《亦玉堂稿》,台湾商务印书馆景印文渊阁四库本,第 1288 册,1986 年。

【明】沈应文校正,萧近高注释,曹于汴参考:《重镌六科奏准御制新颁分类注释刑台法律》,日本东京高桥写真株式会社据日本尊经阁文库藏本缩影印本,1974 年。

【明】宋懋澄:《九籥集》,中国社会科学出版社点校本,1984 年。

【明】孙旬辑:《皇明疏钞》,明万历自刻本。

【明】唐桂芳:《白云集》,文渊阁四库全书本。

【明】唐顺之:《荆川集》,台湾商务印书馆景印文渊阁四库本,第 1267 册,1986 年。

【明】陶安:《陶学士集》,文渊阁四库全书本。

【明】万恭:《治水筌蹄》,明万历间张文奇重刊本。

【明】汪天锡:《官箴集要》,《官箴书集成》,黄山书社,1995 年。

【明】王鏊:《震泽长语》,台湾新兴书局《笔记小说大观四编》,1973 年。

【明】王达:《笔畴》,台湾新兴书局《笔记小说大观四编》,1973 年。

【明】王临亨:《粤剑编》,中华书局点校本,1987 年。

【明】王某:《思轩文集》,明弘治六年本,1493 年。

【明】王圻等编纂:《三才图会》,上海古籍出版社,1988 年。

【明】王锜撰,张德信点校:《寓圃杂记》,中华书局,1984 年。

【明】王慎中:《遵岩集》,文渊阁四库全书本。

【明】王士性撰,吕景琳点校:《广志绎》,中华书局,1981 年。

【明】王世贞撰,魏连科点校:《弇山堂别集》,中华书局,1985 年。

【明】王守仁撰,吴光等编校:《王阳明全集》,上海古籍出版社,1992 年。

【明】王廷棟:《梦泽集》,台湾商务印书馆景印文渊阁四库本,第1272 册,1986 年。

【明】王直:《抑庵文后集》,文渊阁四库全书本。

【明】魏大中:《藏密斋集》,清求是斋刊乾坤正气集,1875 年。

【明】魏焕:《皇明九边考》,上海商务印书馆影印明刊本,1937 年。

【明】温纯:《温恭毅集》,台湾商务印书馆景印文渊阁四库本,第1288 册,1986 年。

【明】文徵明:《甫田集》,台湾商务印书馆景印文渊阁四库本,第1273 册,1986 年。

【明】吴甡:《淮南吴柴庵》,台湾伟文出版社影印明季史料集,1976 年。

【明】吴祯、刘承学:《河州志》,中国西北文献丛书,兰州古籍出版社,1990 年。

【明】吴遵:《初仕录》,《官箴书集成》,黄山书社,1995 年。

【明】西周生撰,黄肃秋校注:《醒世姻缘传》,上海古籍出版社,1981 年。

【明】夏良胜:《东洲初稿》,台湾商务印书馆景印文渊阁四库本,第 1269 册,1986 年。

【明】谢肃《密庵集》,文渊阁四库全书本。

【明】谢肇淛:《北河纪》,文渊阁四库全书本。

【明】谢肇淛:《五杂俎》,日本古典研究会影印明刊本,1972 年。

【明】谢榛:《四溟集》,台湾商务印书馆景印文渊阁四库本,第 1289 册,1986 年。

【明】徐石麒撰:《官爵志》,清钞本。

【明】徐渭:《徐渭集》,中华书局,1983 年。

【明】徐学聚:《国朝典汇》,北京大学出版社,1993 年。

【明】徐学谟:《归有园尘谈》,台湾商务印书馆景印文渊阁四库本,第 1287 册,1986 年。

【明】阎尔梅:《白耷山人诗文集》,临川桂中行刊徐州二遗民集,1893 年。

【明】杨东明:《山居功课》,日本京都大学内阁文库藏明刊本,1613 年。

【明】杨继盛:《杨忠愍集》,台湾商务印书馆景印文渊阁四库本,第 1278 册,1986 年。

【明】杨爵:《杨忠介集》,台湾商务印书馆景印文渊阁四库本,1276 册,1986 年。

【明】姚思仁:《大明律附例注解》,北京大学出版社,1993 年。

【明】叶春及:《石洞集》,台湾商务印书馆景印文渊阁四库本,第 1286 册,1986 年。

【明】叶权、王临亨、李中馥撰,凌毅点校:《贤博编 粤剑编 原李耳载》，中华书局，1987 年。

【明】叶盛撰，魏中平点校：《水东日记》，中华书局，1980 年。

【明】叶子奇：《草木子》，中华书局，1969 年。

【明】应槚：《大明律释义》，明嘉靖三十一年广东布政使司刻本。

【明】于慎行撰，吕景琳点校：《谷山笔麈》，中华书局，1984 年。

【明】余继登：《典故纪闻》，中华书局点校本，1981 年。

【明】俞汝楫等编：《礼部志稿》，台湾商务印书馆景印文渊阁四库全书本，第 597 册，1986 年。

【明】袁宏道：《袁中郎全集》，日本京都大学明刊本影印，1976 年。

【明】袁宏道著，钱伯城笺校：《袁宏道集笺校》，上海古籍出版社，1981 年。

【明】袁中道：《珂雪斋集》，上海古籍出版社标点本，1989 年。

【明】张大复：《梅花草堂笔谈》，上海古籍出版社影印瓜蒂庵藏本，1986 年。

【明】张国维：《吴中水利全书》，文渊阁四库全书本。

【明】张瀚：《松窗梦语》，中华书局点校本，1985 年。

【明】张缙彦著，王兴亚点校：《菉居封事》，中州古籍出版社，1987 年。

【明】张居正：《张居正集》，湖北人民出版社点校本，1994 年。

【明】张居正：《张太岳集》，上海古籍出版社影印本，1984 年。

【明】张卤：《皇明制书》，续修四库全书本，上海古籍出版社，2002 年。

【明】张鼐：《宝日堂杂抄》，书目文献出版社影印北图珍本丛刊，第 10 册，1991 年。

【明】张萱：《西园闻见录》，哈佛燕京学社排印本，1940 年。

【明】张雨：《九边考》，中国西北文献丛书，兰州古籍出版社，1990 年。

【明】张岳著，林海权、徐启庭点校：《小山类稿》，福建人民出版社，2000年。

【明】赵南星：《赵忠毅公文集》，《四库禁毁书丛刊》集部68，北京出版社，1997年。

【明】郑本忠：《安分先生集》，民国抄本。

【明】郑若曾：《江南经略》，文渊阁四库全书本。

【明】郑晓：《吾学编》，书目文献出版社影印北图珍本丛刊，第12册，1991年。

【明】郑晓撰，李致忠点校：《今言》，中华书局，1984年。

【明】郑岳：《山斋文集》，台湾商务印书馆景印文渊阁四库本，第1263册，1986年。

【明】郑真：《荥阳外史集》，文渊阁四库全书本。

【明】朱国桢撰，王根林校点：《涌潼小品》，上海古籍出版社，2012年。

【明】朱右：《白云稿》，上海古籍出版社，1991年。

【明】朱元璋：《明大诰》，张德信、毛佩琦主编：《洪武御制全书》，黄山书社，1995年。

【明】祝允明：《怀星堂集》，台湾商务印书馆景印文渊阁四库本，第1260册，1986年。

【清】陈康祺撰，晋石校注：《郎潜纪闻》，中华书局，1984年。

【清】陈夔龙：《梦蕉亭杂记》，上海古籍书店，1983年。

【清】陈梦雷等辑：《古今图书集成》，上海中华书局，1940年。

【清】陈其元撰：《庸闲斋笔记》，中华书局，1997年。

【清】陈忠倚辑：《皇朝经世文三编》，清光绪二十四年上海书局石印本，1898年。

【清】储方庆：《储遯庵文集》，清康熙四十一年宜兴储氏刻本，1702年。

【清】丁宝桢撰：《丁文诚公奏稿》，清光绪二十五年补刻本，

1899 年。

【清】东鲁古狂生：《醉醒石》，上海古籍出版社，1985 年。

【清】段玉裁：《说文解字注》，上海古籍出版社，1981 年。

【清】鄂尔泰、张廷玉等编：《国朝宫史》，北京古籍出版社，1987 年。

【清】法式善：《槐厅载笔》，台北文海出版社近代中国史料丛刊本，1970 年。

【清】法式善：《清秘述闻》，台北文海出版社近代中国史料丛刊本，1970 年。

【清】方浚颐：《二知轩文存》，清光绪四年刻本，1878 年。

【清】冯桂芬撰，郑大华点校：《校邠庐抗议》，辽宁人民出版社，1994 年。

【清】福格：《听雨丛谈》，中华书局点校本，1959 年。

【清】刚毅：《牧令须知》，台湾文海出版社影印光绪刊本，1988 年。

【清】高宗敕撰：《御选明臣奏议》，文渊阁四库全书本。

【清】葛士浚辑：《皇朝经世文续编》，光绪十七年上海广百宋斋刊印本，1891 年。

【清】龚鼎孳：《龚端毅公奏疏》，清光绪九年听彝书屋重校刊本，1883 年。

【清】龚炜：《巢林笔谈》，中华书局点校本，1981 年。

【清】龚自珍著，王佩诤校：《龚自珍全集》，中华书局，1959 年。

【清】谷应泰：《明史纪事本末》，中华书局标点本，1982 年。

【清】顾炎武：《日知录》，上海古籍出版社，2006 年。

【清】顾炎武：《亭林诗文集》，台湾商务印书馆国学基本丛书，1967 年。

【清】顾炎武著，【清】黄汝成集释：《日知录集释》，花山文艺出版社，1990 年。

【清】官修:《清会典事例》,中华书局,1986年。

【清】官修:《清实录》,中华书局,1985年。

【清】官修:光绪《钦定台规》,清光绪十八年刊本,1892年。

【清】桂超万:《宦游纪略》,台湾文海出版社影印咸丰刊本,1972年。

【清】郭琇:《华野疏稿》,文渊阁四库全书本。

【清】韩世琦:《抚吴疏草》,清康熙五年刻本,1666年。

【清】韩文绮撰:《韩大中丞奏议》,清道光刻本,1821—1850年。

【清】何刚德:《春明梦录》,上海古籍书店影印本,1983年。

【清】何圣生:《簪醉杂记》,中华书局,1927年。

【清】贺长龄、魏源编:《清经世文编》,中华书局,1992年。

【清】洪亮吉著,刘德权点校:《洪亮吉集》,中华书局,2001年。

【清】鸿雪斋主辑:《皇朝经世文五编》,光绪二十八年上海宜今室石印本,1902年。

【清】胡承珙撰:《求是堂文集》,清道光十七年刻本,1837年。

【清】胡林翼:《胡林翼集》,岳麓书社,1999年。

【清】黄六鸿:《福惠全书》,清康熙三十八年金陵濂溪书屋刊本,1699年。

【清】黄育楩:《续刻破邪详辩》,清道光十九年刻本,1839年。

【清】黄宗羲:《明文海》,中华书局影印本,1982年。

【清】黄宗羲:《明夷待访录》,中华书局,1981年。

【清】嵇璜等:《续文献通考》,商务印书馆万有文库影印本,1936年。

【清】纪昀等:《历代职官表》,上海古籍出版社影印本,1989年。

【清】继昌:《行素斋杂记》,上海书店影印光绪刻本,1984年。

【清】姜宸英:《湛园集》,清文渊阁四库全书本。

【清】蒋良骥撰,林树惠、傅贵九点校:《东华录》,中华书局,1980年。

【清】景清撰:《武场条例》,清光绪二十一年刻本,1895 年。

【清】况周颐:《餐樱庑随笔》,山西古籍出版社,1995 年。

【清】李宝嘉:《官场现形记》,人民文学出版社,1979 年。

【清】李成林:《令梅治状》,厦门大学出版社影印清刊本,2007 年。

【清】李绂:《穆堂稿》,清道光十一年奉国堂刻本,1831 年。

【清】李雯:《蓼斋集》,清顺治十四年石维昆刻本,1657 年。

【清】李星沅撰:《李文恭公遗集》,清同治五年李概等刻本,1866 年。

【清】李荫祖:《总督奏议》,全国图书馆文献缩微复制中心影印清刻本,2007 年。

【清】李渔:《李渔全集》,浙江古籍出版社,1992 年。

【清】李元度:《国朝先正事略》,岳麓书社,1991 年。

【清】李之芳撰,李钟麟编:《李文襄公奏疏》,清康熙四十一年刻本,1702 年。

【清】梁章钜、朱智纂:《枢垣记略》,中华书局点校本,2003 年。

【清】梁章钜撰:《浪迹丛谈》,福建人民出版社点校本,1983 年。

【清】梁章钜撰:《制义丛话》,清咸丰九年刻本,1859 年。

【清】凌铭麟:《律例指南》,清康熙二十七年刻本,1688 年。

【清】刘献庭:《广阳杂记》,中华书局点校本,1957 年。

【清】刘郁芬:《甘肃通志稿》,《中国西北文献丛书》,兰州古籍出版社,1990 年。

【清】龙启瑞:《经德堂文集》,清光绪四年龙继栋京师刻本,1878 年。

【清】龙文彬:《明会要》,中华书局点校本,1964 年。

【清】陆陇其:《三鱼堂集》,中央党校出版社,1981 年。

【清】陆陇其:《三鱼堂日记》,清同治九年浙江书局刻本,1870 年。

【清】陆莱:《雅坪诗稿》,康熙四十七年陆凌勋刻本,1708 年。

【清】陆燿:《切问斋文钞》,清道光间重刊本,1821—1850 年。

【清】陆以湉:《冷庐杂识》,中华书局点校本,1997 年。

【清】罗惇曧:《宾退随笔》,台北文海出版社,1987 年。

【清】吕留良:《吕晚村先生文集》,阳湖钱氏活字印本,1929 年。

【清】麦仲华辑:《皇朝经世文新编》,光绪二十四年上海大同译书局刊行本,1898 年。

【清】闵尔昌编:《碑传集补》,上海古籍出版社,1987 年。

【清】缪全孙编:《续碑传集》,上海古籍出版社,1987 年。

【清】穆翰:《明刑管见录》,清光绪十三年啸园丛书本,1887 年。

【清】穆彰阿等纂修:《大清一统志》,上海古籍出版社,2008 年。

【清】那彦成:《那文毅公奏议》,清道光十四年刻本。

【清】欧阳兆熊、金安清:《水窗春呓》,中华书局点校本,1984 年。

【清】潘耒撰:《遂初堂集》,清雍正三年刻本,1725 年。

【清】盘峤野人辑:《居官寡过录》,《官箴书集成》,黄山书社,1995 年。

【清】戚学标:《鹤泉文钞》,清嘉庆五年刻本,1800 年。

【清】钱大昕:《潜研堂集》,上海古籍出版社,1989 年。

【清】钱大昕:《十驾斋养新录》,上海书店,1983 年。

【清】钱谦益:《牧斋初学集》,上海古籍点校本,1985 年。

【清】钱仪吉:《碑传集》,中华书局点校本,1993 年。

【清】钱泳:《履园丛话》,中华书局,1979 年。

【清】秦瀛:《小岘山人诗文集》,上海古籍出版社影印本,1995 年。

【清】庆桂等纂:《钦定吏部处分则例》,同治年间内府刊本,1862—1873 年。

【清】庆桂撰:《国朝宫史续编》,北京古籍出版社,1987 年。

【清】屈大均:《广东新语》,中华书局,1997 年。

【清】全祖望:《鲒埼亭集》,台湾文海出版社,1973 年。

【清】饶玉成辑:《皇朝经世文编续集》,清光绪八年双峰书屋刊印本,1882 年。

【清】仁和琴川居士辑:《皇清奏议》,台湾文海出版社影印本,1967 年。

【清】阮葵生:《茶余客话》,中华书局点校本,1959 年。

【清】阮葵生辑:《七录斋文钞》,北京出版社影印本,2000 年。

【清】邵晋涵:《南江诗文钞》,清道光十二年胡敬刻本,1832 年。

【清】沈德潜:《明诗别裁》,中华书局影印本,1975 年。

【清】沈家本:《历代刑法考》,中华书局,1985 年。

【清】沈贤书、孙尔耆:《钦定增修六部处分则例》,清光绪二年刻本,1876 年。

【清】沈之奇撰,怀效锋、李俊点校:《大清律辑注》,法律出版社,2000 年。

【清】盛康辑:《清经世文续编》,光绪二十三年思刊楼刊本,1897 年。

【清】素尔讷等撰:《学政全书》,清乾隆三十九年武英殿刻本,1774 年。

【清】孙承泽:《春明梦余录》,北京古籍出版社标点本,1982 年。

【清】孙承泽:《天府广记》,北京古籍出版社,1982 年。

【清】孙嘉淦:《孙文定公奏疏》,清嘉庆七年敦和堂刻本,1802 年。

【清】孙纶辑:《定例成案合镌》,清康熙五十八年刊本,1719 年。

【清】谈迁:《国榷》,中华书局,1958 年。

【清】谈迁著,汪北平点校:《北游录》,中华书局,1960 年。

【清】陶骏、陶念霖增修:《大清律例增修统纂集成》,光绪十三年扫叶山房本,1887 年。

【清】陶澍撰:《陶云汀先生奏疏》,清道光八年刻本,1828 年。

【清】田文镜:《钦颁州县事宜》,清道光八年刊本,1828 年。

【清】万维翰:《幕学举要·钱谷》,《官箴书集成》,黄山书社,1997 年。

【清】汪辉祖:《学治臆说》,《官箴书集成》,黄山书社,1995 年。

【清】汪辉祖:《佐治药言》,《官箴书集成》,黄山书社,1995 年。

【清】王夫之:《读通鉴论》,中华书局标点本,1985 年。

【清】王闿运撰:《湘潭县志》,清光绪十五年(1889)刻本。

【清】王明德撰,何勤华等点校:《读律佩觽》,法律出版社,2001 年。

【清】王士禛:《池北偶谈》,中华书局点校本,1988 年。

【清】王士禛:《居易录》,台湾商务印书馆景印文渊阁四库全书本,1983 年,第 869 册。

【清】王韬:《弢园文录外编》,上海书店出版社,2002 年。

【清】王永吉:《人臣儆心录》,清文渊阁四库全书本。

【清】魏际端:《四此堂稿》,清光绪三十三年成都文伦书局铅印本,1907 年。

【清】魏裔介:《魏文毅公奏议》,商务印书馆,1936 年。

【清】魏裔介:《兼济堂文集》,康熙五十年漳州龙江书院刻本,1711 年。

【清】魏源:《圣武记》,中华书局点校本,1984 年。

【清】魏源:《魏源集》,中华书局,1983 年。

【清】倭仁:《吏治辑要》,《官箴书集成》,黄山书社,1995 年。

【清】吴鼎雯编:《翰詹源流》,台北文海出版社影印近代史料丛刊本,1973 年。

【清】吴敬梓:《儒林外史》,人民文学出版社,1977 年。

【清】吴荣光:《吾学录初编》,清道光十二年吴氏筠清馆刻本,1832 年。

【清】吴坛,马建石、杨育棠校注:《大清律例通考校注》,中国政法大学出版社,1992年。

【清】吴文镕:《吴文节公遗集》,清咸丰七年吴养原刻本,1857年。

【清】吴玉纶:《香亭文稿》,清乾隆六十年滋德堂刻本。

【清】吴振棫:《养吉斋丛录》,北京古籍出版社点校本,1983年。

【清】锡珍撰:《吏部铨选则例》,清光绪十二年刻本,1886年。

【清】夏燮:《明通鉴》,中华书局标点本,1959年。

【清】萧奭:《永宪录》,中华书局点校本,1997年。

【清】徐栋:《牧令书》载《官箴书集成》,黄山书社,1995年。

【清】徐旭旦:《世经堂初集》,清康熙四十八年刻本,1709年。

【清】许容、李迪:《甘肃通志》,《中国西北文献丛书》,兰州古籍出版社,1990年。

【清】薛福成著,丁凤麟、王欣之编:《薛福成选集》,上海人民出版社,1987年。

【清】薛允升:《读例存疑》台北成文出版社,1970年。

【清】阎若璩撰:《潜邱札记》,清文渊阁四库全书本。

【清】姚廷遴:《历年记》,上海人民出版社,1982年。

【清】姚文然:《姚端恪公集》,清康熙二十二年姚士塈等刻本。

【清】姚莹:《识小录》,黄山书社标点本,1991年。

【清】姚元之:《竹叶亭杂记》,中华书局点校本,1982年。

【清】叶名沣撰:《桥西杂记》,清同治十年滂喜斋刻本,

【清】尹会一撰:《健余奏议》,清乾隆刻本。

【清】俞樾:《右台仙馆笔记》,齐鲁书社,2004年。

【清】袁枚:《小仓山房文集》,清乾隆六十年刊本,1795年。

【清】张宸:《平圃杂记》,上海书店,1994年。

【清】张集馨撰,杜春和、张秀清整理:《道咸宦海见闻录》,中华书局,1981年。

【清】张廷玉等:《明史》,中华书局,1974 年。

【清】张应昌编:《清诗铎》,中华书局,1960 年。

【清】张玉书:《张文贞公集》,全国图书馆文献缩微复制中心影印清刻本,2000 年。

【清】张之洞:《张文襄公奏议》,上海古籍出版社,2002 年。

【清】章学诚:《章氏遗书》,文物出版社,1985 年。

【清】昭梿撰,何英芳点校:《啸亭杂录》,中华书局,1980 年。

【清】赵慎畛:《榆巢杂识》,中华书局点校本,2001 年。

【清】赵舒翘:《提牢备考》,法律出版社,1997 年。

【清】赵翼:《陔余丛考》,中华书局,1960 年。

【清】赵翼:《廿二史札记》,中国书店,1987 年。

【清】赵翼著,李解民点校:《檐曝杂记》,中华书局,1982 年。

【清】郑端:《政学录》,《官箴书集成》,黄山书社,1997 年。

【清】郑廉:《豫变纪略》,浙江古籍出版社标点本,1984 年。

【清】郑瑄:《昨非庵日纂》,江苏广陵古籍刻印社笔记小说大观,1984 年。

【清】钟琦:《皇朝琐屑录》,清光绪二十三年刻本,1897 年。

【清】周亮工:《闽小纪》,福建人民出版社点校本,1985 年。

【清】朱寿朋撰,张静庐等点校:《光绪朝东华录》,中华书局,1958 年。

【清】祝庆祺、鲍书芸、潘文舫、何维楷编:《刑案汇览三编》,北京古籍出版社,2004 年。

后　记

　　法国启蒙思想家、法学家孟德斯鸠在分析各种不同政体的法律时,认为在民主政治下,法律追求的是平等;在贵族政治下,法律关注的是政体原则;在君主政体下,法律要适应专制的原则。所谓专制政体的特质:"一个广大的帝国的统治者必须握有专制的权力。君主的决定必须迅速,这样才能弥补这些所要送达的地区的遥远距离;必须使遥远的总督或官吏有所恐惧,以防止他们的怠忽;法律必须出自单独的个人,又必须按照所发生的偶然事件,不断地变更。国家越大,偶然事件便越多。"(《论法的精神》,商务印书馆,1961年,第126页)专制君主拥有专制权力,本来就事情繁多,再加上偶然事件的出现,也就决定了皇帝执法必然具有明显的特征。

　　有明一代共计16位皇帝(也有人认为是17位),按照明代开创、守成、祸乱、中兴、衰敝五个分期,这16帝或17帝分属于各个时期。开创期(1368—1424),历洪武、建文、永乐3帝,共计56年。守成期(1425—1505),历洪熙、宣德、正统、景泰、天顺、成化、弘治6帝7年号,共计80年。祸乱期(1506—1566),历正德、嘉靖2帝,共计61

年。中兴期(1567—1586),历隆庆、万历2帝的万历前14年,共计20年。衰敝期(1587—1644),历万历十五年(1587)以后、泰昌、天启、崇祯4帝,共计57年,如果按照17帝的说法,弘光帝应该纳入,则延续到1645年。不同时期的皇帝在执法方面存在不同之处,但也有相同之处,毕竟有常经《大明律》在;相同时期的皇帝在执法方面有相同之处,但也有不同之处,因为君主的谕旨也是法律。在这种情况下,将各个皇帝司法的事例及案件汇集起来,逐个进行解析,不但可以管窥历史的原貌,了解历史发展的进程;还可以总结利弊得失,从中寻找有益的启示;更可以运用通俗的语言去解析复杂的案例,使中国传统文化得以普及。

执法是复杂的问题,除了受到当时政治的制约之外,还受人的复杂心理活动的影响,更有法律规范与实际应用方面的困境。政治制约,在明代历史环境中,君主专制是必须关注的问题。司法涉及司法者与被法律制裁者,不同社会地位的人,因个性、感知和思维方式的不同会产生不同的心理,这种不同的心理作用到司法过程中去,就会造成不同的行为差异。司法者考虑的是如何将罪犯绳之以法,被法律制裁者则考虑如何逃脱法律的制裁,必然导致法律规范与实际应用方面发生各种各样的变数。因此,研究执法必须从多方面进行权衡,分析影响司法的诸种因素,既要了解司法者的行为动机、原因、方式、结果以及社会影响,从实际运作中发现司法的规律、特点,又要注意被法律制裁者的行为动机、原因及试图逃避制裁的手段、方式,在综合考量的基础上,落实到司法效果的分析上。基于此,在2010年中央电视台社会与法频道《法律讲堂(文史版)》的制片人及编导找笔者策划节目的时候,笔者提出了《明代皇帝执法》《清代皇帝执法》《明代官员执法》《清代官员执法》《明清老百姓眼里的法》五个系列的讲座,得到他们的首肯之后,便开始写作。

由于种种原因,这套系列讲座没有被录制,却开始了《明清妙判》《明清奇案》的录制,至今已经播出200多集次。自2014年底,制片人及编导与笔者商议后续的系列，开始录制《明清御批案》，2015年7月已开始陆续播出。此后要录制《明清刑事档案》系列，也就使此前筹划的系列中断了。在策划节目的时候，笔者就开始写样稿，不知不觉，仅朱元璋就写了近30集，完全可以独立成书了。

2014年，天津人民出版社编辑郑玥来到我家组稿，谈及此书的出版问题，她表示非常有兴趣。原稿曾经以较大的篇幅讲朱元璋如何立法，学术意义较强，且有些已经以论文方式发表，所以忍痛割爱，又经过重新组合，最终提交稿件。编辑室的各位老师认真审阅，提出了许多宝贵意见，终于可以使本书与读者见面了。

以讲故事的形式，用真实案例来谈朱元璋执法，通过司法过程来分析朱元璋个人，再从具体实施来谈司法的特点，原本就是一个探索，其效果如何，能否以通俗的形式将朱元璋的执法过程讲述出来，理解其执法所蕴含的精神，达到雅俗共赏，是一个未知数。既然是探索，总会有思虑所不及之处，关注尚不能到之处，更有分析可能片面之处，还请广大读者及方家不吝赐教。

柏　桦

2015年7月于南开大学